自治体における「負の政策波及」

障害者差別解消条例とホームレス支援政策は
いかに抑制されたか

白取耕一郎 著

法律文化社

はしがき

　地方分権化は，地方からの絶え間ない政策革新とその成果をめぐる競争という，想定通りの果実を社会にもたらしていないのではないか。もたらしていないとすれば，それはなぜか。いま振り返ると，地方分権改革が重要なテーマの1つであった時代に行政学を学び，地方分権型社会に強い期待を持った者として，この素朴な疑問への自分なりの答えを出してみたいという想いがこの研究の背景にあったように思われる。

　他の自治体が新しい政策を採用しているからという理由でその政策が広く採用されていく作用は「政策波及」として知られている。これを「正の政策波及」とすると，理論的にはその政策が広まりつつあるからこそ様子見をするなどで政策採用が停滞する「負の政策波及」も生じうる。そのような作用が生じている証拠は現実社会において見つかるのか。それが本書の問いである。障害者差別解消条例，ホームレス支援政策の実証分析を通じ，問いを追求していく。

　見落とされてきた作用に光を当てようとするのは，正しい理解が現実を前に進めるために役立つはずであるという考えに基づく。

　本書の基礎となっている政策波及論は，国と自治体の政策過程のダイナミズムをマクロレベルで捉える，特色ある研究領域である。公共政策学の教科書である秋吉ほか（2020）においても，2000年代の日本の政策波及研究を中心に，政策波及論が取り上げられている。本書はその政策波及論に新しい貢献を積み上げることを意図している。

　本書では，政策波及論と異時点間選択研究との接合を図り，政策決定者が現在政策を採用する価値と将来政策を採用する価値を比較して政策形成のタイミングを選択するという新しいモデルを提示する。このモデルでは，内生条件（自治体内の状況）より波及（自治体外の状況）を重視する「外向性」が高いほど抑制に影響されやすいとした。このモデルにより，促進と抑制の政策波及メカニズムの複雑性，国の介入の影響の複雑性，先行条件（抑制の強弱を決める変数）の複雑性を整合的に説明できた。また，このモデルによれば，自治体は合

i

理的な戦略的遅延を行う場合もあれば，不必要にマイナスの影響をもたらす先送りを行う場合もある。異時点間選択研究との接合は国際的な政策波及論においてもみられない特徴である。

新モデルによって，促進も含む政策波及現象の全体がより正確に理解できる可能性がある。具体的には，国際的な行政学が主張してきた政策の正負の外部性ではなく，将来予測の方が促進や抑制を引き起こす決定的な変数であることが示唆される。

実証例が少ない抑制メカニズムを研究し，政策内容の分析に踏み込み，政策採用以前の議会での議論を扱った本書は，国内外の政策波及論においても一定の独自性を持っていると考えられる。

本書は，東京大学に提出し，2021年2月に同大学大学院法学政治学研究科から博士号を授与された博士論文に加筆修正したものである。また，第5章の一部は『年報行政研究』に掲載された論文「合成コントロール法による『福祉の磁石』効果の検証——福岡市におけるホームレス自立支援事業は何をもたらしたか」に基づいて書かれている。さらに，同論文が依拠している調査は，「東京大学社会科学研究所・危機対応学プロジェクト『東京大学地域貢献見える化事業』研究助成」を受けた研究プロジェクトに関連して実施した研究の一部である。

本書が行政研究や実務をわずかでも前に進める一助となれば望外の喜びである。

参考文献
秋吉貴雄・伊藤修一郎・北山俊哉（2020）『公共政策学の基礎［第3版］』有斐閣。

目　次

はしがき

序　章　政策波及論が見落としてきたもの……………………………………1

1　研究の死角　1

2　促進と抑制の政策波及メカニズム　4

3　研究の方法　5

4　本書の貢献　8

5　本書の構成　9

第Ⅰ部　「負の政策波及」論

第1章　正の政策波及と「負の政策波及」　17

1　政府間関係論と政策波及論　17

2　日本の政策波及論のレビュー　18

　（1）動的相互依存モデルと後続の研究の貢献　（2）動的相互依存モデルでは説明できなかった政策波及

3　新モデルの提示──政策波及メカニズム研究と異時点間選択研究からの再解釈　29

　（1）政策波及メカニズム研究のレビュー　（2）政策イノベーションの抑制研究のレビュー　（3）「負の政策波及」を説明しうる政策波及の「近未来予測モデル」の提示

4　本書の課題──「負の政策波及」はあるのか　44

　（1）取り組むべき課題──先行研究が十分に説明できなかった抑制の説明　（2）研究の方法──複数の手法の併用による証拠の「追跡」

iii

第II部　スピルオーバーによる抑制の証拠——障害者差別解消条例

第2章　歴史とデータ——誰がいつどんな条例を制定したか……………55

1　障害者差別解消条例とは　55

2　条例制定時期と内容の分析（コーディング）　60

3　条例内容の分析（条例詳細度）　61

4　条例内容の分析（条例類似度）　62

（1）クラスター分析　（2）政策間距離

5　議論——抑制が疑われる現象を観察　65

第3章　比較事例研究——条例制定の現場で何が起きていたか……………70

1　比較事例研究の概観　70

2　宮崎県——時間がかかった条例制定　72

（1）初期の条例づくり運動　（2）「障害者の差別をなくす条例をつくる会・宮崎」の設立　（3）障害者差別解消条例の制定　（4）条例施行後の取り組み

3　茨城県——スムーズだった条例制定　84

（1）初期の条例づくり運動　（2）「茨城に障害のある人の権利条例をつくる会」の設立　（3）障害者権利条例の制定　（4）条例施行後の取り組み

4　議論——抑制が強く作用する自治体とそうでない自治体　93

第4章　議会会議録の分析——どの自治体が何を参照していたか……………98

1　議会会議録分析の概観　98

2　計量テキスト分析——抑制が強く作用した自治体は外向性が高いか　99

3　定性的な検討——抑制の強弱による議論の差異　104

（1）第I群の（抑制が弱く作用したことが考えられる）自治体　（2）第II群の（抑制が強く作用したことが考えられる）自治体

4　第II部のまとめ——スピルオーバーによる抑制の証拠の発見　155

第II部全体のまとめ

目　次

第Ⅲ部　リソース・フローによる抑制の証拠──ホームレス支援政策

第5章　歴史とデータ──ホームレス支援政策と「福祉の磁石」の真偽………161

1　ホームレス支援政策の歴史と性質　161
　　（1）ホームレス支援政策小史　（2）現在のホームレス支援政策の基盤
　　（3）ホームレス支援政策の性質

2　合成コントロール法による「福祉の磁石」効果の分析　172
　　（1）方法とデータ　（2）分析結果──「福祉の磁石」は作用した

3　議論──抑制を引き起こしうる「福祉の磁石」効果の確認　182

第6章　比較事例研究──誰が「福祉の磁石」を警戒したか………………192

1　比較事例研究の概観　192

2　福岡市──時間がかかった政策形成　195
　　（1）ホームレス支援の一定の進展──ホームレス自立支援法施行前　（2）
　　ホームレス支援政策の停滞　（3）ホームレス自立支援政策の本格実施
　　（2009年）　（4）その後の展開

3　北九州市──スムーズだった政策形成　215
　　（1）排除か「適性化」か──ホームレス自立支援法施行前　（2）進む
　　ホームレス支援とほぼ維持された生活保護「適正化」　（3）ホームレス自
　　立支援政策の本格実施（2004年）　（4）その後の展開

4　議論──抑制が強く作用する自治体とそうでない自治体　235

第7章　議会会議録の分析──「福祉の磁石」はいかに議論されたか………246

1　計量テキスト分析──抑制が強く作用した自治体は外向性が高いか　246

2　定性的な検討──抑制が強く作用したと考えられる自治体での議論　250

3　第Ⅲ部のまとめ──リソース・フローによる抑制の証拠の発見　252
　　第Ⅲ部全体のまとめ

終章　それは誰のための抑制か………………………………………257

1　本書のまとめ──「負の政策波及」は作用した　257

v

政策波及の再解釈可能性

2 残された課題　260

3 現実社会への示唆──「仕事」ではなく市民と向き合う　262

参考文献　265

あとがき　273

人名索引　277

事項索引　280

序　章
政策波及論が見落としてきたもの

1　研究の死角

　地方分権化により，自治体による政策の「実験」と「競争」が促されるという立場は有力である。そして地方における先駆的な「政策実験[(1)]」とそれに続く「政策競争」が効果のある政策を全国に行き渡らせる側面が強調される（飯尾 2013，伊藤 2002，金 2009[(2)]）。オーツ（Oates 1972）の「分権化定理[(3)]」のような理論が引用されることもある。

　しかし，地方分権化が一定程度は進展した今日，このような楽観論が予想した未来が実現したとは言い難いのではないか。政治・行政が「何かをしない」ために人が苦しむことは稀ではない。

　2000年の地方分権一括法施行後のことを考えてみよう。たとえば障害者差別である。「保育所の面接時，『腐った魚のような目をしている。障害児の母は働かないで自分の子供の面倒を見なさい』と言われた」「『聴覚障害者はうちでは診られない』と医師に言われた」「ある店で，障害のある子どもが先に入って商品を見ていたら，『入店しないでください』と言われ，どうしてかと聞いたら，『何となく気持ち悪い』と言われた」。これらは，千葉県が2004年9月から募集した「差別に当たると思われる事例[(4)]」のごく一部である。この問題については後述するように2000年代に入ってから条例と法による対処が行われ始めているが，取り組みは遅すぎた上に現在でも進捗状況がよいとはいえない。

　ホームレス支援政策においても類似の状況がみられる。ホームレス問題は日本においても長年の課題であったが，十分な対策が講じられているとはいえない時期が続いた。2000年代，ホームレス自立支援政策が国の立法を機に進展したものの，全ての地域で足並みを揃えて採用されたわけではなかった。しか

も，本書中でたびたび触れるように，障害者差別解消条例とは異なるメカニズムが作用していると考えられる。

　自治体間の「政策競争」が理論の想定通りに作動しなかったとしたら，それはなぜか。この問いの手がかりを得るためには，政策波及論を参照することが必要である。自治体の政策イノベーション，すなわち新政策の採用をマクロレベルで分析するための有力な理論が政策波及論であるためである。

　本書における政策波及の定義は次の通りである。「ある政府がある政策を採用する確率が，同じシステム内の他の政府の政策選択に影響される」（Berry and Berry 2018）ときに政策波及が生じる。その最も単純な事例は，自治体が「他の自治体がある政策を採用している」という事実に背中を押されて政策採用に動き，ドミノ倒しのように全国で政策採用が生じるというものである。先の「政策競争」は政策波及論でよく説明することができる。他の自治体の動向に沿って政策採用が加速される政策波及を「正の政策波及」と呼ぼう。

　しかし，後述するような近年の海外の研究も示すように，「政策競争」を含む「正の政策波及」は生じうる相互作用の1つでしかない。この点を，特に日本の政策波及論は見過ごしてきた。実際，障害者差別解消条例の展開を「正の政策波及」論で説明しきることは困難である。政策波及論の主流な理論によれば政策イノベーションが促進されるはずの局面において，第Ⅱ部で詳細にみるように，政策形成の停滞が生じている可能性が高いとの観察結果が得られている。また，同じような時期に同じような状況にある自治体が全て政策形成の停滞に陥るわけではない。新しいメカニズムの提示が必要となる。

　上述のように政策波及を定義した場合，理論上，政策波及には，政策が採用されやすくなる「正の政策波及」と，採用されにくくなる「負の政策波及」があることになる。本書はシステム（自治体の政策イノベーションの場合は国内の自治体群）内の普及率が上昇した場合に生じる「正の政策波及」を政策イノベーションの促進，「負の政策波及」を政策イノベーションの抑制と定義し区別する。政策イノベーションの抑制とは，ある政府がある政策を採用する確率が，同じシステム内の他の政府の政策採用が進むことにより低下するメカニズムである。ある政府の政策選択が他の政府の政策選択に全く影響を受けないベースラインと比較して，システム内の政策採用は緩やかになる。

　本書の目的は，政策波及における抑制メカニズムが作用している証拠を提示

することである。また，副次的な作業として，抑制メカニズムの作用の強弱が，自治体が全国的な政策採用の状況を考慮する程度である外向性によって左右されている証拠を提示する。

より具体的に言い換えれば，本書では，障害者差別解消やホームレス支援政策において重要な役割を負っている自治体の政策形成において，不作為や遅い対処の問題が国－地方間および自治体同士の相互作用によって引き起こされている側面を記述する。これは一般的な理解とは逆であるといえる。

本書の主張は単純である。自治体などの政策決定者は，他の自治体の政策策定状況などの外部の環境に受動的に反応しているだけではなく，場合によっては合理的な計算に基づき，あるいは不合理にも先送りして，政策形成のタイミングを決定する。一見当たり前のこの仮説は，特に日本においてはほとんど検証されてこなかった。

単純化すれば，主流派の政策波及論は，政策を現在採用するときの便益がその費用を上回る場合に各主体は政策イノベーションを採用するとしてきた。政策イノベーションが広まることにより，技術的な費用や内部調整の費用が低下すると考えれば，ドミノ倒し式に政策イノベーションが生じることが説明できる。各主体が現状を認識しそれに反応することから，これを「政策波及の現状認識モデル」と名付ける。

しかし，これから述べていくように，「ドミノ倒し」が起きるはずの場面で政策形成が停滞するような，「政策波及の現状認識モデル」では説明が困難な現象がみられる。

そこで本書では，政策波及メカニズム研究と異時点間選択研究に基づき，各主体は行動の便益が費用を上回っているという先の条件（第1条件）に加えて，現在の純便益（便益から費用を引いて求める）が近未来の純便益を上回っているとき（第2条件）に政策イノベーションを採用するというモデルを提示する。このモデルを「政策波及の近未来予測モデル」と名付ける。詳しくは第1章で検討するように，同モデルによって，政策波及メカニズムの複雑性，国の介入の効果の複雑性，先行条件の複雑性が説明できる。また，δとdという2つのパラメータを導入することにより，各主体が「現在の費用を過大に見積もる傾向」や「全国の政策採用の動向を気にする傾向」（外向性）を論理的一貫性を持って検討できるようになっている。ただし，このモデルが「負の政策波

及」のメカニズムのありうる1つの形でしかないこと，唯一無二のメカニズム
ではないことは強調しておきたい。

　「負の政策波及」の議論を前に進めるためには，このモデルと整合的な事実
が現実の政策過程において見つかるかどうかが重要となる。政府間相互作用に
よって政策採用が促進される「正の政策波及」論が光であるとすれば，その影
ともいえる，政府間相互作用で政策採用が抑制される「負の政策波及」論とそ
の根拠を提示することが本書の主たる貢献となる。もちろん，この「正負」
が，望ましい結果あるいは望ましくない結果をもたらすという意味ではないこ
とには注意を要する。

2　促進と抑制の政策波及メカニズム

　後述するように政策イノベーションの抑制に関する研究は少ない。たとえば
日本における近年の政策波及論は独自の発展を遂げ，自治体政策過程の理解促
進に多大な貢献をしてきたが，政策イノベーションの抑制についての蓄積はほ
ぼないといってよい。

　政策波及メカニズムをより明確に示すために，それらをさらに別の軸で分類
する。それがスピルオーバーとリソース・フローである。ブルックナー
（Brueckner）は，自治体間の戦略的相互作用のモデルをスピルオーバーモデル
（spillover model）とリソース・フローモデル（resource-flow model）に分類し
た。スピルオーバーモデルは自治体の政策決定が直接的に他自治体の厚生関数
に直接影響を与えるメカニズムを想定する。たとえば，ある自治体内で排出さ
れた公害物質が他自治体の市民の厚生を低下させる状況などが典型的である。
自治体は市民の厚生の最大化を図ると仮定される。リソース・フローモデルは
自治体の政策決定が地域間の資源の移動を通じて間接的に他自治体の市民の厚
生に影響を与えるメカニズムに着目する。たとえば，資本，労働，低所得者な
どの流入・流出が市民や自治体の厚生を左右する状況である。多くの先行研究
は，反応関数（reaction function）を推定することで相互作用を検証している。
反応関数が正の場合，他自治体の政策決定はその自治体の政策決定に正の影響
を与えている（Brueckner 2003）。

　本書はブルックナーの類型に従って議論を進める。その際，スピルオーバー

序章 政策波及論が見落としてきたもの

表序-1 政策波及メカニズムの4類型と本書の貢献

メカニズム		相互作用の向き	
		促進	抑制
メカニズム	リソース・フロー	（日本の政策波及論では研究例が少ない(5)）	（本書の対象）
	スピルオーバー	日本の政策波及論はこの領域を主に対象としてきた ①拡張	（本書の対象） ②観察

出所：筆者作成。

モデルで作用している，政策が直接他自治体に影響を与えるメカニズムをスピルオーバーと呼び，リソース・フローモデルで作用している，政策が資本，労働，低所得者などの移動を介して他自治体に影響を与えるメカニズムをリソース・フローと呼ぶ。スピルオーバーとリソース・フローのそれぞれに促進と抑制の2タイプずつを想定することができる。

　本書が提示するメカニズムは次のようなものである。政策は，情報や法令の効果によっても抑制される（スピルオーバーによる抑制）とともに，人や企業の移動を懸念して抑制される（リソース・フローによる抑制）。さらに，政策決定者が自治体の内部の要因（内生条件）よりも国や他自治体などの外部の要因（波及）を重視する自治体のほうが政策イノベーションの抑制の影響を受けやすい。いわば，「外向き」な自治体ほど政策イノベーションが抑制されやすい。

　本書は，政策波及の新しいモデルを示し，政策波及論，なかでも政策波及メカニズム研究の射程を拡張し，新しく捉えられた事象を詳細に観察し記述する。このことを示したのが表序-1である。なお，この類型はメカニズムのタイプと相互作用の向きに注目する基礎的なものであり，競争，学習，模倣などを区別する国内外の研究とは視点が異なる。政策波及論のスコープを広げるという本書の立場には前者のタイプの類型が適しているといえよう。

3　研究の方法

　本書は，抑制メカニズムが作用している証拠を見つけ出す手法として事例研究を採用する。後述するように，海外における政策イノベーションの抑制研究

5

は，大別して，フォーマルモデル，統計分析，事例研究の3つの手法を採用してきた。数理的なフォーマルモデルは抑制メカニズムの理論上の効果を示すことができるが，それが現実に生じていることを明らかにするという本書の目的には適さない。実証研究としては統計分析か事例研究が考えられる。本書が明らかにしたい抑制メカニズムは特定の時期に特定の自治体において強く作用することが予測される。具体的には，政策の正の外部性が顕在化するという期待が強い時期に，外向性（自治体外の政策選択の全体的な動向を注視する程度）が高い自治体において政策イノベーションは強く抑制されると考えられる。複雑なメカニズムが作用しているのであれば，統計分析によって相関関係を把握することは容易ではない。したがって，特に研究の初期段階においては，事例研究によって丁寧に事実を記述しパターンを発見することが重要であると考える。

　第Ⅱ部と第Ⅲ部の事例研究では，それぞれ障害者差別解消条例とホームレス支援政策を扱う。上述した4タイプの政策波及メカニズムは，作用の強弱はありながらも，同時に作用することがありうる。特定のタイミング，特定の事例においてどのメカニズムが強く作用したかを詳細に知ることは容易ではないものの，先行研究で分析された環境基本条例やふるさと納税を加えて簡易的に考察すると表序-2のようになる。リソース・フローが作用しうるかどうかは，その政策に移動する主体や資金が関係しているかどうかでまずは理論的に決められる。各政策につき，事例を観察しどのメカニズムが作用したかを導き出す。表序-2で，「○」は顕著に作用している，「△」は作用している，「×」は作用していない，「？」は不明を意味する。環境基本条例は10年もかからずに半数以上の都道府県が作用したことから，スピルオーバーによる促進が強く作用した事例とした。ふるさと納税は税源をめぐる競争という意味でリソース・フローによる促進が強く作用したと位置づけられる。障害者差別解消条例とホームレス自立支援政策については，スピルオーバーによる促進の影響は観察されつつも，それぞれスピルオーバーによる抑制とリソース・フローによる抑制が特徴的な事例である。抑制メカニズムが強く作用する条件に，政策の正の外部性を期待させる情報が出回っているかどうかがある。たとえば，障害者差別解消条例では「法の施行前に国の基本方針が出される」という情報が，ホームレス支援政策では「支援をするとホームレスが流入する」という言説が存在していた。他方，期待が消滅すれば抑制は作用しなくなることも事例から

序章　政策波及論が見落としてきたもの

表序 - 2　本書で扱う事例の位置づけ

		政策波及メカニズム			
		スピルオーバーによる促進	リソース・フローによる促進	スピルオーバーによる抑制	リソース・フローによる抑制
事例	（環境基本条例）	○	×	?	×
	（ふるさと納税）	△	○	?	×
	障害者差別解消条例	△	×	○	×
	ホームレス支援政策	△	×	?	○

注：「○」顕著に作用している，「△」作用している，「×」作用していない，「?」不明
出所：筆者作成。

主張できる。1つの事例で政策波及メカニズムが複数作用しうる点，顕著に作用しているメカニズムがそれぞれ異なると予想される点がこの表のポイントである。

　事例として障害者差別解消条例とホームレス支援政策を選んだ理由は，スピルオーバーによる抑制，リソース・フローによる抑制が作用しているという仮説の下では，抑制メカニズムが働きうるその他の政策と比較して特殊ではないからである。あるいは，新理論における典型事例（Gerring 2007）といえるからである。まず，障害者差別解消条例は，情報のスピルオーバーによる抑制が作用していることが理論的に考えられる事例である。日本で広まった条例の多くはこのような性質を持つ政策である。[7] つまり，障害者差別解消条例には典型的にスピルオーバーによる抑制が作用していることが予想される。また，「都市の限界」や「福祉の磁石」の理論に代表されるように，貧困問題は典型的にリソース・フローによる抑制が議論されてきた分野である。したがって，ホームレス支援政策は典型的にリソース・フローによる抑制が働いていると考えられる政策である。

　このように，本書では，提示する新モデルを適用する境界条件を，ひとまず正の外部性を持つ政策，すなわち先行研究によれば抑制が作用すると想定される政策と設定する。ただし，終章第1節において，この条件を緩和し政策波及全体を扱える可能性について論じる。

7

4 本書の貢献

　本書の特徴を繰り返すと，政策波及論の新しいモデルを提示した上で，従来，特に日本では注目されてこなかった政策イノベーションの抑制メカニズムを，さらに例が限られる事例研究ベースで研究することである。分析の対象を拡張し，新しい対象を観察したことにより，次のような貢献が得られた。

　第1に，政策波及論の視野を広げ抑制メカニズムを分析対象としたことで，抑制メカニズムが作用していることを示唆する証拠を，個別自治体レベルや政策形成に関与した個人のレベルで数多く見つけることができた。実証パート（第Ⅱ・Ⅲ部）の試みの成否を決める鍵は，既存の理論では十分に説明できない特徴的な政策形成（あるいは非形成）を行った自治体の行動パターンを他の自治体との比較によって抽出することである。障害者差別解消条例の分析においては，一部の自治体が障害者差別解消法の施行前に条例を「駆け込み制定」していたが，それらの自治体の条例は法に相対的に類似しており，また制定プロセスをみると都道府県議会の答弁で国などの自治体外部への言及が多いことがわかった。このパターンは政策イノベーションの抑制という概念を使うとよく説明することができる。本書の事例研究には定量的な分析も含むが，事例研究に部分的に定量的要素が含まれていることは常である（Gerring 2007：10-11）。

　全ての分析は既存の理論が説明できない政策（非）形成が生じている証拠を提出するという目的を達成するために行われる。たとえば，本書の統計分析では「福祉の磁石」は実際に作用しているという分析結果が得られ，再分配政策と地方分権を両立させてきたという日本の「都市の限界」論の前提とは一見矛盾するかのようにも思われるが，この結果は本書全体の論理とは整合的である。なお，マクロな普及パターンを観察して作用しているメカニズムを判定するという方法もあるが，[8]本書は政策形成は複雑に諸メカニズムが作用した結果生じるという理論に依拠しているのでこの方法は採用していない。多くの先行研究は統計分析などで慎重にメカニズムが作用しているかを探索するという立場である。

　第2に，事例を抑制の観点から詳細に観察したことで，政策イノベーションの抑制がもっぱら望ましくない効果をもたらすという単純化された見方ではな

い，新しい視点を得ることができた。確かに海外の先行研究にはフリーライドという概念を用いて政策イノベーションの抑制を論じるものもあり，たんに労力を節減するため，言いかえると楽をするために様子見をしていると解釈できなくはない。茨城県における障害者差別解消条例の制定プロセスをみると，抑制されることなく政策イノベーションを実現したことによる人的なつながりなどの成果が示され，いっそう抑制が悪であると考えたくはなる。しかし，宮崎県における障害者差別解消条例の分析で示唆されたように，合意形成や政策採用のタイミングを遅らせるなどして調整することは政策形成において有効な技術であるかもしれず，今後その得失を十分に検討していくことが求められると思われる。

5　本書の構成

　以下，本書の構成を図序−1に示した後，分析手法を中心に記述する。実証研究（第Ⅱ・Ⅲ部）においてはリサーチ・クエスチョンを3つのサブ・クエスチョンに分割して追求する。具体的には，(1)マクロレベルで（全国的に）抑制の証拠は見つかるか（第2章／第5章），(2)ミクロレベルで（個別自治体で）抑制の証拠は見つかるか（第3章／第6章）(3)都道府県議会で（会議録の分析によって）抑制の証拠は見つかるか（第4章／第7章）という問いに順に答えていく。第Ⅱ部と第Ⅲ部の分析手法は各章である程度対応しているが，方法には多様性がある。詳細は第1章で述べる。

　第Ⅰ部では先行研究レビューを含む理論的な検討を行う。国内外の政策波及研究が達成したことと成しえなかったことを明らかにし，研究上の課題を解決できる新しい政策波及モデルを提示し，本書の主題が抑制メカニズムが作用しているという仮説と親和的な事実を発見することであることを示す。従来，政策波及論は促進メカニズムを中心に構築されてきた。例外的に政策イノベーションの抑制の理論も提示されているものの，実証研究は不十分であり，特にスピルオーバーによる抑制の実証研究が必要であることを主張する。

　第Ⅱ部では，2014年から2016年に障害者差別解消条例を制定した自治体を中心とする事例研究によって，スピルオーバーによる抑制メカニズムが作用した証拠を探索する。

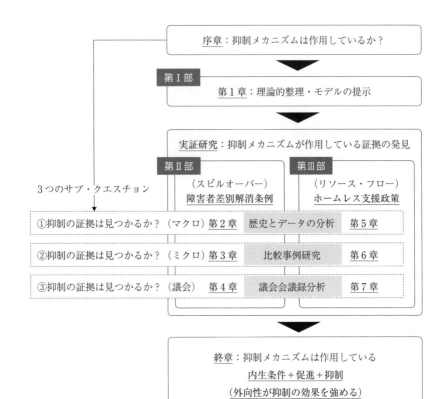

図序-1 本書の構成

出所：筆者作成。

社会科学一般の課題を記述（description）と因果（causation）に分けるならば（Gerring 2012），第2章では日本における障害者差別解消条例の波及を巨視的な視点から記述する。まず，障害者差別解消法の制定後に障害者差別解消条例の制定が増加したことを示し，波及メカニズムが作用した可能性が高いことを確認する。その上で，障害者差別解消条例の制定・施行時期の分析から，駆け込み的に制定を行った自治体が存在することを示す。また，条例内容の比較分析から，法によく似た条例を制定している自治体があるという結果を導く。これら2つの分析の結果をクロスさせることで，自治体によっては他の主体が新政策を策定するがゆえに自らは策定を先延ばしにするという動きがあると推測する。抑制メカニズムが作用したことが示唆される。さらに，このような動き

は同時期に政策形成を行った全ての自治体においてみられるわけではないことを明らかにする。自治体の対応のバリエーションは第2章の重要な発見である。

ただし、既知のメカニズムと以上の抑制メカニズムだけでは必ずしも自治体間の対応のバリエーションを説明できないため、第3章、第4章では何が情報による政策イノベーションの抑制を強めるかについて事例研究を通じて探求する。

第3章では、宮崎県、茨城県の事例を調査し、比較を通じて、抑制メカニズムおよび先行条件に関する知見を得る。結果として、抑制メカニズムが作用した可能性が高いことが確認され、「外向性」の重要性を裏付ける証拠が得られる。

第4章では探索範囲を全国に広げ、議会会議録の分析を行ってメカニズムについての知見を補強する。主に第2章で発見された対応のバリエーションを説明することを目指す。外向性が自治体間の政策選択の差異の一因となっていることの根拠を発見する。

第Ⅲ部では、2000年代を中心に発展してきたホームレス自立支援政策を分析し、リソース・フローによる抑制が作用したという証拠を探る。

第5章では、ホームレス支援政策の簡単な歴史を記述し、その性質について考察する。ホームレス自立支援法と前後して自治体によるホームレス自立支援政策が発展したことを観察し、波及メカニズムが作用した可能性が高いことを示す。また、実務および研究の両面から「福祉の磁石」効果についての懸念が表明されてきたことを確認する。その上で、データから、福岡市においてはホームレス概数が多かったにもかかわらずホームレス自立支援政策の導入が遅かったことをみる。また、合成コントロール法を用い、2009年にホームレス自立支援政策を本格化させた福岡市において「福祉の磁石」が作用したと考えられることを示す。

第6章では、福岡市と北九州市のホームレス自立支援政策を比較し、抑制メカニズムおよび先行条件について明らかにする。結果として、リソース・フローによる抑制メカニズムが作用した可能性が高いことが確認され、本書が提示するメカニズムを裏付ける成果が得られる。

第7章では仙台市・堺市・北九州市・福岡市を中心に議会会議録を分析す

る。計量テキスト分析を行い，議会においてホームレス流入問題がどのように扱われてきたのかを検討する。また，「流入」に着目して定性的にテキストを記述する。外向性が抑制メカニズムの効果を強め政策の遅延を引き起こす可能性があることを主張する。

　終章では，これまでの章の発見をまとめ，残された課題を指摘する。

　　注

（1）　「実験」という用語の意味が明示されない場合，基本的には「うまくいく確信
　　　の持てない新規政策の形成・執行・評価」のことであり，比喩的な表現であると
　　　考えられることが多い。自然科学における実験，また社会科学における研究手法
　　　としての実験とはイメージ以外は重ならないといえるだろう。

（2）　あくまで大まかな整理であり，個々の先行研究の主張がこれに尽きるものでは
　　　ない。たとえば，伊藤（2002）は，制度と運用の両面に目を向け，豊富な実証分
　　　析で自らの理論を裏付けている。ただし，地方分権一括法に代表される制度改革
　　　と，国の介入の限定により，「自治体に本来備わった潜在的な政策形成力」（前掲
　　　書：84）が発揮されるという主張は，政策実験・競争を重視する立場のバリエー
　　　ションに分類できるだろう。

（3）　同書では，国による公共財の供給より地方政府による公共財の供給の方が社会
　　　的厚生を高めるという結論が示されている。ただし，「分権化定理」以後の海外
　　　の理論研究が，地方分権型システムが常に優れているという結論で一致している
　　　わけではない。

（4）　千葉県ホームページ：https://www.pref.chiba.lg.jp/shoufuku/iken/h17/sabet-
　　　su/index.html（2023年7月30日アクセス）。

（5）　波及した「実質的条例」（川崎 2013に依拠）のうち，迷惑行為防止条例，医師
　　　育成奨学金資金条例，看護師奨学金条例，高等学校奨学金条例，理学療法士修学
　　　資金条例，社会福祉士修学資金条例，暴走族追放条例は，潜在的にこのカテゴリ
　　　に入る可能性があるといえる。他方，経済学者は自治体間競争が政策水準の決定
　　　に影響をおよぼすことに関心を持ってきた（田中 2013）。たとえば妊婦健診の公
　　　費負担額の決定に際し，要素（住民）移動（リソース・フローと同一と考えられ
　　　る：筆者注）仮説などを検証したものの，最終的に情報のスピルオーバーが作用
　　　したと結論づけた研究がある（足立・齊藤 2016）。

（6）　ただし，管見の限り，明示的に政策波及論を用いた研究はない。

（7）　波及した「実質的条例」（「理念的条例」ではないもの，川崎（2013）に依拠）
　　　のうち，統計調査条例，食の安全条例，拡声器の使用規制条例，希少野生動植物
　　　の保護条例，生活環境保全条例，動物の愛護及び管理条例，議会情報公開条例，

ふぐの取扱等に関する条例，名誉県民条例，消費生活条例は，この潜在的にカテゴリに入る可能性があるといえる。

（8）鎌田は「政策の実施年別の累積割合をみることによって，その政策が水平波及なのか垂直波及なのかを判断することができる」（鎌田 2010：418，また鎌田 2011：47にも同じ記述あり）との理解に立った上で，普及曲線の形状から，少子化対策は全般的に「水平波及と垂直波及の折衷型」（前掲論文：418）であると判別した。

第Ⅰ部

「負の政策波及」論

第1章
正の政策波及と「負の政策波及」

1　政府間関係論と政策波及論

　政策波及は政府間の相互作用である。日本における政策波及論の展開を理解するためには，日本の中央政府と自治体，そして自治体と自治体の関係に関する先行研究，すなわち政府間関係論の知見を借りる必要がある。

　日本の政府間関係論は自治体同士の水平的政府間関係の重要性を初期から認めつつも，その主要な関心事は中央地方関係論であった。地方政府という用語自体になじみがなかった時期に，井出嘉憲はすでに「地方 - 地方関係」（井出1972：5），つまり自治体相互間の関係が政府間関係の重要な側面であると指摘している。また，西尾勝が代表を務めた「政府間関係」研究集団の『世界』誌上の論文においても，垂直的・水平的な政府間関係の存在は認められていた（「政府間関係」研究集団 1983）。しかし，政府間関係論の最大の焦点は中央地方関係である。たとえば，「政府間関係」研究集団の定義においては政府間関係とは「調整型の中央地方関係」（前掲論文：106）であった。また，政府間関係はしばしば中央地方関係の同義語（今村 1990, 1992）である。近年の政府間ガバナンス論においても中央地方関係が中心的テーマとなっている（曽我 2008）。

　中央地方関係に関心が集中したため，水平的政府間関係論や垂直的・水平的な政府間関係を統合的に理解する試みは立ち後れた[1]。このようななか，村松岐夫がまとめ上げたことで知られる水平的政治競争モデルと伊藤修一郎の動的相互依存モデルという体系的・総合的な政府間関係論の存在は特筆に値する。

　村松岐夫は，1970年代末からの約10年間で発表し続けた大型研究において，自治体の機能の重要性を再認識させることに成功した（村松 1979, 1981, 1983, 1984, 1988）。村松はアンケート調査や事例研究を駆使し，それまでの通

説と位置づけるパワーエリート論的な垂直的行政統制モデルを補完する水平的政治競争モデルを提示した。水平的政治競争モデルと垂直的行政統制モデルをサブ・モデルとして統合したものが相互依存モデルであると理解できる（笠1990）。同モデルは地方間の競争を中央地方関係の重要な要素とみる。日本の場合は，いわゆる「横並び」，つまり「各地方政府が，自己の競争相手と考える地方政府の施策水準に後れをとらないようにし，時にそれを追いこそうとする行動」（村松 1988：73）が特長的であるという。横並びには，近隣の地方政府間の横並び志向と，同格と目される地方間のそれの2種類があると指摘されている。村松のモデルの核となる水平的政府間関係は競争主体のそれであるように読める。たとえば，「中央地方関係は相互依存的であり，交渉過程の理解が鍵となり，交渉にのぞむ地方政府の戦略のかなりの部分が，他地方政府との競争原理から説明できる」（村松 1988：182）という記述がある。

伊藤修一郎は，日本の政府間関係論・自治体政策過程論において以下で述べるように多大な貢献をした。政策波及論は日本の政策イノベーションを理解する上ですでに鍵となる理論であるといえる。

2　日本の政策波及論のレビュー

伊藤（2002）は，事例研究と統計分析によって「同種の政策を多くの自治体が採用することによって，それが全国に広がる現象」（前掲書：3）と定義する政策波及の実態を明らかにした。現在，伊藤が一連の研究において提唱した動的相互依存モデルは，日本の政策波及論において通説的な位置を占めている。

本節では，第1項で動的依存モデルの概要とその後の日本の政策波及論の動向について述べる。第2項では動的相互依存モデルでは説明できなかった側面を論じる。

（1）動的相互依存モデルと後続の研究の貢献

動的相互依存モデルは自治体行動に関する3つのメカニズムから構成される。(1)内生条件への対応，(2)相互参照，(3)横並び競争である。以下，伊藤（前掲書）の明晰な記述を引用しながら概要を紹介する。

第1に，「内生条件とは，当該自治体が管轄する領域の社会的，経済的，政

治的条件のことである。自治体の政策出力を決定づけるような内生条件は，大きく二つに分類できる」（前掲書：19）。それらは，社会経済要因および政治要因である。しかし，内生条件だけでは，なぜ内生条件が平均以下の自治体も政策採用に向かうのかという疑問に答えることができず，自治体政策過程の説明としては不完全である。

第2に，「相互参照とは，自治体が政策決定に際して，他の自治体の動向を参考にする行動を指す。他の自治体が新政策を採用するのを参照した自治体は，自分もその政策の採用に向けて動き出す」（前掲書：21）。

第3に，「横並び競争とは，政策を採用すれば便益が見込まれる状況のもとで，われ先に政策の採用に乗り出す行動を意味する。このような，不確実性の低い状況は，国の介入及び政策の規範化によってもたらされる[2]」（前掲書：28）。

「先行自治体が政策を生み出し，国が介入し，後続自治体が続くという一連の政策波及の流れの中で，三つのメカニズムのいずれが最も強い作用を及ぼすかは，国の介入の時期によって決まる。なぜなら，それによって自治体が直面する不確実性の度合も変化するからである[3]」（前掲書：31）。

また，政策の性質がイノベーションの速度や様態に影響を与えるという仮説も，先行研究から引き出される。イノベーションの普及研究にも，政策イノベーション研究にも，イノベーションの性質が普及の速度や様態に影響を与えるという研究は多数ある。同書では，ロウィの政策類型を採用し，「対立的政策（再分配・規制）政策の波及速度は，非対立的（分配・制度改変）政策の波及よりも遅い」（前掲書：50）という仮説の形で先行研究を踏まえる。

モデルで想定される関係を，実証すべき仮説の形で示すと，以下のようになる。第1に，「国の介入が遅いと，内生条件と相互参照が作用する」（前掲書：32）。第2に，国の介入により，政策決定に伴う不確実性が低下するため，「国の介入が早いと，横並び競争が作用し，内生条件と相互参照は作用しない」（前掲書：32）。第3に，対立的政策について，対立を乗り越えるために政治的リーダーシップが必要とされ，かつ先が読めないために不確実性が高いので「対立的性質を有する政策については，政治要因と相互参照が強く作用する」（前掲書：32）。

垂直的・水平的政府間関係を総合的に理解するというこれらの研究の視角は，自治体の政策イノベーションの研究に際して特に有用である。

第Ⅰ部　「負の政策波及」論

表1-1　動的相互依存モデル以降の事例数10以上の政策波及研究の例

著者・出版年	分析対象	分析手法	動的相互依存モデル依拠	動的相互依存モデルの修正
横山・片岡 (2003)	コミュニティバス	定性	×	―
鎌田 (2010)	延長保育（公立認可保育所），一時保育，認可外保育所への補助，子どもの医療費助成	定量	○	（内生条件と横並び競争が同時に作用している）
鎌田 (2011)	通常保育の拡大，一時保育，延長保育，子どもの医療費助成	定量	○	（国の早期介入があるのに内生条件が作用している）
西浦 (2011)	ホームヘルプ制度	定性定量	×	―
馬場ほか (2012)	地球温暖化対策事業所計画書制度	定性定量	×	―
川崎 (2013)	条例全般	定性定量	○	イノベーションが後半の自治体でも生じる（国が介入するとむしろイノベーション活性化），政策波及が生じるのは条例の一部
外川・安藤 (2013)	中心市街地活性化基本計画	定性定量	○	国が当初からスキームを与える事業が存在する
内山 (2014)	教育における新しい職の設置，少人数学級編成，市町村費負担教職員制度	定性	○	―
外川・安藤 (2014)	空き家管理条例	定量	○	―
沖村・徳山 (2015)	スポーツ振興計画	定性	○	―
外川・安藤 (2015)	世界遺産事業，中心市街地活性化基本計画，空き家管理条例	定性定量	○	国が当初からスキームを与える事業など，動的相互依存モデルが想定していない政策領域がある
小田・大山 (2018)	生物多様性地域戦略	定量	○	市町村において，国の早期介入後も横並び競争が部分的にしか確認できず，内生条件が強く作用
澤・小林 (2019)	手話言語条例	定性定量	○	相互参照における近隣性や同格の自治体を参照する傾向が弱い

出所：筆者作成。

第1章　正の政策波及と「負の政策波及」

　先行研究をレビューすることで動的相互依存モデルの影響の大きさの一端を
みることができる。表1-1は動的相互依存モデル以後に発表された，事例数
が10以上の政策波及研究の例である。この表のうち，説明を要する項目につい
て記述する。ここで「政策波及研究」とは，なんらかの意味での政策波及の概
念を明示的に用いた研究のうち，相互作用の分析を含むものである。政策波及
の用語を用いていても相互作用の分析を含まないものは除外している。「分析
手法」は，採用している手法が定性的手法か定量的手法かを判断している。
「動的相互依存モデル依拠」は，動的相互依存モデルの仮定を受け入れ研究を
行っているかどうかにより○か×を付している。「動的相互依存モデルの修正」
は，当該研究が動的相互依存モデルに加えた修正を示す項目である。元論文の
著者が主張している修正点をすべて取り上げているわけではなく，実証されて
いると考えられるものに限定して掲載している。また，括弧でくくられている
のは，元論文の著者が主張していないが動的相互依存モデルと食い違いがみら
れると考えられる点である。

　一見してほとんどの研究が動的相互依存モデルに依拠していることがわか
る。表に掲示した13の研究のうち10件が動的相互依存モデルに準拠している。

　ただ，これらの研究のうちのほとんどは伊藤（2002）のようなイベント・ヒ
ストリー分析を用いていない。

　他方，定量的手法を用いて動的相互依存モデルの検証を行った研究のほとん
どが，同モデルになんらかの修正が必要であることを報告している。次項では
この点について述べる。

（2）動的相互依存モデルでは説明できなかった政策波及

　ここで動的相互依存モデルの貢献をもう一度整理する必要がある。伊藤
（2002）自体にも書かれているように，動的相互依存モデルは政策波及論を創
始したり日本に政策波及論を初輸入したりしたのではない。では動的相互依存
モデルの意義とは何であったのか。

　第1に，日本の自治体政策過程論に政策波及論を明確に位置づけ，新しい視
点から体系的に自治体政策過程を説明した点は疑いようもなく重要である。た
とえば伊藤が強調した自治体間の相互参照概念は，「政治学の景観を一変させ
る可能性をもつ『相互参照』」（北山 2007）として，高く評価されている。

第Ⅰ部 「負の政策波及」論

　第2に，政策波及論としても動的相互依存モデルは独自性があり質が高かったといえる。最大のオリジナリティは政策の性質と国の介入によって3つのメカニズムが明確に切り替わる部分である。伊藤（2002）が分析した情報公開条例，環境基本条例，環境アセスメント，福祉のまちづくり条例の4つの政策の差異が見事に説明できていた。また，伊藤（2006）が対象とした景観条例にも妥当していたといえよう。

　ただし，先行研究の発見によれば，伊藤の研究の外的妥当性，言い換えればその他の事例をどの程度適切に説明できるかについては注意深く検討する余地があると考えられる。動的相互依存モデルは他の全ての研究と同様に完全ではない。

　第1の貢献（日本の自治体政策過程の説明）に関連して，政策波及による政策イノベーションがそれほど高頻度で生じていない可能性がある。川崎（2013）は，1993年から2012年の20年間に制定された条例を対象にどの程度の条例が全国的に波及しているのかを調査した。その結果，「波及しうる政策条例」は99例，「自律的波及条例」はそのうちの34例であった[5]。また，個別の政策イノベーションを数え上げると，11県の20年間の合計が2637条例であるのに対し[6]，「波及条例」はそのうちの190例であった[7]。伊藤（2002）は，「自治体を単なる国の下請機関と見る単純制度論が見逃してきた自治体の潜在力の存在と，それが発揮されるメカニズムを解明した。国の介入がなければ，情報公開条例や環境アセスメント制度の制定過程で見たように，それぞれの地域が置かれた社会経済環境や政治アクターの選好や勢力に応じて，自治体は新たな解決策を模索し，自治体相互に参照し合いながら手探りで政策決定を行っていく，『自治型の政策過程』が成立することが確認できた」（前掲書：277-278）と主張したが，条例に限ると20年間で34例しか全国に行き渡ったものがないという現状と整合的なのかどうかが問われよう[8]。

　第2の貢献（政策波及論における新しいモデルの提示）に関連しては，国の介入によって明確に3つのメカニズムが切り替わるのかどうかが問題となる。市区町村における4つの「少子化対策」の策定要因を分析した鎌田（2010）や鎌田（2011）においては，イベント・ヒストリー分析の結果，国の介入が分析時期の最初期に行われた政策，すなわち動的相互依存モデルによれば横並び競争が起きているはずの政策においても，相互参照と内生条件が作用しているという

第1章　正の政策波及と「負の政策波及」

結果が得られている。市区町村における生物多様性地域戦略の策定要因を分析した小田・大山（2018）は，イベント・ヒストリー分析により，国が早期に介入したにもかかわらず同戦略の策定には内生条件が強く作用し横並び競争の影響が部分的にしか確認できなかったことを明らかにした。これは動的相互依存モデルの予想に反する結果である。伊藤（2002）と同じく都道府県を分析対象とした川崎（2013）は，情報公開条例，環境基本条例，個人情報保護条例，生活安全条例，食の安全条例，文化振興条例を分析し，基本的には条例が持つ「機能」の数をカウントするという手法で，国の介入があって従来は後発自治体が国の政策などに追随するのみと考えられてきたタイプの政策でも，国の介入がない政策に匹敵するほど「機能」の追加が継続して生じていることを主張した。[9] 動的相互依存モデルの追試はさほど多くないが，本格的な定量的研究の多くは動的相互依存モデルに一定の修正が必要であることを示唆している。

　日本の政策波及論は，以上のように動的相互依存モデルをひとつの立脚点として，同モデルを修正し発展させるというアプローチを採用してきたとまとめることができる。[10] 先行研究は日本の政策波及に関する重要な学術的貢献を残してきた。日本独自の政策波及論が確立されたことは特筆に値するだろう。[11]

　しかし，このアプローチを採用するがゆえに焦点から外れる事象もある。本書のテーマである多様な政策波及メカニズムはその例である。

　具体的な事例として，日本の政策波及論は，情報の拡散による政策採用の後押し，言い換えればスピルオーバーによる促進によって政策波及を説明してきたが，その方法では十分に説明しきれなかった日本における環境アセスメントの波及の事例を取り上げる。政策アセスメントの波及は，伊藤（2002）によって精緻に分析されているため，それに準拠する形で再分析を行う。

　環境アセスメントまたは環境影響評価（以下，環境アセスメント）とは，「開発事業などが環境に及ぼす影響について予測を行うとともに，環境保全措置が講じられた場合における影響を総合的に評価する制度」（伊藤 2002：107）である。また，「環境アセスメントは公害規制のような規制手段ではなく，事業者の自主的な環境配慮を誘導する手段である」（原科 2011：3）。環境アセスメントによって，環境と調和する開発事業の代替案が検討され，合意形成が図られることが理想とされる。従来の規制行政，具体的には公害防止に対する対症療法的・後追い的な規制行政から，公害や環境破壊の未然防止への転換が，従来

23

第 I 部　「負の政策波及」論

の規制行政との大きな発想の違いであるといわれる。

　環境アセスメントは手続法とされる場合もあるようだが，伊藤（2002）によれば，事業者の費用で環境影響調査を実施させ，環境に配慮した計画変更によって住民に利益をもたらすという政策の構造から，ロウィの政策類型でいうと「規制政策」的性質を持つという。

　まず，環境アセスメントにおける1980年代前半頃までの自治体と国の動向を簡単にまとめる。記述は主に伊藤（2002），原科（2000, 2011）に依拠している。

　日本における環境アセスメント導入は，まず国レベルでその努力が開始されたものの，関係各所の反対によって停滞し，その間に自治体において推し進められた経緯がある。これらの点については，詳細な歴史研究（川名 1996，原科 1996，伊藤 2002など）が既にいくつかあるため，本書にとって重要な点に絞って記述を行う。

　国レベルにおける環境アセスメントをめぐる目立った対立は，主に1971年に発足した環境庁と，経済界や通産，建設，運輸等の省庁の間で生じた。環境庁にとっては，環境アセスメントの制度化は「悲願」であり，アメリカのNEPA（国家環境政策法，1969年制定）を参考に継続的に法制化の努力を続けた。

　環境アセスメントの制度化は，対外的なアピールの側面も持ちつつ，比較的早くから動き出した。[12] 1972年6月，ストックホルムにおける人間環境会議に合わせて「各種公共事業に係る環境保全対策について」の閣議了解が行われた。環境アセスメント推進は，政府方針となり，通産省，建設省，運輸省などの各省庁は個別法の改正や通達などにより，個別法の枠内での制度導入を試みた。人間環境会議で環境庁長官が環境アセスメント導入を表明したことにより，この時点で環境アセスメント導入が国際公約化したといえる。

　しかし，それ以降，国としての統一的なアセスメント手続きの導入は難航した。詳細は先行研究に譲るとして，環境庁は1973年，1976年，1977年，1978年，1979年，1980年と，環境アセスメント法案の提出を試みながらも，経団連をはじめ鉄鋼業，電気事業，不動産業の事業者等の産業界や，通産，建設，運輸，国土といった開発事業を実施する省庁の反対に遭い，全て失敗した。[13] 1981年には法案の提出まで至るも，環境庁が同年までに発電所を事業の対象から外す等の大幅な譲歩を行っていたことから，推進側であった環境保護団体や野党からも大きな反対を受ける事態に陥った。与党自民党も消極的であったことか

24

ら，同法案は1983年に審議未了で廃案となった。

　この時期における自治体と国の関係はやや複雑で，自治体政策イノベーションは国によって基本的に抑制されたものの，必ずしも意図しない情報提供によって促進もされた面がある。まず1972年の閣議了解では，自治体にも国に準じた対応が要請され，福岡県などにおいて要綱等の制定が開始された。自治体政策イノベーションは要請するが，それらは国の動向に追随するものである必要がある，との2重のメッセージを読み取れる。また，公共事業所管官庁は，ほとんど常に自治体による環境アセスメント導入に強く反対した。環境庁も，一部の例外的な対応を除き，自治体独自の制度を抑止する方針を示した。1979年法案では，自治体の指針も国の対象事業の範囲内とすることが求められ，基準の上乗せに歯止めをかけることが意図された。国の側では，以上のように自治体の政策イノベーションを基本的には牽制してきた一方，その動きは自治体の政策イノベーションに資してきた側面があった。「大まかにいえば，技術的内容については，挫折した法案，要綱，審議会答申や研究会報告などの国の取り組みに自治体は多くを負っている」（伊藤 2002：112）。

　また，国の意向に従う自治体ばかりではなく，反発する自治体も存在した。1979年法案が上乗せ横出しを認めないことが明らかになると，たとえば静岡県では国の動向を見守るために政策過程が停滞したが，神奈川県では逆に加速し，翌1980年には条例を制定した。

　1984年に要綱が閣議決定され，国の立法化作業の失敗が事実上確定した。その後の4年間，自治体による制度化は低調となった。1989年以降，バブル経済を背景に，それまでの「公害」のみならず，「乱開発」「環境保護」という課題と結びついた環境アセスメントは制定数を伸ばしていった。バブル期の制度化ブームが過ぎた1993年，環境基本法が成立し，環境アセスメントの推進が位置づけられた（伊藤 2002）。環境影響評価法が成立したのは4年後の1997年である。以上の環境アセスメントの波及過程を示したのが図1-1である。

　伊藤（2002）によれば，環境アセスメントの波及は動的相互依存モデルによって説明できる。「国の介入（立法化）がなかったために」「それぞれの自治体がそれぞれの内生条件に応じて政策決定を行ったことが推測される」（前掲書：125）。また，波及の初期に一斉の検討開始が生じたこと，同種の自治体がある時期にまとまって採用したパターンは，相互参照メカニズムが働いたこと

第Ⅰ部 「負の政策波及」論

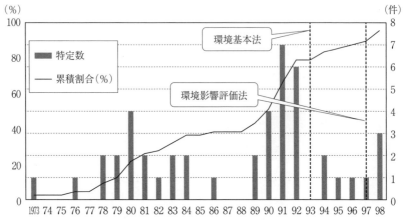

図1-1 環境アセスメントの普及曲線
出所：伊藤（2002：293）のデータより作成。

を示唆しているという。

同書の分析は基本的に説得的であるといえようが，「なまじ国がやるはずだという予測が，かえって自治体による自発的な政策決定を妨げることも明らかになった」（前掲書：283）との記述は，動的相互依存モデルの中には位置づけられていないメカニズムである。

また，同書が採用している表1-2の環境省調査のデータは，国による抑制とは別の「水平的な抑制」の存在と，それら2つの抑制が一様には作用しなかった可能性を表しているといえる。

伊藤（2002）は，1978年調査と1981年調査の顕著な差異は，「国の法制化を待って制度化を進める」と回答した自治体が29団体から5団体へ急減したことを，国の法制化を待っていた自治体のみが諦めたためであると整理する。同書によれば，「国の取り組みを見守っていた自治体の大部分が制度化を進める方針を取り下げたのは，法制化の試みが再三挫折し，実現性が薄いと判断したためだと考えられる。国の動向に関わらず制度化する覚悟を持った自治体は，環境庁の挫折では方針変更しなかった。他県を参照する自治体もまた同様である。国の動向に合わせて行動するつもりだった自治体だけが，法制化の見込みが遠のいたことによって，制度化の方針自体を取り下げた」ということになる（前掲書：198）。

第1章　正の政策波及と「負の政策波及」

表1-2　環境アセスメントの制度化に向けた自治体の方針（複数回答）

	1978年	1981年
国の法制化を待って制度化を進める	29	5
他の県等の動向を見定めて	15	17
独自に制度化を図る	8	6

出所：伊藤（2002：198）より．対象は都道府県・政令指定都市．元データは環境庁調査。[15]

　しかし，別な見方によれば，この結果は政策波及メカニズムの多様性を示すものである。「国の法制化を待って制度化を進める」というのは国の影響による垂直的な抑制を示唆する回答である。「他の県等の動向を見定めて」というのは自治体間相互の水平的な抑制を示す回答である。1981年調査で「国の法制化を待って制度化を進める」が急減したのは，むしろ国の立法化に対する期待が薄れて独自の制度化を実現した自治体があったことによる可能性がある。実際に1978年から1981年の4年間で10の都道府県が制度化を実現しているのである。

　具体的な例を挙げる。大阪府における環境アセスメントの制度化である。大阪府の環境影響評価要綱の制定は1984年である。大阪府では関西電力多奈川発電所増設や二色の浜環境整備計画などに際して早くから独自のアセスメントの経験があり，[16]先駆的に環境アセスメントを採用する土壌があった。関西国際空港についての環境アセスメントも大きな議論を巻き起こした。黒田革新府政は，企業の負担能力に配慮して経済成長との調査を図りながら公害対策をしようとしてきた従来の手法とは一線を画し，明確に生活環境を優先しようとする公害行政への転換を実現したとの評価もある（芝村 1982）。にもかかわらず，政策採用はさほど早くはない。他自治体で政策アセスメントが導入されていったなか，ある時期まで同制度が採用されなかったことが説明すべき問題となる。

　その理由として本書が強調するのが，政策イノベーションの抑制である。1977年頃から，先駆的な自治体における環境アセスメントの制度化を背景として，大阪府においても導入を図るべきではないかとの質問が議会でなされた。これに対する黒田了一知事等の答弁は，たとえば「これらの点について調査を進めるとともに，国や他府県での制度化の推移を見きわめつつ，実行性のある

27

第Ⅰ部　「負の政策波及」論

方策を検討してまいりたいと存じております[17]」等と，国と他の都道府県の動向を見守るというものが目立った。条例にするか要綱にするかについても「国の動向」を見極めるとの公害対策課長の答弁があった[18]。

　この流れに変化の兆しが見えたのは1980年頃であると考える。1980年2月定例会環境労働常任委員会（3月24日）において象徴的なやりとりがあったので引用する。

　　大台辰男議員：……どうやら昨今の情勢を見ると，〔国の環境アセスメント法案は：筆者注〕流産しそうな現況にあると，……もし流産したら，それでもあんたとこは政府待ちかと，五回流産しているのにまだ待つか。
　（中略）
　　大台辰男議員：国が，いわゆるアセスメント法案というものを法律にしなかった場合は，あんたとこは独自でやるのかやらんのか，もし今度流産した場合どうする，端的に答えなさい。
　　黒田幸雄生活環境部長：私からお答えさしていただきます。制度化に向かって前に進んでまいります。

　実際，1981年9月には環境アセスメント制度のあり方について公害対策審議会に諮問がなされた。諮問にあたって大阪府の考え方として，「国の動向あるいは他の団体でのアセスメント制度の運用の実態など」を鑑みた結果，「弾力的に対処するという趣旨から」，当面は要綱という形式を選択したい等の意見が付された[19]。答申は1983年1月に示された。その後要綱案作成に当たっては，他自治体の制度を大いに参考にした様子がうかがえ，たとえば審査会の委員の数について，議会においても，同様の第三者機関を持っている自治体の委員の数がおよそ10名から20名の範囲であるということであるので，大阪府も「大体この辺の範囲で委員をお願いしたいと考えております」との発言があった[20]。国の法制化があまりに進まないためにその路線を転換したことがうかがえる。

　以上のように，国のなんらかの介入によって自治体の政策イノベーションが常に抑制されるとは限らない。同じ介入によっても抑制されている時期と抑制が解除される時期がある可能性がある。

　また，環境影響評価法の制定後まで環境アセスメントを導入しなかった自治

体についても説明が必要であろう。それらの自治体に，政策採用を最後まで遅らせる合理的な理由があったのかどうかが問題となる。

　他方，海外の政策波及論は，単純化すれば，政策波及メカニズムが動的相互依存モデルの想定よりも複雑であるというアプローチを採用してきた。また，それらの研究は単に政策波及メカニズムが複雑であると主張しているだけではなく，その複雑性をある程度解明している。次節では，欧米を中心とする海外の政策波及メカニズム研究をレビューし，これまではそれらと十分に接合されてこなかった異時点間選択研究を取り上げ，最後に政策波及メカニズム研究と異時点間選択研究の両方から政策波及を再解釈した新しいモデルを提示する。

3　新モデルの提示——政策波及メカニズム研究と異時点間選択研究からの再解釈

　海外においても政策波及論は重要な研究分野である。広く政策波及論の文献レビューを行ったベリーら（Berry and Berry）によれば，ウォーカー（Walker）の論文（Walker 1969）以降，関連する研究は少なくとも2013年頃まで右肩上がりで増加している（Berry and Berry 2018）。

　政策波及論の今日的課題を３つ挙げることができる。第１に政策波及メカニズムの研究である。政策イノベーション研究におけるここ10年間で最も重要な発展は，波及メカニズムへの焦点のシフトと，関連する代替的メカニズムについての理論の発展であるといわれる（Berry and Berry 2018）。

　第２に，政策内容の捨象（二値変数化）からの脱却である。政策形成はある政策を採用するかどうかの二択に尽きるものではない。包括性や強制の程度など政策の要素の「ニュアンス」を考慮することで，政府の政策選択とその理由に対する理解を大きく進めることができるだろう（Shipan and Volden 2012）。

　第３に，政策過程のうち政策採用だけを分析してきた偏りの修正である。たとえば政治的議論や認知される圧力を通じて，イシュー定義段階（issue-definition stage）でも他主体の影響はある（Gilardi and Wasserfallen 2019）。[21]

　以下，政策イノベーションの抑制の解明という本書の目的に鑑み，特に政策波及メカニズムに着目して議論を進めていく。

第 I 部　「負の政策波及」論

（1）政策波及メカニズム研究のレビュー

　政策波及メカニズムの研究には，単一で真の波及メカニズムの特定を志向する立場（Weyland 2005）と本項で詳述するような波及メカニズムの併存を認める立場がある。新しいメカニズムの探求を試みる本書は後者に属する。

　政策波及メカニズムの類型論にはある程度の共通点を持つ複数のバリエーションがある。たとえば，「学習，競争，模倣」（Gilardi and Wasserfallen 2017），「学習，経済的競争，模倣，強制」（Shipan and Volden 2008），「学習，模倣，規範的圧力，競争，強制」（Berry and Berry 2018）などである。

　実証研究としては，たとえばシパンとヴォルデン（Shipan and Volden）は統計的手法の一種であるイベント・ヒストリー分析によって複数のメカニズムが作用していることを示した。具体的には，1975年から2000年までのアメリカ合衆国の675の大規模都市の３種類の禁煙政策のデータセットを用いて，国内の他都市の政策採用率（学習），近隣都市の政策採用率（経済的競争），最も近い大都市の政策採用（模倣），州の立法（強制）のそれぞれについて統計的に有意な係数が得られるという分析結果を得ている（Shipan and Volden 2008）。

　競争については，少なくとも立地選択競争（location-choice competition）とスピルオーバー競争（spillover-induced competition）の２タイプが先行研究で記述されている。立地選択競争は自治体が個人・企業の移動に影響を及ぼそうとして生じる競争であり，くじ，カジノ合法化，レストラン禁煙，福祉，事業規制，個人税・法人税率の波及が例として挙げられている。立地選択競争は本書におけるリソース・フローによる波及の一種である。スピルオーバー競争はある自治体の政策採用が他の自治体の政策採用の利益に外部効果を及ぼすことによる競争であり，貿易，軍の動員・衝突，商業規格などがその例である。スピルオーバー競争は本書におけるスピルオーバーによる波及の一種である。例に挙げたのは促進メカニズムの研究であるが，抑制メカニズムの一種である公害規制へのフリーライドにも言及されている（Berry and Berry 2018）。ただし，フリーライドを生じるスピルオーバー競争については具体的な研究の引用はない。

　ここでの問題は，競争メカニズム以外で負の相互作用がないのかどうかが不確かなことである。フォーマルモデル研究においても，自治体が自分の経験からしか学ばない場合よりも，他の自治体からも学ぶ方がフリーライダーの発生

第 1 章　正の政策波及と「負の政策波及」

表 1-3　戦略的相互作用メカニズムの 4 類型

		相互作用の向き	
		促進	抑制
メカニズム	リソース・フロー	②	①
	スピルオーバー	③	④

出所：筆者作成。

により政策の実験者（先発者）が少なくなる条件が示されている（Volden, Ting and Carpenter 2008）。次項で述べるように，他の先行研究でも，ある自治体が先行して政策イノベーションを実施し政策についての情報を全国に供給した場合に後発自治体がその貢献にただ乗りする可能性が示唆されている。たとえば学習による負の相互作用があるのではないか。そうだとすれば，抑制メカニズムの作用を明らかにするという本書の目的からは，より大ぐくりな類型が望ましい。

　実際に，戦略的相互作用（strategic interaction）に関する研究でも同様の議論がある。序章で述べたように，ブルックナーは，自治体間の戦略的相互作用のモデルをスピルオーバーモデル（spillover model）とリソース・フローモデル（resource-flow model）に分類した。スピルオーバーモデルは自治体の政策決定が直接的に他自治体の厚生関数に直接影響を与えるメカニズムを想定していた（Brueckner 2003）。

　本書はブルックナーの類型に従って議論を進める。その際，スピルオーバーモデルで作用している，政策が直接他自治体に影響を与えるメカニズムをスピルオーバーと呼び，リソース・フローモデルで作用している，政策が資本，労働，低所得者などの移動を介して他自治体に影響を与えるメカニズムをリソース・フローと呼ぶ。スピルオーバーとリソース・フローのそれぞれに促進と抑制の 2 タイプずつを想定することができる。以上より論理的に表 1-3 の 4 つのメカニズムが得られる。

　③スピルオーバーの促進は，政策波及論が想定してきたメカニズムである。ここまで具体例を挙げて説明してきたので詳述はしない。動的相互依存モデルはもっぱらこのメカニズムを採用している。

　④スピルオーバーの抑制については，ほとんど研究がないといってよい。理

31

第 I 部　「負の政策波及」論

論的には示されているものの，実証に成功した研究は海外のものを含めて管見の限りない。

②リソース・フローの促進に該当する研究は，ベリーらがレビューしたように複数ある（Berry and Berry 2018）。日本の事例で該当しそうなものとしては，序章で述べたように過熱したふるさと納税が挙げられるだろう。

①リソース・フローの抑制としては，後述する「福祉の磁石」や「都市の限界」論などが該当すると考えられる。

本書の主張の 1 つは，日本の政策波及論においても①，②，④のメカニズムに注目することが有益なのではないかということである。

海外においても抑制研究は少ないが，日本の政策波及論にも大いに参考になるであろう業績があるため，次項で取り上げる。

（2）政策イノベーションの抑制研究のレビュー

理論的には明確に示されている政策イノベーションの抑制についての実証研究は少ない。ただ，例外的な研究もある。比較的実証に成功しているのが EU 研究である。レドアノ（Redoano）は反応関数を推定するという手法で1980年から1985年における EU 諸国の財政的相互作用を検証し，社会保障費と防衛費においては正の外部性に基づくフリーライドが生じているという実証結果を得ている（Redoano 2003）。フランジーズとヘイズ（Franzese and Hays）は1987年から1998年におけるヨーロッパの15ヵ国の労働市場訓練（labor market training, LMT）のデータを動的空間ラグモデル（dynamic spatial-lag model）で分析した。LMT は積極的労働市場政策（active labor market）の一環として行われたものである。自国以外の国の LMT 支出の総合的な影響を示す空間ラグの係数を推定することで近隣の国との相互作用を検出する手法である。分析の結果，空間ラグの係数は一貫して有意に負となり，フリーライドが生じているという解釈が可能となった（Franzese and Hays 2006）[23]。

アメリカの州を事例として正面から政策波及におけるフリーライドを明らかにしようとしたのがパチェコ（Pacheco 2017）である。同論文の理論では政策の外部性が波及の有り様を決定づける。負の外部性を持つ政策では競争（competitive race）が起きる。たとえば増税によってある自治体で税収が増加することは他の自治体に税収減という負の効果を及ぼしうるので増税競争が起きる。

32

反対に，正の外部性を持つ政策ではフリーライダー・ダイナミクス（free-rider dynamics）が作用する。フリーライダー・ダイナミクスは戦略的遅延，不作為，そしてその帰結としての相対的に遅い波及をもたらす。つまり，政策波及は戦略的相互作用として捉えられている。アメリカの州の研究でフリーライダー・ダイナミクスを考察したものは他に見当たらないという。彼女は仮説の実証のために独自のデータセットを用いて4タイプのたばこ政策を動的空間ラグモデルで分析した。前述のように，空間ラグの係数を推定することで隣接する自治体で実施または審議されたたばこ政策の影響を調べるという手法である。しかし，分析の結果，理論的に予想された結果を安定的に得ることはできなかった。

　先行研究が明らかにしてきたのは①リソース・フローによる抑制であった。それらが採用してきた隣接する主体の政策の影響を定量的に明らかにするという手法はリソース・フローについては場合によって有効であった。実証に成功した研究が国際的な相互作用に関するものであったことは国境や距離の持つ意味を考える上で興味深い。ある主体の政策の採否と近隣の主体の政策採用状況の相関が主要な関心事であった。

　他方，④スピルオーバーによる抑制の研究はきわめて手薄であるばかりか，スピルオーバーによる抑制に該当すると思われる理論の実証に成功した研究は管見の限りない。埋めるべき空白が存在しているといえる。理論上，たとえば情報などのスピルオーバーによる抑制はリソース・フローによる抑制よりも多くの事例で作用していることが想定されることから，このギャップを解消することは重要である。

　また，抑制の先行研究における主流の理論は，政策の性質によって自治体間の相互作用が決まるというものである。政策の外部性の正負によってフリーライドあるいは競争のどちらが起きるか決定される。従来のアプローチでは近隣自治体間の相互作用の全体的な傾向のみが分析の対象となってきた。しかし，実務的な意義も大きい自治体の対応の差は分析の焦点とはなっていない。

　他方，一部の研究は事例研究による理論構築を行っている。ヴァン・デル・ハイデンとストレベル（Van der Heiden and Strebel）はエネルギー政策と企業誘致政策の比較事例研究を行い，企業誘致政策のような観察可能性が低く競争的な政策領域では政策決定者は情報提供を忌避するので政策波及が難しくなると

第Ⅰ部 「負の政策波及」論

主張した（Van der Heiden and Strebel 2012）。事例研究による理論構築は政策イ
ノベーションの抑制の研究においても有効な戦略であると考える。[24]

（3）「負の政策波及」を説明しうる政策波及の「近未来予測モデル」の提示

先行研究では，政策の正の外部性[25]により抑制メカニズムが作用するとフリー
ライドが生じるとされた。この場合のフリーライドとは他主体の貢献への負担
なき便乗である。自らは先んじて政策イノベーションを起こし情報を広く提供
することなく，政策イノベーションを先送りした上で得た情報を参照し政策形
成を行うことなどはフリーライドに当たるだろう。

本書においては，フリーライドと呼ばれてきた合理的な戦略的遅延や不作為
のみならず，現在の費用（金銭的なものに限らない広義のもの）を過大に見積もる
ことからくる先送りも視野に入れて議論を進める。また，戦略的遅延や先送り
が，政策の外部性から直接生じるのではなく，現在における行動の結果と近未
来のそれを比較した選択の末に生じるとする点が重要である。

①異時点間選択の理論

異時点間選択（intertemporal choice）とは，時間の経過とともに影響を及ぼす
決定である。異時点間選択には，食事をどの程度食べるかというような平凡な
選択から，教育，結婚，出産，健康維持のための行動，貯蓄のような人生を変
える選択までが含まれる（Berns et al. 2007）。説明のためによく用いられる例と
しては，10万円を今日もらうか，1年後にもらうかの選択をする状況などが挙
げられる。この例では大多数の人が今日10万円をもらうであろうが，1年待て
ば20万円もらえるとすると，1年間待つ人も出るかもしれない。

10万円を受け取る例では，お金の現在の価値と，将来の価値を比較している
ことになる。ただし，一般に，将来の価値は割り引かれる。米田（2020）の解
説に従えば，どれくらい価値が低いのか（割り引かれるのか）を表すパラメータ
として時間割引因子（$0 < \delta \leq 1$）が用いられ，現在価値（Present Value; PV）と
第n期の将来価値（Future Value; FV）の関係は，

$$PV = \delta^n FV$$

となる。将来価値を大きく割り引く人は，衝動的な選択をするといえる。異時

点間選択は，行動経済学のみならず，生物学，心理学，神経科学の対象ともなっている。

　異時点間選択においては，先送りと戦略的遅延を区別することが有用である場合があると考えられる。クリンゲシーク（Klingsieck 2013）は，ある人がしたいことを不必要に遅らせる先送り（procrastination）研究のトレンドの体系的な性格を考察する中で，戦略的遅延（strategic delay）との差異について言及した。次の4点は，先送りと戦略的遅延に共通している。

- ✓ あからさまな，あるいは秘密の活動が遅らせられている
- ✓ 活動の開始または完了が意図されている
- ✓ 活動は必要であるか，個人的に重要である
- ✓ 遅れは自発的なもので，外部から強制されたものではない

また，次の3点は先送りにのみある特徴である。

- ✓ 遅れは不必要または非合理的である
- ✓ 遅れはその潜在的な負の影響に気づいているにもかかわらず生じている
- ✓ 遅れは主観的な不快感またはその他の負の影響を伴っている

　先送り分野において先駆的な業績であったアカロフ（Akerlof 1991）は，現在におけるコストの追加の重要性（salience）δ というパラメータを導入した上で，本人にも不利益をもたらす意思決定を幅広く考察した。δ が大きいと，人は目の前の費用を過大評価し，行動を先送りする。このような不合理な意思決定は，企業活動（Steel and König 2006），議会（Crtitchfield et al. 2003, Weisberg and Waldrop 1972）にもあることが明らかにされている。また，人間のみならず，ハトも先送りを行うという（Mazur 1984; 1989）。先送りへの対処法や先送りを生産的に活用する方法も研究されている（Partnoy 2012; Steel 2011）。

　これに対し，戦略としての遅れの研究も進んでいる。アドマティとペリー（Admati and Perry）は，提案者間の時間が戦略的変数である不完全情報の交渉ゲームを分析し，戦略的遅延を伴う均衡の存在を示した（Admati and Perry 1987）。ウィーズ（Weeds）は，リターンは不確実ではあるが勝者が全てを得る

第 I 部　「負の政策波及」論

知的財産権のしくみの下での競争的な研究プロジェクトにおける撤回不可能な投資を解析し，戦略的遅延が著しくなる条件を明らかにした（Weeds 2002）。ドイル（Doyle）は，数理的な手法で，民間の投資者と政府がお互いを観察することで経済について学ぶことができるような条件において，情報の外部性が非効率な長い遅延に結び付くことを明らかにした（Doyle 2002）。これらの研究はいずれも数理的手法を用いたものであるが，他の手法を用いて戦略的遅延を研究することも可能であろう。

　次に，政策学関係の分野における，異時点間選択に関連する研究をレビューする。

②政策形成における異時点間選択

　異時点間選択の研究の蓄積は必ずしも活用されていなくても，政策学において，事実上，異時点間選択に言及している研究がある。スピルオーバーによる抑制，リソース・フローによる抑制のそれぞれについてみていく。

　スピルオーバーによる抑制を考察するにあたって参考になるのが，例外的に政策の情報のスピルオーバーに着目してきた，自治体の政策イノベーションにおいて後発自治体の有利を強調する理論である。これまで，政策の「模倣」者は，政策の「新規開発」者が時間をかけて苦労して開発した政策のモデルを，やすやすと模倣して成果を出すとされてきた。[26]

　「模倣者は，新規開発者が長い時間をかけてゆっくりと苦労して開発したものを，素早くしかも易々と取ってしまうだけではない。模倣者は，単なる模倣と部分的適応とを結びつけ，時代遅れの装置や技術，その他原型ではまだ萌芽的であった要素に妨げられることなく，一気に新規開発者の技術の最も発展した形態ないし論理的極限状況まで飛躍してしまうこともありうるのである。新規開発者は，開発コストの負担のみが残され，その果実は模倣者が摘み取るのである。[27]」　　　　　　（Hood 1986：邦訳177-178，下線引用者）

　フッドの議論を継承し，政策対応を①微調整，②転用，③模倣導入，④研究開発の4類型に区分した西尾（2000）も，模倣導入の利点について次のように述べている。

36

第1章　正の政策波及と「負の政策波及」

現行業務の実施方法に範をとることができないとすれば，全く新規の政策を採択するほかない。だが，ここにきわめて簡便な第3の方法がある。他の国または自治体によってすでに実施され，それなりの成果を実証している政策を模倣し導入する方法である。

（前掲書：183）

西尾の場合は，コストを立案コストと転換コストに区分し，模倣導入では転換コストはかかるものの立案コストが省けると説明している。この分類は，西尾による著名な教科書でも採用されている（西尾 2001）。[28]

また伊藤（1999）も，「二番手の優位（second-mover advantage）」という「他者の経験に改良を加えてより良い政策を作る」戦略を合理的行動として認めている。もっとも，後に，先行自治体が後続自治体の政策を参考にする「双方向のフィードバック」が成立するとしている（伊藤 2006）。

ここで，ある集団（ある国家の自治体全体など）における集合行為において，他の主体に先んじて行動を起こすよりも，後からその動向を学習・模倣して行動を起こした方が有利であると主張する言説を，広く後発有利論と定義する。本書が議論の対象とするのは，自治体の政策イノベーションにおける後発有利論である。実施された政策に関する情報が流通することで，政策立案に関する不確実性やコストが減少する。情報のスピルオーバーを重視する議論といえる。[29]

しかし，前述した自治体政策イノベーションにおける後発有利論を厳密に解釈すれば，他の自治体に先んじて政策イノベーションを行う自治体は存在しないことになる。ここで，ある主体が他の主体に先んじて行動を起こすより後発して模倣する方が有利であるために後発するが，そうすると先発する主体が現われなくなって全体としては最適な結果に到達できないという問題を，後発有利のジレンマと定義する。同様に，自治体は政策イノベーションの際には先んじるより模倣する方が有利であるために後発するが，そうすると政策イノベーションを行う主体は現れなくなって全体としては最適な結果に到達できないという問題を，自治体の政策イノベーションにおける後発有利のジレンマと呼ぶ。後発有利のジレンマは，個人の合理性と集団の合理性が両立しない現象であるという意味で社会的ジレンマの一種である。

後発有利論の観点からは，政策形成の停滞現象は謎ではなく必然の帰結であ

第 I 部　「負の政策波及」論

る。むしろ，このような条件下でも政策イノベーションが起きることが解くべきパズルとなろう。[30]

　次に，リソース・フローによる抑制については，「福祉の磁石」論を参考にすることができる。低所得者は，支援を求めて高福祉の自治体に引き寄せられる（Peterson and Rom 1990）。この市民の戦略的対応がもたらす影響は無視できない。「都市の限界」論によれば，自治体は国の関与なくして再分配政策を展開させることができないという。競争的な環境に置かれた自治体は自らの経済的利益を優先し，再分配政策は後回しにされる。初期の議論はピーターソン（Peterson）の著書『都市の限界』（"City Limits"）によくまとめられている（Peterson 1981）。日本においては，再分配政策と地方分権が両立してきたように[31]見受けられることから，そのパズルの解明に多くの研究者が取り組んできた（中邨 1991，佐藤 2000，北山 2000，曽我 2001，阿部 2001）。「福祉の磁石」論は「都市の限界」論と整合的である。「福祉の磁石」の解明は，「都市の限界」をめぐる議論をも前進させると考えられる。

　「福祉の磁石」論は，アメリカ合衆国において著しい発展を遂げた。制度，文化等の差による各国独自の要因が，「福祉の磁石」のあり方を左右していることを否定する材料はないので，フォーカスを広げ過ぎることによる混乱を避けるため，本節ではアメリカの研究をレビューする。

　アメリカにおける実証研究の結果は割れている。「福祉の磁石」が作用している，いない，のいずれの結論もあり，効果の大小についてもコンセンサスはない。この点につき，ブルックナーの明晰なレビューがある（Brueckner 2000）。同論文によれば，福祉移住（welfare migration），すなわち福祉を目的とする移住が生じているのかどうかが不明確である一方，州政府が福祉移住を恐れて福祉切り下げを行っていることはほぼ確かであるという。

　近年でも，「福祉の磁石」に関する分析結果は収斂しているとはいえない。ケナンとウォーカー（Kennan と Walker）は，アメリカの全国青年縦断調査（National Longitudinal Survey of Youth 1979年）の結果を分析し，収入の違いが若年の福祉サービス受給女性の移住決定を説明すると主張した。ただし，給付水準が大きく違っても移住インセンティブはきわめて弱いとしている（Kennan and Walker 2010）。他方，シュワルツとサマーズ（Schwartz と Sommers）は，差分の差分法（DID, Difference-in-Differences method）により，医療保険改革法による

38

メディケイドの拡大（Affordable Care Act's expansion of Medicaid）がアリゾナ州，メイン州，マサチューセッツ州，ニューヨーク州において「福祉の磁石」効果を生じさせていないとの結論に達した（Schwartz and Sommers 2014）。

ホームレス問題に焦点を絞った研究は少ないが，アメリカのホームレス問題については，動画投稿サイト YouTube にアップロードされているホームレスのインタビューを網羅的に調べ，「福祉の磁石」効果がないとした近年の研究がある（Winter 2017）。

国内では，「福祉の磁石」に言及している研究を川島（2015）がレビューしているが，実態を実証的に確かめようとするものはきわめて限られている。

生活保護分野では，関（2012）が，政令指定都市における2002年から2008年までの保護率等の変遷を捉えたパネルデータの分析により，有効求人倍率と保護率の正の相関を示し，それが「困窮者」の流入によるものと解釈しうることを示唆した。川島（2015）はインタビュー調査により，自治体間のホームレスの「送り出し」を調べた。近年，ビッグデータ分析も始まっている。大阪市立大学公共データ解析プロジェクトチーム（2017）は，大阪市が保有する2005年，2010年，2015年の生活保護受給開始者のデータを分析し，市民となった日から生活保護受給開始日までの期間が6ヵ月未満のケース（「福祉のマグネット」で引き寄せられた対象者と定義）を分析した。集計すると，2015年度において，そのようなケースは，男性で全体の19.8％，女性で10.6％を占めていた。大阪市における生活保護受給者について，他自治体からの流入などの「数値的根拠」が得られたのは初めてという。[32]

政策波及論の先行研究では政策情報の正の外部性が見過ごされてきたが，この視点は重要である。情報のコモンズとしての性格を強調する議論（Hess and Ostrom 2007），公共部門に財産権がないから政府が非効率になるという理論（Bozeman 2007）とも近い。情報のスピルオーバーはほとんどの政策において認められると考えられる。

障害者差別解消条例には，負の外部性によって政策競争が生じると予想する要素がほとんどない。他方，救済プロセスの設計に工夫を要するなど，政策立案コストが大きいと予想される。情報のスピルオーバーのもたらす効果を観察するのに適していると考えられる。くわえて，国が法律を施行した場合，もちろん自治体にもスピルオーバーがある。

第Ⅰ部 「負の政策波及」論

　また，ホームレス支援政策などにおけるリソース・フローによる抑制も，理論的には政策の正の外部性によって生じる。

　最後に，政策波及メカニズム研究と異時点間選択研究の視点から，政策波及を再解釈するモデルを提示し，その後の実証研究につなげる。

③本書が提示する政策波及の「近未来予測モデル」

　主流派の政策波及論は，現在の便益を B_t，現在の費用を C_t としたとき，各主体は下記の第1条件を満たすときに政策イノベーションを採用するとしてきたといえる。伊藤（2002）は相互参照と横並び競争という概念を用いて波及を説明した。自治体は，結果の予測や評価に関する「技術的不確実性」と，国の態度が未定であることに伴う「対外的不確実性」に直面しているため，相互参照を行う。これらの不確実性は，それぞれ技術的費用と調整費用を生じさせる。

$$B_t - C_t > 0 \qquad （第1条件）$$

　政策イノベーションが波及する過程において，C（技術的な費用や内部調整の費用）が低下していくとすると，連鎖的に政策イノベーションが広まる現象が説明できる。各主体が現状を認識して反応するという点から，これを「政策波及の現状認識モデル」と呼ぶことにする。

　しかし，本書で述べていくように，政策イノベーションが広まるとこの理論では想定される局面で政策形成が停滞する現象が観察される。これらは「政策波及の現状認識モデル」では説明が困難である。

　国際的な行政学において展開されている，政策に正の外部性がある場合におけるフリーライドの理論は，部分的にこの課題をクリアしている。しかし，合理的な先送りというだけでは説明困難な事例が散見される。たとえば，障害者差別解消条例を制定済みの自治体の障害者の状況と未制定の自治体の障害者の状況が全く異なることは考えにくいため，先行研究のモデルであれば障害者差別解消法の制定と同時に大多数の自治体が条例を制定してもおかしくはないが，そうなっていない。

　本書では，経済学などにおいて展開されてきた異時点間選択の研究に依拠し，各主体は，先の第1条件に加え，次の第2条件が満たされるときに政策イ

40

ノベーションを採用すると仮定する。異時点間選択の研究には，「先送り」の選択が意思決定主体に損失をもたらすという先送り研究も，そうではない戦略的遅延の研究も含まれる。

$$B_t - C_t(1+\delta) > d(B_{t+1} - C_{t+1}) \qquad （第2条件）$$

ここでδは，アカロフ（Akerlof 1991）に準じて，現在における費用の追加の重要性（salience）である。

δに個体差があることは異時点間選択の研究により示唆される。先送り研究によれば，人間などが将来の価値を大きく割り引いてしまうことが問題を起こすような悪しき先送りの原因であり，割引率には時間的な不整合（近い未来の価値を大きく割り引くなど）があることが解明されてきた。これらの研究は，不合理な意思決定に対する処方箋となりうる可能性を持っている。

dは自治体外の政策波及（diffusion）の状況を重視する程度である外向性を示し，本書が提示する概念である。

本書は，自治体による政策採用を説明する要因としての「内生条件」[33]と「波及」を区別した上で（Berry and Berry 2018），政策決定者が自治体の内生条件を重視する自治体よりも，国や他自治体などからの波及を重視する自治体の方が政策イノベーションの抑制メカニズムの影響を受けやすいと主張する。外向性とは自治体外の政策選択の全体的な動向を注視する程度である。ある自治体が1つの「先進自治体」をモデルとして政策イノベーションを実現するという場合，相互参照の志向が高いとはいえる一方，必ずしも外向性が高いとはいえない。この差異については従来あまり言及されてこなかったが，本書の分析結果から判断する限り，抑制メカニズムが強く作用するかどうかという点では大きな意味がある。本書は「全体の空気を読む」自治体ほど先送りもしくは戦略的遅延を行いやすいと主張する。抑制とは定義上波及であり，この想定は自然である。外向性は自治体によって異なると仮定する。外向性は管見の限り抑制の先行研究では議論されていない概念である。本書では抑制との相関に限って外向性を論じ，促進に関しては今後の研究に委ねる。

左辺は現在において政策イノベーションを採用する純便益を，右辺は将来において政策イノベーションを採用する純便益を表す。現在のコストの追加の重要性δが高いほど，外向性dが高いほど（右辺が正のとき）政策採用が生じにくい。

第Ⅰ部 「負の政策波及」論

　将来において行為する価値を予測し，現時点で行為する価値と比較していることになるので，これを「政策波及の近未来予測モデル」と呼ぶ。政策波及による C_{t+1} の変動が想定される。特に戦略的遅延の研究においては，意思決定主体は長期的な未来を予測し戦略的な意思決定を行うとされ，ゲーム理論を用いた分析も行われてきたが，意思決定主体が多く外的環境が変動しやすい政策波及の場面ではこの前提は適さないと考えられる。したがって，自治体は直近の未来のみを予測して行動すると仮定する。この想定は政策過程の事例研究にとの乖離が少ない。このため，異時点間選択は，２時点間の比較として取り入れられる。

　このモデルに依拠することにより，政策波及メカニズムの３つの複雑性が整合的に説明できる。

　第1に，政策波及メカニズムの複雑性の説明である。上記モデルより，政策イノベーションの促進，合理的な抑制，不合理な抑制をモデルで説明できるようになった。スピルオーバーによる合理的な抑制については，情報が増加していく期待があるのであれば政策採用を先送りすることは合理的である。あるいは，突き詰めれば政策採用を永遠に先送りする，すなわち政策を採用しないかもしれない。次に，リソース・フローによる抑制について述べる。理論的には，ほぼ「福祉の磁石」論や「都市の限界」論でカバーされているが，別の系譜の理論に依拠して述べれば，各主体が価値をマイナスに評価する財が自治体などの境界を越えて移動しうる状況で，ある主体がこの財に対処するために策定する政策によって他の主体も利益を受ける場合，お互いにフリーライドを志向して政策を採用しにくくなることがありうる。黙っていても他主体の政策により困窮者が転出して減少することが期待される場合に，政策採用を控えることはこれに当たる。さらに，たんに現在の政策形成にかかる労力や費用を過大に見積もって，政策策定を先送りにしているかもしれない（不合理な抑制）。

　海外の抑制研究と比較した場合にも，δの導入によって，必ずしも合理的でない政策採用の先送りを説明できるようになった点は重要である。たとえば，上述の，障害者差別解消条例を制定済みの自治体の障害者のニーズと未制定の自治体の障害者のニーズがまったく異なることは考えにくく，先行研究のモデルであれば障害者差別解消法の制定と同時にすべての自治体が条例を制定してもおかしくはないが，実際は政策対応がかなり多様である現状を本モデルでは

42

先送りとして説明できる。同時に，先送り研究に依拠した解決策の模索も可能となるだろう。フリーライドを用いて，合理的な計算の結果としての遅延しか考えないとすると，その解消はいずれかの主体の利益を毀損すると結論づけることになる。より幅広い可能性を視野に入れることは，理論的のみならず，実務的な解決策を考える上でも重要である。

第2に，国の介入の効果の複雑性の説明である。国の介入を予測すると，将来のコスト C_{t+1} が下がるがゆえに政策形成の停滞が誘発されるが，介入が実際に行われると現在のコスト C_t が低下しその効果は消滅する。前述のように，国の介入が自治体の政策イノベーションを抑制するのかどうかについては見解が分かれている。本モデルに依拠して考えると，少なくとも国の介入が自治体政策イノベーションを抑制する時期と逆に促進する時期があると考えられる。序章の環境アセスメントの事例からもわかるように，「国が法を制定するはずだ」という情報が出回る時期には主に抑制が作用するであろう。制定後には原則として垂直的な抑制は働かないと考えられる。国のなんらかの介入によって自治体の政策イノベーションが常に抑制されるとは限らない。同じ介入によっても抑制されている時期と抑制が解除される時期がある可能性がある。

第3に，先行条件の複雑性の説明である。先行条件とは，「その存在が，因果法則や仮説の作用を活性化したり強化したりする事象」（Van Evera 1997：邦訳9）である。たとえば同じ環境にある複数の自治体において抑制メカニズムが均一に作用していないことが観察されたとしたら，なんらかの先行条件が存在している可能性がある。環境アセスメントにおいても，すべての自治体が同じように抑制メカニズムにさらされたわけではないようであった。なぜ一部の自治体において抑制メカニズムが特に強く作用するのかを明らかにする必要がある。dの導入によって，自治体によって，他の自治体の政策採用の状況によって自らの政策採用を遅らせる（政策イノベーションの抑制）程度に差がみられる現象を説明できるようになった。言い換えると，先行条件の複雑性について，同じ環境に置かれた場合における自治体の波及メカニズムへの対応を説明しうる要因を提示した。

したがって，政策波及メカニズム研究と異時点間選択研究によって政策波及を再解釈したこのモデルと整合的な事実が現実の政策過程において見つかるかどうかが重要となる。

43

第Ⅰ部　「負の政策波及」論

4　本書の課題──「負の政策波及」はあるのか

　海外の研究と比較すると，日本の政策波及論は政策波及メカニズムのいっそうの簡素化・一般化を志向する傾向があったといえよう。外川・安藤（2015）が「自治体の政策立案過程をモデル化した伊藤の動的相互依存モデルは，実に汎用性が高いモデルであり，公共政策論に新しい1頁を付け加えたといっても過言ではない」（前掲論文：48）と評しているのはその一例である。

　多様な政策波及メカニズムを認めるという本書の志向性とここまでに明らかにしてきた先行研究の動向を踏まえ，本書は動的相互依存モデルに全面的に依拠することはせず，より広い政策波及論の枠組みで分析を行う。第1項で取り組むべき課題を挙げ，第2項で中心的な主張を示す。

（1）取り組むべき課題──先行研究が十分に説明できなかった抑制の説明

　本書では，先行研究が十分に説明できなかった抑制メカニズムが，実際の政策過程において作用したという仮説と親和的な事実を探索する。特に，抑制がかかると理論的に想定される一定の時期に絞った分析を実施する。第Ⅱ部においては，障害者差別解消条例の波及において，駆け込み制定で，かつ障害者差別解消法に類似した条例を制定した自治体があることをみる。特に，スピルオーバーによる抑制を観察することは重要な貢献となりうる。障害者差別解消条例においてはリソース・フローが作用していることを認める根拠はない。むしろ，政策（解消法や条例）の情報が拡散することの影響や，解消法そのものが及ぼす効力の影響を疑う理由があると思われる。また，条例制定行動の抑制の多様性がみられるのかどうかも検討する。

　第Ⅲ部においては，ホームレス支援政策において，ホームレス概数が多いにもかかわらず支援の本格化が遅れる事例をみる。この事例はリソース・フローによる抑制が疑われる事例である。前述のように海外では研究の蓄積があるが，日本においては十分な実証研究が行われてこなかった。

　本書の目的は，政策波及メカニズム研究と異時点間選択研究の視点から政策波及を再解釈した新しいモデルを示し，政策イノベーションの抑制のメカニズムが現実に作用しているという仮説と親和的な事実を提示することである。い

わば「負の政策波及」を記述することを試みる。より詳細には、非リソース・フローの抑制は存在するのか、自治体の戦略的遅延や先送りのバリエーションをどう説明するのかといった問いに答える。

　日本でも政策イノベーションの抑制に言及した研究はあったものの、主要な分析対象とはなってこなかった。たとえば伊藤 (2002) の結論部には、前述のように国の政策に対する自治体のフリーライドについて言及していると思われる箇所がある。「なまじ国がやるはずだという予測が、かえって自治体による自発的な政策決定を妨げることも明らかになった」(前掲書：283) という。他方、自治体による自治体の政策形成の貢献へのフリーライドについてはほぼ語られていない。曽我 (2019) はこの水平的なフリーライドの可能性に言及し、「囚人のジレンマ」状況であると表現しているものの、「しかし、日本の地方政府は、情報の共有のために自らが骨折りすることを厭わない。今回は情報の提供者になるが、次回は情報をもらう側になるという形で、相互協調が慣習化しているといえる」(前掲書：188) と結論づける。この主張は理論的には成立するが、日本の自治体の実態が本当に幸せな協調状態であるのかどうかについての判断は実証研究を待たなければならない。「日本において、地方分権を経済学的に考察した研究は、理論・実証ともに少なくないが、地域の『開放性 (Openness)』が地方政府の政策決定に与える影響に焦点を当てた研究は、欧米の精力的な取り組みに比べると、理論・実証ともに蓄積が乏しい状況にある」(田中 2013：i) のである。

（2）研究の方法──複数の手法の併用による証拠の「追跡」

　本章の最後に、本書で扱う事例の位置づけを行う。本書の主張は障害者差別解消条例とホームレス支援政策の2つの事例において内生条件・促進・抑制の全てが作用したというものである。政策波及メカニズムについては表1-4にまとめた。(障) は障害者差別解消条例、(ホ) はホームレス支援政策を示す。促進についてはどちらもスピルオーバーよる促進 (垂直と水平)、抑制については、障害者差別解消条例では垂直的な抑制 (国の介入を待つことによる抑制)、ホームレス支援政策については水平的な抑制 (他の自治体の動向を注視することによる抑制) が主に作用していたということを表している。

　抑制に関する海外の先行研究のように近隣の自治体の政策の効果を検証する

第Ⅰ部　「負の政策波及」論

表1-4　本書で扱う事例で作用した政策波及メカニズムの位置づけ

		相互作用の向き	
		促進	抑制
メカニズム	リソース・フロー	垂直： 水平：	垂直： 水平：(ホ)
	スピルオーバー	垂直：(障)　(ホ) 水平：(障)　(ホ)	垂直：(障) 水平：

出所：筆者作成。

手法を採用しないのは，研究の進展により，近隣の主体のみから影響を受けるという政策波及観は既に「時代遅れ」(Shipan and Volden 2012) となっているからである。日本においても相互参照の相手は近隣に限られないことが明らかにされている (伊藤 2006)。特にスピルオーバーについてはこれに反論する材料が少ない。

　本書では，多くの先行研究のように内生条件と促進メカニズムだけで事例を説明するのではなく，それらに加えて抑制メカニズムも事例において作用していたことを示すことが主要な目的である。そこで，図1-2のような流れで事例研究をまとめる。

　まず，内生条件だけで事例が説明できるかどうかを問う。説明できない場合，それは波及が作用したことを示唆している。

　次に，内生条件と促進メカニズムだけで事例が説明できるかどうかを確認する。説明できない場合，抑制が作用した可能性が強まる。

　しかし全ての自治体で深刻な抑制が生じて政策イノベーションが止まったわけではなく抑制の程度にもばらつきがあるような場合，何か先行条件が存在していることを疑う必要があろう。

　本書は，これまでに日本でほとんど研究されてこなかった政策の抑制メカニズムを，多様な分析手法による事例研究によって分析する。日本に政策イノベーションの抑制研究を導入することが主要な貢献である。また，条例詳細度や条例類似度などの政策内容の多様な分析手法を提示し，議会会議録の分析による課題設定フェイズを含む長期間の分析メソッドを提案する。リソース・フローの分析においては，管見の限り初めて「福祉の磁石」の分析に合成コントロール法を適用した。「福祉の磁石」が作用しているのか，「都市の限界」があ

46

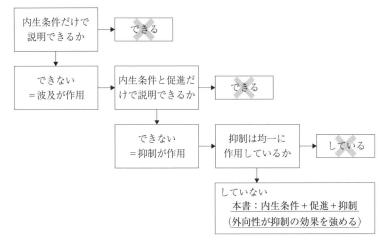

図1-2 本書におけるメカニズム特定の論理
出所：筆者作成。

るのか，という伝統的な議論への貢献も生まれることが期待できる。

　以下，第Ⅱ部ではスピルオーバーによる抑制を分析するために障害者差別解消条例を取り上げる。第2章では一部の自治体が遅延・模倣を行った可能性を示し，また自治体の対応の多様性を発見する。第3章では比較事例研究を通じて，外向性が高い自治体で政策採用が遅れた，という先行条件に関する部分を含む知見を提示する。第4章では議会会議録の分析によって全体を補強する。

　第Ⅲ部ではリソース・フローによる抑制を分析するためにホームレス支援政策をみていく。第5章では事例を定性的に概観し，合成コントロール法を用いて「福祉の磁石」効果の有無を検証する。第6章では比較事例研究によって流入を懸念した自治体，すなわち外向性が高かった自治体の政策採用が遅れたことを確認する。第7章では議会会議録の分析によって全体を補強する。

　終章は研究全体のまとめである。

　　注
（1）　本文で引用したもののほか，主に個別の事例の分析に基づくものとして，たとえば関西国際空港計画に関する自治体間の対立・協働についての研究（秋月1988），後述する政策波及論の枠組みに基づく諸研究などがある。また，サミュ

第Ⅰ部 「負の政策波及」論

エルズは，アンケート調査の結果等を基に，わが国における自治体間のコミュニケーション・ネットワークの存在と，そこから得られる情報が政策形成に活かされていることを論じた（Samuels 1983）。

（2） 「このような状況下では，早い者勝ちの競争が起こる。他の自治体も政策の採用に向けて走り出すと予想されるので，遅れをとることが問題となるからである。言い換えれば，横並び競争とは，国に続く早期採用者という限られた地位をめぐる，いわばゼロ・サムの奪い合いなのである」（前掲書：29）。「これに対して，相互参照はゼロ・サムとは限らない。不確実な環境のもとで意思決定を行う際に，不測の事態が生ずるリスクを共有して軽減するという意味があるからである。自治体が共同で新たな政策分野を開拓するという意味では，ポジティブ・サムとなる。この相互参照は，国を頂点とした階層構造を前提とせず，自治体どうしが直接的かつ水平的に結びついた構造の中で起こる行動である。従って，情報チャンネルの密接さや置かれた環境の違いが，どの自治体を参照するかを左右するのである」（前掲書：29）。

（3） この点は，主に先行研究から導かれる。アメリカ政治学において区別されている「水平波及（horizontal diffusion）」と「垂直波及（vertical diffusion）」の２類型が採用される。水平波及は，中央政府の波及がないか，弱いインセンティブしかもたらさない場合に起る波及であり，垂直波及は，中央政府の強い影響を受けて政策が波及する場合を指す。水平波及の場合，革新的採用者による試行錯誤が行われるため，政策波及はゆっくりと進み，普及曲線は典型的なＳ字カーブに近似する。一方の垂直波及においては，波及速度が急速で，試行錯誤は行われないため，普及曲線は最初のなだらかな部分を欠いた凸状になる。このような議論を踏まえ，「国の介入は政策波及の速度を速め，水平波及のパターンからの乖離を起す」（前掲書：47）という仮説が導かれるのである。

（4） 該当する研究を全て網羅しているとは限らないが，主要なものはカバーしていると考える。

（5） 具体的な手法は次の通りである。まず，関東，東北，北海道の都道府県のうち，年度別の制定条例一覧を入手できた12県において，新規の立法（改正，削除に関する条例は除外）を抽出した。そして，以下の基準を満たすものをリストアップした。①「政策を規定する条例であること」については，西尾（1993）の政策の定義などに依拠し，内部的事項に関する条例（地方公共団体の名称などの基本的事項，議会の組織・運営に関する事項，執行機関の組織に関する事項，給与等に関する事項，特別会計や基金など財政運営に関する事項（税関連の条例も含む）），細則，施行条例を除いた。②「波及しうる条例であること」については，個別具体的な施設の設置等についての条例，地域特殊の事情（核物質処理など）による条例を除外した。そのうち，③「15県以上に波及したもの」，④「3年以上に跨って波及したもの」を「自律的波及条例」とした。

48

第 1 章　正の政策波及と「負の政策波及」

同論文は修士論文という性格からか他の研究ではあまり引用されていないが，インターネット上にアップロードされている：http://www.pp.u-tokyo.ac.jp/graspp-old/courses/2013/documents/graspp2013-5150020-7.pdf（2023年 7 月30日アクセス）。

（6）　前述の12県のうち欠落のあった神奈川県が除かれている。

（7）　本文中に明示的には書かれていないが，前後の文脈から「自律的波及条例」の数と考えられる。

（8）　なお，川崎自身はむしろ「政策波及による政策革新の過程の起こる範囲の幅広さ」（前掲論文：92）を強調している。

（9）　川崎の批判は動的相互依存モデルにも向けられている。伊藤は「やみくもな国の介入は，自治体の政策を不必要に一定水準に収束させ，本来あるべき多様性まで失わせることになる」（伊藤 2002：283），あるいは「これまでの実証研究から，国の政策採用があって横並び競争が起こった場合には，自治体の政策内容が国のそれに向けて収束する傾向があることが明らかになっている」（伊藤 2006：217）と述べていた。

（10）　もちろん前掲の表中にあるように動的相互依存モデルに依拠していない政策波及研究の論文は存在するものの，動的相互依存モデルを代替するようなモデルが提示されているわけではない。

（11）　動的相互依存モデルを継承した研究が日本独自の路線を進んできたという 1 つの証左はこれらが外国語の論文をほとんど引用していないことである。

（12）　原科（2000, 2011）によれば，日本において環境アセスメントが導入された要因は 4 点にまとめられる。第 1 に，1960年代に顕著となった公害問題の発生である。第 2 に，その過程で生じた住民運動のうねりである。第 3 に，この流れの中で，1972年 7 月，四日市公害訴訟の判決で企業の責任が問われたことである。第 4 に，アメリカで NEPA に基づくアセスメント制度が始まったことである。

（13）　なお，野党では，公明党が1975年，1976年，1977年に，社会党が1976年，1977年に法案を提出している。

（14）　他方，同書では，政策の内容について，「要綱が閣議決定される前には，地域の実情に応じて基準が設定されることを確認した」「やみくもな国の介入は，自治体の政策を不必要に一定水準に収束させ，本来あるべき多様性まで失わせることになる」（前掲書：283）としており，要綱の閣議決定が国の介入ではないのかどうかについては判断が難しい。

（15）　元データは加除式資料で，該当部分が除去されたため閲覧不可であった。

（16）　これらの「アセスメント」が環境アセスメントとして評価できるかどうかについては議論がありうるが，少なくとも大阪府議会においては環境アセスメントの先駆けとして認識している発言が散見される。

（17）　1978年 2 月定例会本会議における田中清和議員の質問に対する黒田了一知事の

49

第 I 部 「負の政策波及」論

答弁。同様のやり取りは，たとえば1977年2月定例会土木建築常任委員会（3月29日）でもみられた。

(18) 1980年2月定例会環境労働常任委員会における山地繁雄議員の質問に対する田村泰二公害対策課長の答弁（3月18日）。

(19) 1981年9月定例会環境労働常任委員会における吉村鉄雄議員の質問に対する真砂俊右公害対策課長の答弁（10月14日）。

(20) 1983年9月定例会環境労働常任委員会における山根保議員の質問に対する真砂俊右公害対策課長の答弁。

(21) 具体的には，たとえばアメリカにおけるたばこ規制のイシュー定義段階を新聞記事の計量テキスト分析によって明らかにした研究がある（Gilardi et al. 2018）。

(22) たとえば同書では近隣の自治体を通行するためにトラックが満たすべき基準を例として挙げている。文脈から，自治体が先を争ってその基準を導入する競争が生じることを想定していると考えられる。

(23) 著者らはその後同じデータを使って分析手法を再検討している（Franzese and Hays 2007）。

(24) 政策波及の研究ではないが，日本でも，永松がチッソ株式会社への金融支援策の事例研究から政策の「非形成」がもたらされる要因として「国と地方の政府間関係」「行政と政治との関係」「社会における政策過程」の3つを挙げている（永松 2004）。

(25) 外部性を「ある活動がその活動をコントロールする主体以外の主体に与える有意な影響」（Jaffe et al. 2005：165）と定義する。前述のPacheco（2017）と同じ定義である。負の外部性がある場合には，ある自治体が新政策を採用すると他の自治体に悪い影響があり（たとえばふるさと納税における高額の返礼品），正の外部性がある場合，ある自治体が新政策を採用すると他の自治体によい影響がある（たとえば排ガス規制）。

(26) このような後発性利益の主張は，先進国によって開発された技術を利用して後発国が短期間で工業化するとしたガーシェンクロン（Gerschenkron 1962），近代化社会との接触による後発社会の利益・不利益をまとめたリーヴィ（Levy 1966）などの国家レベルの議論に先導されているとみることができる。

(27) フッドは，変化への適応を既に確立された手続きやデザインを少しだけ変える①部分的適応，一群のルール，ルーティン・ワークや作業のそれぞれに小さな修正を施し，全体として全く異なる結果が生じるか，全く異なる目的に奉仕するようにする②再編成，既に他の場所，業務で有効であることが示されている基本デザインをコピーする③模倣，独自のデザインを，目的に適した自己完結的なユニットとして丸ごと創造する④新規開発に区分した。本書で政策イノベーションと呼ぶのは，③と④である。

(28) 大杉（2011）は西尾の類型を引用し，主に首長・原課（所管）・第一線職員・

50

第1章　正の政策波及と「負の政策波及」

法制担当が3つの仮想的なケースでどの政策開発手法を選好するかを例示している。

(29)　この立場からするとイノベーターが出現するほうがむしろパズルであるが，本書の理論はこの解にもつながるものである。

(30)　ただし，この問題が後発有利論において指摘されているわけではない。

(31)　ピーターソンの一連の業績については，曽我（1994）が詳細なレビューを行っている。

(32)　「福祉のマグネット」が主に単身男性の問題であることを指摘するなど，大きな貢献がある。ただし，同報告でいう「マグネット層」がどのような理由で大阪に来たのかは未解明である。また，他都市との比較は今後の課題とされている。同調査は，大阪市立大学が2016年6月に大阪市と締結した「大阪市の地域福祉等の向上のための有効性実証検証に関する連携協定」に基づき実施されたものであり，報告はインターネット上でも公開されている：https://www.city.osaka.lg.jp/ictsenryakushitsu/cmsfiles/contents/0000414/414802/seiho_bigdata_analysis.pdf（2020年8月15日アクセス）。

(33)　同論文の用語を直訳すると「内部決定要因」であるが，本書では用語を内生条件に統一する。

第Ⅱ部

スピルオーバーによる抑制の証拠
──障害者差別解消条例──

第2章

歴史とデータ
──誰がいつどんな条例を制定したか──

1 障害者差別解消条例とは

　第Ⅱ部ではスピルオーバーによる抑制の証拠を発見するために障害者差別解消条例の事例を分析する。第Ⅰ部で述べた手順に沿って，抑制の証拠は見つかるかという問いを，①マクロレベル（第2章），②ミクロレベル（第3章），③議会会議録（第4章）の3つに区分し，順に検討していく。

　本章では，近年各都道府県を中心に制定されつつある障害者差別解消条例の[1]展開を記述し，政策の抑制の実態を明らかにしようと試みる。

　序章で述べたように，障害者差別解消対策は行政の長期間にわたる不作為が疑われる事例である。障害者差別は新しい問題ではないにもかかわらず，[2]行政の対応が活発化したのは2000年代に入ってからである。その後も，政策イノベーションの抑制メカニズムが作用したことが推察される。[3]

　障害者差別解消条例は，障害者差別に関する法制度の一環として位置づけられる。[4]実際に，表2-1の通り，同条例の展開は障害者差別解消法，障害者基本法，そして障害者権利条約の制定や採択と密接に関連している。国際レベ[5]ル・国レベルにおいて障害者差別への対応が求められてきたこととの関連は，多くの論者が指摘するところである。[6]

　また，認定NPO法人DPI日本会議が障害者差別解消分野で果たした役割の大きさについても文献などは一致している。弁護士である東俊裕は全国各地で啓発活動を行い，条例作りをリードした。2008年に東が作成したモデル条例は詳細で完成度の高いものであった。[7]モデル条例自体は実現するには障害の多い条項もあり，そのまま自治体で採用されていったわけではないものの，たとえばDPI日本会議のスタッフであった崔栄繁がよりわかりやすく簡略したメモ

第Ⅱ部　スピルオーバーによる抑制の証拠

表2-1　障害者差別解消関連施策の年表

時期	出来事
2004年5月28日	✧　障害者基本法改正 　　➤　（障害者に対する差別禁止を明記）
2006年10月11日	✧　千葉県が全国初となる障害者差別解消条例を制定
2006年12月13日	✧　国連総会が障害者権利条約を採択 　　➤　（日本は2007年署名，発効は2008年）
2011年7月29日	✧　障害者基本法改正 　　➤　（障害者に対する合理的配慮の必要性の明確化）
2013年6月19日	✧　障害者差別解消法の制定
2016年4月1日	✧　障害者差別解消法の施行

出所：筆者作成。

を作成し茨城県の当事者と共有するなど条例作り運動の1つの根となったと考えられる[8]。

　国内における障害者差別解消政策は自治体によってリードされてきた面がある。特に全国初の障害者差別解消条例を制定した千葉県の影響は大きいとされる[9]。「健康福祉千葉方式」に象徴される堂本暁子知事の姿勢や関係者の多大な貢献は政策イノベーションの抑制の克服策を考える上で非常に示唆に富む[10]。千葉県に続く自治体の，本書の分析対象期間における大まかな動向は，図2-1の普及曲線によって把握できる。

　障害者差別解消条例とは障害者差別の禁止を定めた条例である。その内容は本章の分析で明らかにされるが，ここでは2つの重要な論点を指摘したい。第1に，「誰に何を禁止するか」である。現在，障害者差別解消条例のモデルとなっている障害者差別解消法（以後，解消法）を例に考える。解消法では，大きく2つの差別を禁止している。①不当な差別的取扱い[11]と②合理的配慮の不提供[12]である。前者は作為であり，後者は不作為であるという点が最大の相違点である。分析対象時期の解消法においては，不当な差別的取扱いの禁止は行政機関，民間事業者の法的義務であり，合理的配慮の不提供の禁止は行政機関の法的義務で民間事業者の努力義務である。解消法以後はこの禁止行為をどのように拡張するかが一つの論点となっている。たとえば合理的配慮の不提供の禁止の場合，「上乗せ」（解消法による義務〔民間事業者〕を強化）と「横出し」（解消法による規制対象〔行政機関・民間事業者〕を拡大）を検討することになろう（図2-2）。

　なお，2021年5月に障害者差別解消法は改正され，事業者にも合理的配慮の提供が法的義務となった[13]。同法は2024年4月1日から施行された。

56

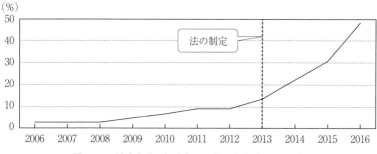

図2-1　障害者差別解消条例の普及曲線（都道府県）

出所：筆者作成。

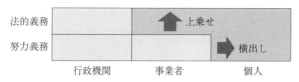

図2-2　障害者差別解消条例による上乗せ・横出し（合理的配慮の不提供の禁止の場合）

出所：滋賀県「障害者の解消に関する条例の必要性検討における論点整理」：http://www.pref.shiga.lg.jp/e/shogai/files/07rontenseiri.pdf（2017年3月21日アクセス）

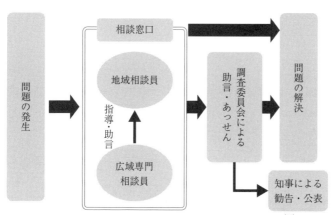

図2-3　差別の発生から問題解決までの流れ（長崎県条例）[14]

出所：長崎県「障害のある人もない人も共に生きる平和な長崎県づくり条例パンフレット（わかりやすい版）」5頁より。

第Ⅱ部　スピルオーバーによる抑制の証拠

表2-2　各都道府県の障害者差別解消条例と障害者差別解消法の内容比較表

		法	北海道	北海道（改正）	岩手県	山形県	茨城県	栃木県	埼玉県	千葉県
基礎	制　定	2013	2009	2016	2010	2016	2014	2016	2016	2006
	施　行	2016	2010	2016	2011	2016	2015	2016	2016	2007
禁止	不当な差別（努力義務）（行政機関）	1	1	1	1	1	1	1	1	1
	不当な差別（法的義務）（行政機関）	1	1	1	1	1	1	1	1	1
	不当な差別（努力義務）（事業者）	1	1	1	1	1	1	1	1	1
	不当な差別（法的義務）（事業者）	1	1	1	1	1	1	1	1	1
	不当な差別（努力義務）（個人）	0	1	1	1	1	1	1	1	1
	不当な差別（法的義務）（個人）	0	1	1	1	1	1	1	1	1
	合理的配慮（努力義務）（行政機関）	1	1	1	1	1	1	1	1	1
	合理的配慮（法的義務）（行政機関）	1	0	1	1	1	1	1	1	1
	合理的配慮（努力義務）（事業者）	1	1	1	1	1	1	1	1	1
	合理的配慮（法的義務）（事業者）	0	0	0	1	1	1	0	0	1
	合理的配慮（努力義務）（個人）	0	1	1	1	1	1	1	1	1
	合理的配慮（法的義務）（個人）	0	0	0	1	1	1	0	0	1
定義	分野別の差別の考え方	0	0	0	0	1	0	1	1	1
機関	協議会・調整委員会等	1	1	1	0	1	1	1	0	1
	地域相談員等	0	1	1	0	1	1	0	0	1
	広域専門相談員等	0	0	0	0	0	0	0	1	1
	分野別会議等	0	0	0	0	0	0	0	0	1
措置	財政上の措置（努力義務）	0	1	1	1	1	1	1	1	1
	財政上の措置（法的義務）	0	0	0	0	0	0	0	0	1
	附属機関の助言・斡旋・指導	0	1	1	0	0	1	1	1	1
	知事（大臣）による勧告（事業者）	1	1	1	0	0	1	1	1	1
	知事（大臣）による勧告（個人）	0	1	1	0	0	1	0	0	1
	事業者名等の公表	0	1	1	0	0	1	1	1	0
	情報提供・啓発活動の実施	1	1	1	1	1	1	1	1	1
	差別に関する事実等の調査	0	1	1	0	0	1	1	1	1
	優秀な取組者に対する表彰	0	0	0	0	0	0	1	1	1
	守秘義務違反に対する罰則	1	0	0	0	0	0	0	0	1
独自	訴訟援助	0	0	0	0	0	0	0	0	1

58

富山県	山梨県(改正)	岐阜県	愛知県	京都府	大阪府	奈良県	徳島県	愛媛県	長崎県	熊本県	大分県	宮崎県	鹿児島県	沖縄県
2014	2015	2016	2015	2014	2016	2015	2015	2016	2013	2011	2016	2016	2014	2013
2016	2016	2016	2016	2015	2016	2016	2016	2016	2014	2012	2016	2016	2014	2014
1	1	1	1	1	0	1	1	1	1	1	1	1	1	1
1	1	1	1	1	0	1	1	1	1	1	1	1	1	1
1	1	1	1	1	0	1	1	1	1	1	1	1	1	1
1	1	1	1	1	0	1	1	1	1	1	1	1	1	1
1	0	1	0	0	0	1	1	1	1	1	1	1	1	1
1	0	1	0	0	0	1	1	1	1	1	1	1	1	1
1	1	0	1	1	0	1	1	1	1	1	1	1	1	1
1	1	0	1	1	0	1	1	1	1	1	1	1	1	1
1	1	0	1	1	0	1	1	1	1	1	1	1	1	1
1	0	0	0	0	0	1	1	1	1	1	0	1	1	1
1	0	0	0	0	0	1	1	1	1	1	0	1	1	1
1	0	0	0	0	0	1	1	1	1	1	0	1	1	1
1	1	0	0	1	0	1	0	0	1	1	1	1	1	1
1	1	1	1	1	1	1	1	1	1	1	1	1	1	1
1	1	0	0	1	0	1	1	0	1	1	1	1	1	1
1	1	0	0	1	1	0	0	1	1	1	0	0	0	1
0	0	0	0	0	0	0	0	0	1	0	0	0	0	0
1	1	1	1	1	0	1	1	1	1	1	1	1	1	1
1	0	0	0	1	0	0	0	0	1	0	0	0	0	0
1	1	0	1	1	1	1	1	1	1	1	1	1	1	1
1	0	0	1	1	1	1	1	1	1	1	1	1	1	1
1	0	0	1	1	1	1	1	1	1	1	1	1	1	1
1	0	0	1	1	1	1	1	1	1	1	1	1	1	0
1	1	1	1	1	1	1	1	1	1	1	1	1	1	1
1	0	0	0	1	1	1	1	1	1	1	0	1	1	1
0	0	1	0	0	0	0	1	0	1	0	0	1	1	0
0	0	0	0	1	1	1	1	0	1	1	0	0	0	1
0	0	0	0	0	0	0	0	0	0	0	0	0	0	0

第Ⅱ部　スピルオーバーによる抑制の証拠

　第2に，「差別が行われたときにどう救済するか」である。後述するように，解消法には具体的な救済プロセスの規定がないので，条例で制定する必要がある。このプロセスは自治体によって異なるが，たとえば長崎県の「問題解決までの流れ」は図2-3の通りである。

　最後に，解消法が制定されている現在においても障害者差別解消条例が必要な理由を考察する。金子（2016）によれば，その理由は①解消法の不備と②人権保障の本質である。前者に関連して，解消法には被害者の相談や救済に直結した制度が規定されていないことが強調できる。後者については，人権問題には地域性が反映されるべきであること，差別の解消はまちづくりと密接に関係していることが指摘されている。[15]

　以下では障害者差別解消条例の制定時期と内容を分析していく。第1節では条例制定時期と条例で定められている事項という基礎的な分析，第2節では条例の詳細度の分析，第3節では条例の類似度の分析を行う。

2　条例制定時期と内容の分析（コーディング）

　本節では条例制定時期を特定し，各条例に定められている事項を確認する。分析対象は，都道府県における障害者差別の解消を目指す条例の差別に関する部分である。[16]各都道府県のホームページ等を参照し，どのような事項がどのように禁止されているのか，差別が発生した場合の救済機関と措置などを各条例について調べた。項目を作成するにあたって，兵庫県資料と大阪障害者セン[17]ター（2015）を参照した。[18]当該条例においてある項目の規定があれば1を，なければ0を割り当てている（表2-2）。

　制定時期をみると，障害者差別解消法の施行と同時（2016年4月1日）に障害者差別解消条例を施行し，かつ条例制定がその前の1年以内である自治体の多さを指摘できる。このような制定行動を「駆け込み制定」と定義する。駆け込み自治体が必ずしも意図的に条例制定を遅らせて国や他自治体を模倣しているとは言えないが，そのような意図がある場合には駆け込みで条例を制定するのが合理的である。

60

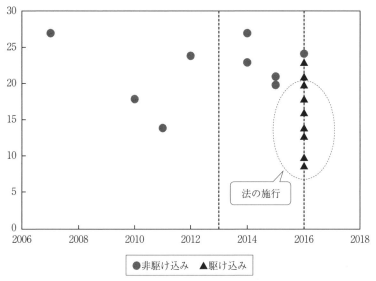

図2-4 施行年別の条例詳細度

出所：筆者作成。

3 条例内容の分析（条例詳細度）

　次に，条例の詳細さを分析する。条例の詳細さの大雑把な指標として，「条例詳細度」を作成する。条例詳細度は，前節で示したように条例の各項目を1と0で表したデータセットにおいて，条例ごとにその数字を単純に全て足し合わせた数である。この詳細度について，「駆け込み自治体」とそれ以外の自治体の数値を比較する。

　分析結果は，図2-4の通りである。横軸が各条例の施行年，縦軸が詳細度である。黒い三角形のマーカーで示された駆け込み自治体は，定義上当然にグラフの右端に集中している。

　一見して，駆け込み自治体の条例詳細度が非駆け込み自治体のそれより低いことがわかる。先行する自治体の条例を基にすれば，詳細な条例を制定することは難しくないはずであり，これらの自治体の行動原理を解明する必要性が指摘できる。

第Ⅱ部　スピルオーバーによる抑制の証拠

　詳細度の視点からは駆け込み自治体の特質が明らかになったが，これらの自治体が制定した条例はどの程度独自性の高いものなのであろうか。次に条例類似度を分析する。

4　条例内容の分析（条例類似度）

　条例類似度の分析は，伊藤（2006）に依拠した方法で行う。第1に，クラスター分析を行う。距離の測定には単純マッチングを，クラスター化の方法には最遠隣法を採用する。

　第2に，分析結果をより直観的・個別的に把握するため，条例間距離の分析を行う。データセット（条例・解消法）間の平方ユークリッド距離[19]を計算する。法との距離を測定するのは本書がつけ加えた点である。

　条例類似度の分析により，間接的に各自治体が何を参照したかを探る。

（1）クラスター分析

　まず，クラスター分析を実行する。前述の伊藤（2006）は，クラスター分析を「標本が持つ属性（データ）に基づいて，標本間の距離（類似性）を測定し，近い順にグループ分けをする方法」（前掲書：211）と簡潔に紹介している。本書でも，各条例の類似度を測定する手法として採用している。

　結果は図2-5に示されている。自治体名の後に「＊」が付された自治体が駆け込み自治体である。伊藤（2006）と同様に，条例内容の近さは，下端から引かれた線の短さによって示される。つながっている線が下端に近いほど，それらの条例は類似している。たとえば奈良県と熊本県は似た条例と判定されている。

　破線の部分で区切りを設けるとすると，およそ4つのクラスターに法と条例を分類することができる。第1クラスター（左側に位置する解消法と同じクラスター）に駆け込み自治体が多く含まれているのがわかる。駆け込み自治体が制定した条例は解消法に類似していると考えられる。第2クラスターには大阪府のみが分類されている。第3クラスター（左から3番目のクラスター）には岩手県・山形県・岐阜県が含まれる。第4クラスター（一番右のクラスター）には非駆け込み自治体が多く分類されている。

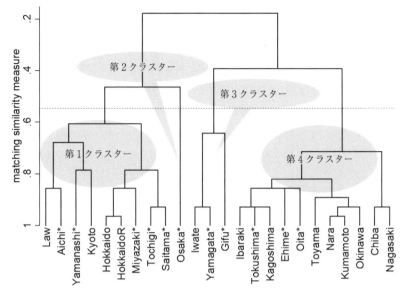

図2-5 クラスター分析の結果を示すデンドログラム（樹形図）
出所：筆者作成。

次に，それぞれのクラスターがどのような特徴を持っているのかを図2-6に示す。横軸には，条例の各項目が並んでいる。縦軸は，当該クラスターに含まれる条例・法がその項目を含む割合である。

まず，第1クラスターを「限定的合理的配慮条例・法」と名付ける。合理的配慮に関する規定が少ないことが特徴である。このクラスターに駆け込み制定をした自治体が比較的多いことは重要である。第2クラスターは大阪府条例で，不当差別や合理的配慮についての規程のない独特な条例である。第3クラスターは「低密度条例」と名付けることができよう。全般的に規定している項目が少ない条例群である。詳細でないと言い換えてもよい。第4クラスターは「高密度条例」と呼ぶことができるだろう。全体的に詳細な条例が多いと考えられる。

（2）政策間距離

クラスター分析で大まかな傾向はわかったので，引き続き条例間距離の分析

第Ⅱ部　スピルオーバーによる抑制の証拠

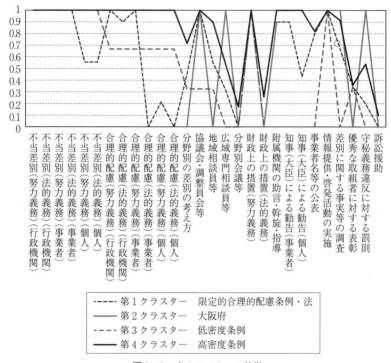

図2-6　各クラスターの特徴

出所：筆者作成。

を行い，個別の自治体が何を参照したのかをもう少し掘り下げて考察する。

条例間距離分析の結果は，図2-7に示されている。ここでは，自治体は3タイプに分類されている。①先行自治体（解消法が制定された2013年までに条例が制定された自治体），②駆け込み自治体（前述の定義による），③非駆け込み自治体（2016年4月1日までに条例を施行したその他の自治体）である。このうち，①は参考までに図示されているのみで，目的は②と③の比較である。横軸は自らより先行する自治体との平均距離であり，縦軸は解消法との距離である。図の左上に表示される自治体は先行条例に近く，右下に示される自治体は解消法に近いといえる。なお，斜線はあくまで目安となる補助線である。

全体的な傾向としては，駆け込み自治体が相対的に右下に，非駆け込み自治体が相対的に左上にあるといえるだろう。この点はクラスター分析と同様の結

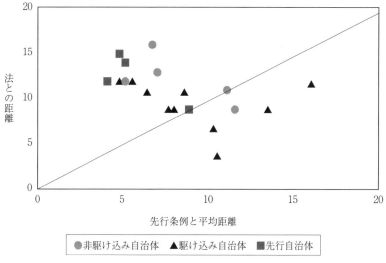

図 2-7　法／先行条例と各条例の距離

出所：筆者作成。

果であるが，駆け込み自治体の中にも法との距離が大きい条例を制定した自治体もあり，ばらつきがみられる。個別具体的な事情をみる必要があるだろう。

5　議論——抑制が疑われる現象を観察

　本章の発見は大きく2つある。第1に，障害者差別解消条例は政策イノベーションの抑制が疑われる事例である。まず2016年4月1日の解消法の全面施行と同時に条例を施行し，かつその1年以内に条例を制定していた自治体が多くあった。本書ではこれを駆け込み制定と定義した。条例の内容面からみると，それらの駆け込み制定を行った自治体のうち，解消法に近い内容の条例を制定した自治体も一定数いた。

　具体的には，本章で分析した詳細度が平均値（19.90）以下で，かつ法との距離も平均値（11.23）以下の自治体である[20]。条例制定・施行時期と条例内容の分析結果を表2-3にまとめた。灰色で網掛けをしたのは，条例制定時期については駆け込み制定をした自治体，条例内容については前述の解消法に近い内容の値を示した自治体である（参考までに先行条例との距離の平均値も示してあり，

65

第Ⅱ部　スピルオーバーによる抑制の証拠

表2-3　条例制定時期と条例内容の分析結果

自治体名	時期		条例内容			分類
	条例制定	条例施行	詳細度	法との距離	先行条例との距離の平均値	第Ⅰ群／第Ⅱ群
山形県	2016	2016	16	11	8.6	第Ⅱ群
茨城県	2014	2015	21	12	5.2	第Ⅰ群
栃木県	2016	2016	18	9	7.7	第Ⅱ群
埼玉県	2016	2016	17	9	8.0	第Ⅱ群
富山県	2014	2016	24	15	4.8	第Ⅰ群
山梨県	2015	2016	14	7	10.3	第Ⅱ群
岐阜県	2016	2016	10	9	11.7	第Ⅱ群
愛知県	2015	2016	13	3	10.5	第Ⅱ群
京都府	2014	2015	20	9	8.8	第Ⅰ群
大阪府	2016	2016	9	12	16.0	（除外）
奈良県	2015	2016	23	12	4.1	第Ⅰ群
徳島県	2015	2016	23	12	4.9	第Ⅰ群
愛媛県	2016	2016	21	12	5.6	第Ⅰ群
大分県	2016	2016	21	12	6.2	第Ⅰ群
宮崎県	2016	2016	20	11	8.0	第Ⅱ群
鹿児島県	2014	2014	23	14	5.2	第Ⅰ群

出所：筆者作成。

この列は先行条例との距離の平均値〔7.91〕以上の値を示した自治体に灰色の網掛け）。駆け込み制定をした自治体のうち，①詳細度が平均値以下，②法との距離が平均値以下，③先行条例との距離の平均値が平均値以上の3項目のうち，2項目以上に該当する自治体を第Ⅱ群，それ以外を第Ⅰ群と仮に表現すると，第Ⅱ群は政策イノベーションの抑制の影響を受けた可能性がある[21]。なぜならば，解消法を参考にしようとして条例制定を待ち，結果として法に類似していたり詳細ではなかったり先行条例をあまり参考にしていなかったりする条例を制定したかもしれないからである。この可能性は，本書全体を通して問い続けていく。

　第2に，とはいえ，全ての自治体が国や他の自治体の模倣をするために条例

制定を遅らせたとは考えられないことである。自治体の対応の多様性の存在を強調しておく必要がある。法の施行前に条例制定・施行した自治体や，駆け込み制定であっても解消法と内容面で距離のある条例を制定した自治体がある。この時期に条例制定した全ての自治体が駆け込み制定で解消法と近い条例をつくったわけではない。実はこの点を説明した先行研究は見当たらない。研究上のパズルであり，実務上も重要な問題である。抑制メカニズムに関する新しい理論が求められよう。

研究全体の手順に従ってまとめると，内生条件だけで説明できるか，という問いに対する答えは，説明できないというものである。普及曲線をみても，障害者差別解消法の制定によって自治体の条例制定が促されたという垂直的波及が生じた可能性はきわめて高い。

内生条件と促進だけで説明できるか，という問いに対しても，説明できないと回答すべきであろう。国が解消法を制定することが既定路線になってから自治体の条例制定が集中する時期までにはやや時間があり，法施行間際に条例の駆け込み制定をした自治体の条例内容は解消法に近いという特徴を持っていた。

次章以降ではこれらの説明できない点を検討していく。

注
（1） 障害者差別禁止条例といわれる場合もある。具体的に指す条例は，基本的に同一である。
（2） 障害者差別の歴史については磯村ほか編（1986）所収の諸論考があり，また戦前から近年までの障害者運動史は杉本（2008）に詳しい。障害者差別のありようについては，社会学的な視点で多面的考察を行った要田（1999）等を参照。
（3） 最も抑制メカニズムが強く作用したのは条例を未制定の自治体であると考えられるが，生じていない動きを事例研究することには困難が伴う。今後の課題としたい。
（4） 「障害者差別禁止法制定」作業チーム編（2002），日本弁護士連合会人権擁護委員会編（2002）等を参照。
（5） 世界各国の障害者差別禁止法制については，障害者差別解消法解説編集委員会編著（2014）の97ページに簡潔な解説がある。
（6） 障害者差別解消法解説編集委員会編著（2014），金子（2016）等を参照。
（7） DPI日本会議の崔栄繁氏に提供を受けた。

第Ⅱ部　スピルオーバーによる抑制の証拠

（8）　DPI 日本会議の崔栄繁氏インタビュー（2019年10月24日13：00-14：00）。

（9）　この点は，後述する議会会議録の分析過程でも再確認できた。

（10）　千葉県の事例については，条例づくりに関わった当事者による詳細な記録（野沢2007）がある。

（11）　たとえば，「障害者であることのみを理由に商品やサービスの提供を拒否したり，制限したり，条件を付けたりするような行為」（障害者差別解消法解説編集委員会編著2014：81）がある。

（12）　たとえば行政機関については，「その事務又は事業を行うに当たり，障害者から現に社会的障壁の除去を必要としている旨の意思の表明があった場合において，その実施に伴う負担が過重でないときは，障害者の権利利益を侵害することとならないよう，当該障害者の性別，年齢及び障害の状態に応じて，社会的障壁の除去の実施について必要かつ合理的な配慮をしなければならない」（解消法第7条第2項）と定められている。

（13）　このほか，国及び地方公共団体の連携協力の責務の追加，障害を理由とする差別を解消するための支援措置の強化が改正の概要として挙げられている。

（14）　簡単に図を解説すると，差別を受けた障害者はまず県・地域相談員に「特定相談」（障害のある人に対する差別に関する相談）を行う（条例第29条，第30条）。県・地域相談員は，（1）特定相談に応じ，必要な助言及び情報提供を行うこと，（2）特定相談に係る関係者間の調整を行うこと，（3）関係行政機関への通告，通報その他の通知を行うこと，（4）第32条第1項又は第2項の申立てに関する援助を行うこと，の各業務を行う（第29条2項）。これで問題が解決しなかった場合，差別を受けた被害者および家族その他関係者は，知事に対して，当該対象事案の解決のための助言又はあっせんの手続の申立てをすることができる（第32条）。知事は，地域相談員及び広域専門相談員に要請するなどして事実の調査を行う（第33条）。また，知事は，障害のある人の相談に関する調整委員会（調整委員会）に対して当該申立てに係る事実の調査の結果を通知するとともに，助言又はあっせんの手続を開始するよう求める（第34条）。もしこの助言・あっせんでも解決しなかった場合，知事による勧告（第35条），それでも従わない場合の公表（第36条）へと進む場合がある。

（15）　ただし，人権は全国どこでも普遍的に保障されなければならないという逆の論理もありえ，議論になりうる点であると考える。

（16）　たとえば，北海道障がい者条例（通称）の就労支援の部分などは含まない。

（17）　兵庫県ホームページ：https://web.pref.hyogo.lg.jp/kf08/documents/03_handout150721.pdf（2020年8月15日アクセス）。

（18）　調べる項目が変われば，以降の条例内容の分析結果は当然変わりうる。たとえば，「関連差別」の禁止など，規定している自治体こそ少ないが重要な項目は存在する。

第 2 章　歴史とデータ

(19)　たとえば，A 市条例（1，1，0）と B 市条例（1，0，1）の距離は，$(1-1)^2+(1-0)^2+(0-1)^2=2$ である。

(20)　北海道改正条例と大阪府条例は除いて算出。先行条例との距離の平均値も同様。

(21)　特殊性の高い大阪府条例は除外した。

第3章

比較事例研究
――条例制定の現場で何が起きていたか――

1 比較事例研究の概観

　本章では比較事例研究を行い，内生条件よりも波及を重視する自治体のほうが政策の遅延・模倣を行いやすいという理論の先行条件を提示する。ヴァン・エヴェラ（Van Evera）の類型に従えば，「理論構築」の基礎的手法としての差異法（method of difference，制御された比較の1つ）による事例研究である。研究者は，特徴は似ているが研究変数の値（研究者がその原因あるいは結果を探している変数）に差異があるいくつかの事例を調べ，これらの事例にみられる別の差異を探す。本書のように原因を探している場合，この別の差異は研究変数（結果）の原因となる可能性があるものと見なされる（Van Evera 1997）。差異法は19世紀前半にミル（Mill）が提示した古典的な手法であり，完全に理想通りの事例群を見つけることは多くの場合に不可能とは認識されているものの，現代でも少なくとも理論構築のためには用いられているといえる。

　事例研究から先行条件を推論するためにも差異法を使うことができる。具体的には，従属変数の値以外があらゆる面で以前に研究済みの事例と似ている別の新しい事例を選んで調べることができる（前掲書）。

　本章では，先行研究の結果と第2章の分析によって示された，いま政策採用する純便益が近未来に採用する純便益を下回っていることが政策の遅延・模倣を生じさせるという説明を強化し，さらに何がその効果を強めるのかを発見することを目指す。2つの事例をどう比較すればその目的が達せられると考えられるのかを示したのが表3-1である。X_1は独立変数，Aは先行条件を表す条件変数，X_2はコントロール変数のベクトル，Yは従属変数である。一見して差異法そのものであることがわかる。2つの事例でX_1が同じであり，Aが違

第3章　比較事例研究

表3-1　本書における比較事例研究の方法

	X_1	A	X_2	Y
事例A	1	?	0	1
事例B	1	?	0	0

出所：Gerring（2007：132）を参考に作成。

う可能性があることだけがオリジナルとの違いである。2つの事例で異なる値を持つAが見つかった場合，AがXの効果を強めYの値の差異をもたらした可能性が生じる。

　本章で選択した事例は宮崎県と茨城県である。宮崎県は第2章の分類によれば第Ⅱ群，茨城県は第Ⅰ群に属する。両県において，X_1は第1条件が満たされているが第2条件が満たされていないことであるため同一である。主要なX_2は条例づくりの期間や関係者の動きである。

　期間に関しては，どちらも条例制定の5年以上前から条例づくりの活動が始まっている。また，同じ2012年に条例を「つくる会」が設立されている。関係者の動向については，どちらも草の根の活動が実を結んで条例制定に至った。[2]さらに同じように自立生活センター（Center for Independent Living, CIL）が重要な役割を果たした。

　他方，結果であるYは異なっている。宮崎県は駆け込み制定で法にやや似た条例を制定し，茨城県は法の施行前に法にやや似ていない条例を制定・施行した。条例内容についてはこの区分は絶対的なものではないが，条例制定のタイミングは事例を観察する限り重要な意味を持つ。国の基本方針が策定されることは法制定時からわかっていたので，それを待って整合性ある条例を作ることは十分に理由のある行動である。この基本方針という壁に隔てられた2つの自治体を分析することの意義は大きい。

　分析時期は初期の条例づくり運動から条例施行後2018年頃までである。なお，事例選定はどちらかがよくどちらかが悪いという判断に基づくものでは全くない。

第Ⅱ部　スピルオーバーによる抑制の証拠

2　宮崎県——時間がかかった条例制定

　宮崎県では2008年頃から条例づくりの運動が開始されたが，そのプロセスは
困難の伴うものであった。「障がいのある人もない人も共に暮らしやすい宮崎
県づくり条例」の制定は2016年3月16日で，約2週間後の4月1日，解消法と
ともに施行された。制定に向かったきっかけも外生的なものであったと考えら
れる。分析対象時期の宮崎県知事は東国原英夫（2007年1月23日～2011年1月20
日）から河野俊嗣（2011年1月21日～）へ変わった。

（1）初期の条例づくり運動

　宮崎県における障害者差別解消条例制定に向けた動きは少なくとも2008年に
始まっている[(3)]。同年から障害者団体が条例に関する講演会やセミナーを開催し
ている。

　2008年2月23日，宮崎LD・発達障害親の会「フレンド」の主催で「障害者
の暮らしやすい社会について考える講演会」が宮崎市民文化ホールにおいて開
催された。講演会では，千葉県条例策定に関わった毎日新聞夕刊編集部の野沢
和弘部長が障害者と社会のあり方について話した。野沢は障害者の権利を守る
ための活動を続けており，当時「全日本手をつなぐ育成会」の理事を務めてい
た。講演では，「障害者の感じる緊張感，疎外感は計り知れない。だが，なか
なかそこに気付かない現状がある。それが差別の本質だ」と障害者差別につい
ても触れられたという[(4)]。

　2008年9月28日，「障害者の権利を考えるセミナー」が宮崎市中央公民館で
開催された。障害者の地域での生活をサポートする「障害者自立応援センター
YAH！DO（ヤッド）みやざき」（以下，YAH！DOみやざき）が，市の市民活動
支援補助事業の助成を受けて主催したものである。2006年に国連総会で「障害
者権利条約」が採択されたことを受け，障害者の権利や差別とは何かを考えよ
うとの趣旨であった。国連での障害者権利条約の交渉に日本政府代表顧問とし
て参加した弁護士の東俊裕が講演し，障害者権利条約の内容，何が差別に当た
るのなどを説明した上で，障害者権利条約批准に向けて国内法を整備する必要
性を訴えた。地域生活支援の課題なども指摘し，差別禁止法や権利に基づく社

72

会サービス法の制定などを呼びかけた。YAH！DOみやざきの永山昌彦代表理事は，取材に対して「障害者と関係者が権利や差別を認識し，条例や国内法制定の足がかりにしたい」とコメントした。⁽⁵⁾

しかし，障害者団体の動きに政治・行政が機敏に反応したわけではなかった。2009年6月23日，6月定例会で外山良治議員が障害者差別禁止条約について「障害者権利条約早期批准と宮崎県障害者差別禁止条例制定についての知事の見解を求めます」と質問したところ，当時の東国原知事は「現在，国において，条約の批准に向け，国内法制定の検討も進められておりますので，当面は国の動向を注視してまいりたいと考えております」と答弁した。

2010年11月30日，11月定例会で外山良治議員が障害者差別禁止条約に関連し「国，都道府県等の動向と本県の取り組みについて答弁を求めます」と再度質問した。東国原知事「本県といたしましては，国の具体的検討が始まりましたので，その動向を注視してまいりたいと考えております」と答えた。

2011年1月21日，河野俊嗣が宮崎県知事となった。

2011年1月27日，障害者差別を禁止する県条例の制定を目指す学習会「みんなでつくろう！ 宮崎県に差別禁止条例を！」が開催された。主催は「全国自立生活センター協議会」であった。「国は昨年から障害者基本法の改正や，差別を禁止する法律の検討を進めている。千葉県や北海道などは独自の差別禁止条例を設けており，宮崎でも制定を求める声が上がっている」。学習会では，改革推進会議の尾上浩二委員が全国の条例づくりの動きについて講演した。シンポジウム「差別禁止条例で宮崎はどう変わる？」も開かれた。YAH！DOみやざきの永山昌彦代表は「地域によって障害者を取り巻く状況は異なる。何が差別に当たるか，どうやって解決すればいいのか，相談できる仕組みづくりが必要」と参加を呼びかけた。⁽⁶⁾

2011年6月21日，宮崎県議会の6月定例会において高橋透議員が障害者差別禁止条例について質問した。しかし河野知事の答弁は東国原知事時代と同様の内容であった。

　高橋議員「2006年10月に，まず千葉県が差別禁止条例を制定しました。その後，北海道，岩手，さいたま市で成立しております。さらに，熊本とか沖縄ではその条例の制定の動きがあると聞きますが，障害者差別禁止条例につ

第Ⅱ部　スピルオーバーによる抑制の証拠

いて，知事の御認識をお伺いします」

　河野知事「本県としましては，このような国の法制定に向けた具体的な動きが進んでおるところでございますから，こういった動きというものを引き続き注視してまいり，制定された暁には，しかるべき役割を果たしてまいりたいというふうに考えております」

　2011年8月7日，講演会「北海道障がい者条例が出来るまで，出来てから」が開催された。講師は全国肢体不自由児・者父母の会連合会会長の清水誠一・元北海道議であった。道条例は2010年に施行されていた。県内の障害者らが設立した後述の「障害者差別禁止条例制定をめざす宮崎世話人会」（代表世話人＝永山昌彦・YAH！DO みやざき代表）が，県内での制定を目指して企画し，約80人が参加した。参加者の一人は「こういう条例が宮崎にもできたら，生活が保障されるようになると思う」と述べた[7]。

　2011年9月，県内の障害者団体が障害者差別禁止条例の制定を「県議会自民党障がい者団体懇話会」（中村幸一会長）に要望した。「県議会自民党障がい者懇話会」は県議会自民党の全24県議でつくられていた。障害者団体側は「障害者差別禁止条例の制定」など20近い要望や意見を提出した。YAH！DO みやざきの永山昌彦代表理事は取材に対し，「障害者が日常生活で感じる偏見や差別を調整して（いく枠組みを作って）いきたい。そのため，県議会と一緒に，条例制定をめざしたい」と説明した。議員側は「作ってよかったという条例にするために，今後も会派で始めた勉強会をまず続けたい」と話した[8]。

　この時期に重要な役割を果たしたのが，「障害者差別禁止条例制定をめざす宮崎世話人会」である。永山昌彦代表世話人は，障害のある人が障がいのない人と同等の生活を営むために必要な「合理的配慮」について言及した「障害者権利条約」が2006年に国連で採択され，その後，千葉県で全国初の条例ができたことを受け，「宮崎でも」と2008年に世話人会を設立した。以来，毎月勉強会を開催した。活動の一環として，2009年に複数の関係団体などに障害のある人が実際に体験した「差別と思われる事例」を募ると，「車いすでタクシーに乗ろうとしたら『トランクが汚れる』と言われた」など275事例[9]が集まり，条例の必要性をいっそう感じるようになったという。世話人会は県議会に対し，「先進する道や県の条例について話す機会を設けてほしい」と要望し，2011年

74

５月には県議会自民党の厚生部会のメンバーが勉強会を開くまでに至った。当時，同会派には「一緒に学びたい」との声が他会派からも寄せられたという[10]。

しかし，県障害福祉課は「障害者差別禁止法（仮称）の制定など国の動向を注視していきたい」との立場をとった。国は当時，障害者に対する差別を禁止し，被害を受けた場合の救済を目的とする法案を検討していた。これに対し永山世話人は，「法整備を待っているのではだめだ。障害に対する知識や障害のある人への理解を深めてもらう活動を積み重ねることが大事。議員の力も借りて条例制定に力を注ぎたい」と話した[11]。

条例をつくる会ではなく世話人会という形式にしたことには，いくつかの理由があった。第１に，当時関係者間のネットワークがなかった。当時各障害者団体は団体ごとにそれぞれの利害で活動していた。目的を共有し一緒に取り組むという経験はなかった。第２に，差別に関して「温度差」があった。「身の回りに差別はない」「差別なんか受けたことがない」という障害当事者もいた。よくよく聞いてみると差別と思われる経験はあるのだが，「これくらい仕方がない」と考え，差別だと判断していなかった。差別についての認識の低さがあったと言える。世話人会を設立し地道に活動していくことでこの状況を変えることが必要なステップであった[12]。

（２）「障害者の差別をなくす条例をつくる会・宮崎」の設立

2012年４月28日，障害者への不利益な扱いを解消する「県障害者の差別をなくす条例」の制定に向け，県内の障害者14団体（身体・知的・精神）が「障害者の差別をなくす条例をつくる会・宮崎」（会長・矢野光孝県身体障害者団体連合会会長，以下つくる会）を設立した。世話人会が中心となり，前年から設立の準備を進めていた。同日に宮崎市民文化ホールにて開催された設立記念講演会では，出席者約100人に対してつくる会が条例のポイントを説明した。同会は，差別を定義し，差別を受けた場合に相談を受け，調整や救済にあたる支援網の整備を想定していた。また条例制定に向け，県議との勉強会や市民を巻き込んだ地域フォーラムを計画した。県議会に働きかけ，2013年度中の議員発議を目指すこととしていた。条例の骨子案を作り，県議会に条例策定の特別委設置を求めていく計画であった。また講演では，千葉県の障害者条例地域相談員を務める中島展が，「千葉県では福祉や労働，教育，サービス提供など８分野で差

第Ⅱ部　スピルオーバーによる抑制の証拠

別を定義している。罰則で規制する条例ではなく，障害の有無に関係なくとも
に暮らし，配慮の行き届いた暮らしやすい社会を目指すものだ」と話した。⁽¹³⁾
2011年9月から県内9つの障がい者団体が話し合いに参加し，準備会を数回開
催して設立趣意書，会則，行動計画等を作成していた。つくる会は他県の条例
についての学習会や障害者差別解消法の学習会を開催した。⁽¹⁴⁾

　2013年6月13日，国会で審議中の障害者差別解消法の学習会が宮崎市中央公
民館で開かれた。つくる会が主催で，要約筆記と手話通訳を交えて実施され
た。障害者や支援者ら約60人が参加した。全国脊髄損傷者連合会副理事長で，
内閣府の障害者政策委員会の大濱眞委員が講師を務めた。大濱委員は解消法が
国公立の学校や福祉施設を含む行政機関などに対し「差別の禁止」を義務づけ
ていることなどを紹介した。また，「国の機関に『合理的配慮』を義務づけた
ことで，他の事業者などへの波及効果も期待できる」と話し，「解消法を土台
に地方ごとの差別禁止条例をつくっていってほしい」と訴えた。⁽¹⁵⁾

　それでも県の対応は大きく変わらなかった。2013年9月13日，県議会の9月
定例会で，高橋透議員が「本県において，法施行前に障害者差別禁止条例が制
定されるとも理解できるものであります。今後，条例制定をする考えはないの
か，知事に伺います」と質問した。河野知事は「こういった法律の制定がされ
たということはしっかり周知することが大事だというふうに考えておるところ
でございますが，県の条例につきましては，これらの基本方針などの内容が明
らかになった後に，本県の地域課題，特性等を踏まえた上で，必要性について
検討したいと考えております」と回答した。これに対し高橋議員が，「私は，
条例を法施行前に制定するべきじゃないかということを申し上げているわけで
あります」と再質問したところ，佐藤福祉保健部長が「県としましては，今
後，国において策定される基本方針や対応指針等を踏まえまして，障がいを理
由とする差別の解消を図るための取り組みについて，障がい者に関する施策に
ついての調査・審議を行う宮崎県障害者施策推進協議会の意見を聴取いたしま
すとともに，障がいのある方や関係機関と率直な意見交換—これも今月初めに
率直な意見交換もするように担当課に指示しておりますが，今後とも，そうい
うスタンスでこの課題に対処してまいりたいと考えております」と答弁した。

　つくる会も2013年9月に県への働きかけを行ったが，県としては法の施行を
控えていることから，法の上乗せ，横出しの項目を明確にしてから検討すべき

第3章　比較事例研究

との考えであったという。2013年11月には県議会議員の助言により請願を計画したが，県議会党内で請願受付に異議が出され，請願提出を断念した[16]。

転機となったと考えられるのは，2015年5月25・26日に開催された第60回日本身体障害者福祉大会みやざき大会ではないかと推測できる。同大会は身体障害者の自立と社会参加を目指すもので，身体障害者団体連合会などが主催した。都道府県や政令指定都市の持ち回りで開かれており，宮崎県での開催は初めてであった。全国から約2500人が参加し，翌年4月に全面施行される障害者差別解消法の啓発をはじめ福祉増進の方策を探った。大会実行委員会会長の平川洋・県身体障害者団体連合会副会長は「障害者に関する制度を国民，県民に理解してもらい，差別のない環境にしていきたい」とあいさつした。解消法をテーマにした講演やシンポジウムが行われ，「障害者に寄り添おうとしている法の趣旨に沿った規制や条例を定めてほしい」といった意見が出された[17]。全国で条例の制定を目指す大会決議が採択された[18]。大会には河野知事が来賓として参加していた。障害者差別解消条例の制定が全国的な課題になっていることを見聞きしたであろうことは想像に難くない。この時期から知事のトップダウンのリーダーシップが発揮されたようだ[19]。この点は大会開催に尽力しパネルディスカッションのパネリストでもあった宮崎県身体障害者団体連合会会長の矢野光孝の見解とも一致する[20]。

2015年6月17日，河野知事は6月定例県議会の一般質問で自民党の山下博三議員の質問に対し障害者差別解消条例の制定を前向きに検討したいと答えた。

　山下議員「次に，障がい者差別の解消に関する条例の制定について，最後になりましたが，知事にお伺いをいたします。

　障がい者施策につきましては，近年，障害者基本法の改正や障害者自立支援法の施行，障害者差別解消法，障害者虐待防止法の制定など，その環境は大きく変化をしております。そのような中，先月の5月25日から26日の2日間にわたり，宮崎市のコンベンションセンターで，全国から約2,100名もの関係者が参加して「第60回日本身体障害者福祉大会みやざき大会」が開催され，来年4月に施行される障害者差別解消法をテーマとした基調講演が行われるとともに，全ての自治体に障がい者差別をなくすための条例制定を目指すとの大会決議もなされたと伺っております。現在，既に幾つかの都道府県

第Ⅱ部　スピルオーバーによる抑制の証拠

で，障がい者差別の解消に関する条例が制定されているようでありますが，本県における条例制定について，知事の御所見をお伺いいたします」

河野知事「障がいのあるなしにかかわらず，誰もがお互いを尊重し，支え合いながら，住みなれた地域で心豊かに生活できる社会づくりというもの，障がいのある方が，障がいを理由として差別されることのない社会をつくっていくことが極めて重要だと考えております。このような観点から，これまでも，障がい者福祉向上のための各種施策に取り組んできたところでありますが，御質問の障がい者差別の解消に関する条例につきましても，今後，国において策定予定の「対応指針」や関係団体の御意見等も踏まえながら，制定に向けて検討してまいりたいと考えております」

このやり取りは地方紙でも「障害者差別解消へ／知事　条例制定前向き／県議会」という見出しで報じられた。11道府県が条例を制定していること，県民アンケートを行うほか障害者団体や民間事業者の意見も聞くことも記事になった。YAH！DOみやざきの永山昌彦代表理事は取材に「さまざまな立場の人が議論する過程を大切にすれば理解もさらに深まる。本件の実情に合った条例になることを期待し，障害者の立場からも積極的に関わっていきたい」と話した。[21]

6月22日，同じく6月定例会で岩切達哉議員の質問があった。「いよいよ来年春，『障害者差別解消法』が施行されようとしておりますけれども，初日，山下議員の質問に，差別禁止条例の検討もしているという知事答弁がございました。それら法施行に向けた準備状況，また条例の検討状況を，福祉保健部長にお示しいただきたいと思います」。それに対して桑山福祉保健部長は次のように答弁した。「条例の制定につきましては，国において策定予定の対応指針や，県民へのアンケート調査を踏まえますとともに，障がい者団体を初め，関係団体の皆様の御意見も十分にお聞きしながら，検討をしてまいりたいと考えております」。

8月31日，「障害者差別禁止条例」の学習会が宮崎市の県福祉総合センターで開かれた。当時14団体で構成されていたつくる会が主催で，障害者や関係者約60人が参加した。関係する法律や条例の制定に携わった2名を講師に招いて理解を深めた。元内閣府障害者制度改革推進会議室長の東俊裕弁護士は解消法

を説明した。「行政機関や事業所に禁止している『不当な差別的な取り扱い』や求められる『合理的な配慮』が定義されていない」と指摘し、「実効性を高めるには官民で協力してガイドラインや救済の仕組みをつくることも必要」と訴えた。「鹿児島県に障害者差別禁止条例をつくる会」の岩﨑義治事務局長は、2年間で計10回のワークショップを開いて差別に関する計353事例を集め、賛同する36団体で協力して知事や県議会に働きかけ、2014年10月の条例施行につながったことを紹介した。その上で「障害者自身も含め県民への認知がなかなか広まらない。粘り強く活動し続けたい」と課題を挙げた。⁽²²⁾

9月15日、9月定例会において、横田照夫議員は「本県は、障害者差別解消法を踏まえて、障がい者差別の解消に関する条例の制定を目指す意向があるとお聞きしております。その条例において障がい者の雇用に関する規定も盛り込んでいただきたいと考えますが、県の考えをお聞かせください」と質問した。桑山福祉保健部長は「現在策定作業中の障がい者差別の解消に関する条例案では、いわゆる障害者差別解消法の趣旨を踏まえまして、公的機関や民間事業所が障がい者に対して行うさまざまなサービス提供の際の、障がいを理由とする不利益な取り扱いの禁止や、合理的配慮の提供等に関する規定を盛り込む予定としております。このような雇用に関する規定を含めまして、さまざまな分野に関する規定につきましては、今後、障がい者団体や商工団体を初め関係機関などからも幅広く御意見を伺いますとともに、他県の条例も参考にしながら検討してまいりたいと考えております」と答弁した。

10月8日、県は障害者や民間事業者を交えた意見交換会を宮崎市総合福祉保健センターで開いた。34団体41人が参加した。県は条例案のほか、障害者とその家族のために相談員を配置し、紛争を解決する「県障害者差別解消支援協議会」を新設するなどの体制案を提示した。条例案の仮称は「障がいのある人もない人もともに暮らしやすい県づくり条例」で、福祉、医療、公共交通機関など10分野ごとに不利益な取り扱いの内容を具体的に規定した。新たに設ける同協議会の助言やあっせん、県の勧告に従わない事業所などは公表する方針であった。参加した障害者から「事業者にとってどこまでが『過重な負担』で、どのような配慮なら求めていいのか判断が難しい」、事業者からは「できるだけ努力したいが、対応の仕方が分からない部分もあるので意見交換を続けてほしい」などの意見が上がった。⁽²³⁾

第Ⅱ部　スピルオーバーによる抑制の証拠

11月26日，11月定例会では次のようなやりとりがあった。

　日高博之議員「次に，障がい者施策についてでございます。国が，障がいを理由とする差別の解消の推進に関する基本的な事項や，国の行政機関，地方公共団体等及び民間事業者における障がいを理由とする差別を解消するための措置などについて，障害者差別解消法を来年４月から施行することに伴い，県でも，障がい者差別の解消に関する条例の制定に向けて取り組んでいるところでございますが，現在の状況はどうなっておるのか。また，条例の制定・施行まであと４カ月しかない中で，必要な対応を求められる市町村や民間事業者に対してどのように啓発を行っていくのか，福祉保健部長にお伺いいたします」

　桑山福祉保健部長「障がい者差別の解消に関する条例につきましては，現在，身体障がい者などの当事者団体や事業者団体との意見交換，県民アンケート結果などを踏まえながら，障がいを理由とした差別の禁止，合理的配慮の提供，それから相談体制などを柱とします条例案の策定作業を進めているところであります。お尋ねにあります市町村や民間事業者に対しましては，これまで，市町村担当者会議や条例の制定に向けた意見交換会を行いまして，差別の禁止や合理的配慮の提供等に関して必要な情報を提供するなど，周知・啓発に取り組んでいるところであります。今後も，こうした取り組みによりまして，条例案を提案し議決いただいた場合には，円滑に施行されますよう努力してまいりたいと考えます」

　解消法の全面施行に合わせ，慌ただしく作業が進められていることがうかがえる。県は５〜８月に障害者団体や民間事業者計15団体を対象に聞き取りや意見交換会を実施し，６・７月にはインターネット上で障害者が困ったりうれしかったりした事例を募集したところ，321件の回答が集まったという[24]。他方，たとえばある障害者団体との意見交換の機会は３回ほどであった[25]。詳細な取り組みは表３‐２の通りである。

　2015年12月12日，新聞は県が障害者への差別解消を目的とした「障がいのある人もない人もともに暮らしやすい県づくり条例」(仮称)の概要案をまとめたことを報じた。翌年１月６日までパブリックコメントを実施し，２月定例県

第3章　比較事例研究

表3-2　2015年における宮崎県の障害者差別解消条例制定に向けた取り組み

時期	出来事
5～8月	✧ 障がい者団体等との個別の意見交換の実施 ➤ 団体数：15団体（障がい者団体：8，関係団体：7）
6～7月	✧ 「障がい者に対する望ましい配慮等に関するアンケート」の実施 ➤ 回答数：321件
8月10日	✧ 障がい者団体との意見交換 ➤ 団体数：19団体
8月25日	✧ 県障害者施策推進協議会における検討
10月7日	✧ 障がい者団体及び関係団体との意見交換 ➤ 団体数：34団体（障がい者団体：16，関係団体：18）
10月15日	✧ 市町村との意見交換
11月10日	✧ 障がい者団体及び関係団体との意見交換 ➤ 団体数：31団体（障がい者団体：16，関係団体：15）
11月18日	✧ 県障害者施策推進協議会における検討
12月7日～ 翌年1月6日	✧ パブリックコメントの実施 ➤ 応募数：100件（30名）

出所：一般社団法人宮崎県身体障害者団体連合会の矢野光孝会長提供資料より。

議会へ提出することを目指していた。解消法の施行とあわせての施行になる。障害者が不利益な扱いを受けた際の相談窓口を設置すること，県民の理解や関心を深めるためスポーツや文化芸術などの分野で交流の場を提供すること，差別の解消に功績があった個人や団体を表彰する制度を創設することなどが概要案の内容であった。[26]県内の障害者団体や企業，県民アンケートの意見なども踏まえてまとめた。[27]

　12月21日，『宮崎日日新聞』で「障害者差別解消条例」の特集が組まれた。YAH！DO みやざきの永山昌彦代表理事の「相談体制の質とそれを確保するための予算，条例を知ってもらうための広報や研修が必要。行政に任せきりでなく，誰もが暮らしやすい宮崎のためにみんなで考えていけたら」というコメントが掲載された。[28]

　2016年1月11日，障害者への差別解消について考えるタウンミーティングが宮崎市民プラザで開かれた。主催は YAH！DO みやざき，NPO 法人 DPI 日本会議で，障害者ら約60人が参加した。DPI 日本会議の田丸敬一朗事務局長補佐が解消法をテーマに講演した。盲導犬を連れた障害者が入店を断られるといった「関連差別」などが定義に含まれていないことや紛争解決の仕組みが不十分な点を指摘し，「自治体の条例制定で解消法の欠点を補える」と協調した。宮崎県条例案については，関連差別の定義もあることから「充実した内容」と評

81

価し，「合理的配慮の提供義務規定を民間事業者にも適用するよう県に働き掛けて」との助言があった。同条例に関する報告や，差別の事例を考えるワークショップもあった。[(29)]

（3）障害者差別解消条例の制定

　2016年３月16日，「障がいのある人もない人も共に暮らしやすい宮崎県づくり条例」が制定され，４月１日，解消法とともに施行された。

　４月２日，障害者差別解消法と「障がいのある人もない人も共に暮らしやすい宮崎県づくり条例」の施行を祝うパレードが行われた。関係者ら約200人は，「誰も仲間はずれにしない」「みんな違ってみんな一緒」「だれでも入れるお店にしよう」「差別を知って差別をなくそう」などとコールしながら，横断幕やのぼりを持って宮崎市の橘通東３丁目の宮崎山形屋前から県庁前まで歩いた。県電ホールでは記念式典があり，つくる会の矢野光孝会長が「地域社会では障害を理由とした差別や排除を経験し，悔しい思いをしている仲間たちが多数いる。県民へのさらなる理解を迅速な相談体制の整備，障害当事者の積極的な参加を強く要望する」として河野知事に要望書を提出した。河野知事は，「宮崎では10年後に全国障害者スポーツ大会が実施される。バリアフリーを率先して進めていく」「大切なのはこれから。心を一つに一緒に頑張っていこう」と話した。新聞には参加者のコメントが掲載された。山之内俊夫は車いす生活になってレストランに入るときもバスに乗るときも「すみません」が口癖になっていたが，「問題があるのは障害ではなく社会。法施行は，遠慮しながら生活する姿勢を変える第一歩」と話した。参加者で視覚障害のある桑原靖は，「宮崎には盲導犬がいると入れない店が多い。そういった状況が変わっていけば」と期待を寄せた。主催者代表の永山昌彦は，「差別解消のスタートラインにやっと立てた。障がい者も地域で尊厳をもって生きていけるよう働きかけたい」と語った。[(30)]

　要望書には下記のような表現がある。

　　障がい者を含めた多くの宮崎県民の意見を聴き，関係者の意見交換を何回も繰り返し，非常に質の高い条例が出来上がりました。
　　知事や福祉保健部を筆頭に関係機関の皆様の条例制定への熱い情熱に感謝

しますとともに，議会において真剣に審議してくださいました宮崎県議会議員の皆様に御礼申し上げます。

　条例の前文冒頭に「全ての県民は，等しく基本的人権を享有するかけがいのない個人であり，障害の有無によって分け隔てられることなく，互いに人格と個性を尊重し合いながら，共に生きる社会を実現する必要がある。」と書いてあります。

　そのためにも，「社会モデル」の考えを念頭に置いた宮崎県民への障がい理解の推進と，差別的事案が発生したときの迅速な相談体制の整備，障害当事者の積極的な施策への参画を強く要望いたします。「障害者差別解消法」や「障がいのある人もない人も共に暮らしやすい宮崎県づくり条例」が有効に活用されますようよろしくお願いいたします。

　私たち，障がい者も宮崎県民の一人として，全ての県民が心豊かに生活でき，宮崎県に生まれ，育ち，暮らしてきたことに誇りを持てる宮崎県づくりに微力ですが尽力していく所存です。

　これからも力を合わせ，共生社会の実現のため頑張っていきましょう。[31]

　制定がこの時期になったことについて，県の担当者は国の対応要領や対応指針の施行を待っていたことも１つの理由に挙げた。それらを逸脱した形で条例を定めることには無理があるということである。[32]

　また，条例制定を後押しした岩切達哉議員は，政治におけるタイミングの重要性を指摘する。国の法律，他県の状況，日本身体障害者福祉大会みやざき大会などを考え合わせると，この時期が適切なタイミングであったということである。条例により交通事業者や商店などの事業者に経済的負担が生じる場合もあることから，推進派も慎重派も納得できる時期を知事も模索していたのではないかということである。「想い」と「空気」の相互作用が起きたといえるだろう。[33]

（4）条例施行後の取り組み

　2016年11月16日，障害を理由とする差別の解消推進について協議する県の付属機関「県障がい者差別解消支援協議会」（福本安甫会長，20人）の会合が県庁であった。会合は解消法や県障害者差別解消条例に基づいて初めて開かれ，委

第Ⅱ部　スピルオーバーによる抑制の証拠

員15人が出席した。県が啓発活動の実施状況や相談事業の実績を説明し，出前講座を2015・2016年で計23回開いたこと，障害者差別に関する相談が2016年4〜10月に12件あったことなどが示された。委員からは，「相談件数が少ないのではないか。差別を受けたと言いづらい状況があると思うので，周りの配慮が必要」などの意見が出た。[34]

2017年2月16日から3月17日にかけて，障害の有無にかかわらず暮らしやすい社会について考えるワークショップが県内4会場で開催された。主催はNPO法人PAみやざきであった。[35] 2月16日の宮崎市でのワークショップには約40人が参加した。初めに認定NPO法人DPI（障がい者インターナショナル）日本会議の副議長である尾上浩二は，全国で条例づくりが進んでいる点に触れ「障がい者差別解消法は，施行後3年をめどに必要な見直しが検討される。それまでに，トラブルをたらい回しにされない仕組みなどの整備を進めていこう」と話した。ワークショップでは少人数のグループに分かれ，障がい者が進行役となって意見交換が行われた。障害者への差別と考えられる事例について，DPI側が用意した「直接差別」「合理的配慮の不提供」など，どの項目に当てはまるか議論した。[36]

2017年7月27日，障害者差別解消シンポジウムが宮崎市民プラザで開かれた。主催は県，県障害者社会参加センターで約300人が来場した。第1部は「人が集まるバリアフリー観光」，第2部はトークセッション「バリアフリー観光で人にやさしいまちづくり〜障がい者差別解消法との向き合い方〜」であった。

3　茨城県──スムーズだった条例制定

茨城県においても条例づくり運動は草の根レベルで始まった。制定までには多くの努力が必要とされたが，相対的にみれば，その運動は順調に条例に結実したようにみえる。「障害のある人もない人も共に歩み幸せに暮らすための茨城県づくり条例」は2014年3月20日に制定され，2015年4月1日に施行された。分析対象時期の茨城県知事は橋本昌（1993年9月26日〜2017年9月25日）から大井川和彦（2017年9月26日〜）になった。

84

（1）初期の条例づくり運動

　茨城県の障害者権利条例のルーツは，少なくとも1990年に制定された「アメリカ障害者法（Americans with Disabilities Act of 1990）」まで遡れる。障害者差別解消法制の推進に尽力していた東俊裕弁護士が日本の障害者の権利がアメリカに比していかに守られていないかを全国で啓発し，沖縄県で先行して条例づくりの取り組みが始まった。茨城県内では，つくば市の「つくば自立生活センターほにゃら」（以下，ほにゃら）や水戸市の「自立生活センターいろは」（以下，いろは）もそれぞれ勉強会を始めた。(37)

　茨城県が当初から障害者差別解消条例の必要性を認めていたわけではなかった。2008年9月24日，高崎委員が予算特別委員会にて千葉県の条例を例に挙げながら条例の必要性について質問したところ，当時の橋本昌知事は次のように答弁し，法律による対処を待つべきである点などを示唆した。「私といたしましては，理念としては，この条例は大変すばらしいものがあると考えておりますが，今申し上げましたように，検討すべき多くの課題があることに加え，この問題は，県や市町村単位でというよりは，国全体で取り組むべきものであること，さらには，不当な差別，その他の人権侵害は，障害のある方だけではなくて，女性や子供，高齢者等何人に対してもあってはならないものであることなどを考慮して対処していかなければいけない問題であると考えております」。

　ほにゃら，いろはともに知名度のない団体だった。ほにゃらの齊藤新吾が「頭脳」としていろいろなアイディアを出し，いろはは「実行部隊」としていろいろな団体めぐりをして「こういうことをやるのでぜひ仲間に加わってほしい」と声かけをした。最初は1つずつまわっても全く門前払いの状況がずっと続いた。話は聞いてくれるけども，「ああそうなんだ」で終わってしまった。(38)

　2011年2月，いろはの稲田康二とほにゃらの齊藤ら約10人が世話人となり，「茨城に障害をもつ人の権利条例をつくる準備会」（以下，準備会）を設立した。県内各地で全5回の勉強会を実施し，会発足に至った。(39) 稲田は「まずは障害者が理解を深めるのが大事」との見解であった。(40) DPI日本会議の崔栄繁も勉強会に協力していた。(41)

　講演会に参加していた精神保健福祉会の会長が，県南のほうの精神障害者の家族会などに講演にきてほしいと声かけをしてくれた。そこでつながりを持てたのが最初だった。50〜60人の講演会だった。茨城県の精神障害関係の団体が

第Ⅱ部　スピルオーバーによる抑制の証拠

応援してくれるようになった。次のところに話しにいくときに，茨城県精神保健福祉会は賛同してくれているということを言い添えることによって信用されやすくなった。そこから少し広がっていった。[42]

2012年１月14・15日には，準備会が一般市民を対象にした講演会「障害者権利条例ってなに？」を取手市（14日），日立市（15日）で開催した。[43]

当時のモチベーションについて，ほにゃらの齊藤新吾事務局長は「自分達から声をあげてつくりたかった」と回想する。場合によっては効果を実感できるような条例とはならないかもしれないが，自ら動かなければただ後から文句を言うだけになってしまうかもしれない。それは望むところではない。やれるだけやった上でその後に議論したい。茨城県は他県に先んじて政策づくりをすることはあまり多くないなか，障害者差別解消のための条例をその頃すでにつくっていたところは数えるほどしかなかった。障害者団体は当時は横のつながりがさほどなく，閉塞感を持っていた。しかし障害者の権利条例ならば目的は一致する。横の関係を構築するために条例を「ツール」として使おうという「デザイン」も持っていた。法律に先んじて条例制定をすることは関係者がまとまる理由になる。仮に全国でも後ろのほうの順番で条例制定したとしたら楽かもしれないが，当事者などが動く大義名分はもうないだろう。[44]

（2）「茨城に障害のある人の権利条例をつくる会」の設立

2013年２月23日，準備会は「茨城に障害のある人の権利条例をつくる会」（以下，つくる会）を設立した。県内の障害者関係の約10団体が参加した。同日，設立総会と記念講演会が開かれた。「障害に基づく不利益をなくし，差別された人を救済する仕組みを作るための県条例制定を目指す」こととなった。[45]基調講演は内閣府障害者制度改革担当室の東俊裕室長であった。参加者は約100人であった。[46]

2013年３月７日，荻津和良議員が平成25年第１回定例会にて条例について質問し，保健福祉部長が答弁した。このとき，既に「法律に先駆けた独自の取り組みにより，差別に対する県民の意識の醸成を図っていくことも有効な手段の１つである」との認識が示されていた。

　　荻津議員「障害を理由とする差別の禁止に関する法律の制定について，平

成22年11月から議論を重ね，平成25年の通常国会への法案提出を目指しております。しかしながら，現段階では法律の制定スケジュールはいまだ不透明なままとなっております。(中略) そこで，障害のある人もない人も，お互いの立場を尊重し合い，支え合いながら安心して暮らすことのできる社会の実現を目指す条例を，障害者や各障害者団体とともに，考え，制定していきたいと考えておりますが，県としてはどのように認識しているのか，保健福祉部長にお伺いをいたします」

　土井保健福祉部長「県といたしましては，障害者差別の問題は国が主体的に取り組むべきテーマであると考え，これまで，障害者権利条約の早期締結に向けて国内法の整備を着実に進めることや，法律の制定に当たっては，都道府県，市町村及び団体等の意見を十分に反映させることを国に要望してまいりました。しかしながら，議員御指摘のとおり，法案は今通常国会には提出されておらず，今後の制定スケジュールもいまだ不透明な状況となっております。このような中，昨年10月に施行された障害者虐待防止法に基づき，県に障害者権利擁護センターを設置し，虐待を初め障害者に対するさまざまな相談等に対応しているところでございますが，差別的な待遇を受けたとの相談も寄せられており，このような相談は，今後ますますふえてくるものと予想されるところでございます。このようなことから，議員御提案のとおり，障害者が差別を感じることのない社会づくりを進めていくためには，法律に先駆けた独自の取り組みにより，差別に対する県民の意識の醸成を図っていくことも有効な手段の１つであると認識しております。県といたしましては，差別のない社会の実現を求める障害者の方々の思いを真摯に受けとめますとともに，広く県民の皆様の意見をお聞きしながら，議員の熱い思いをできる限り後押ししてまいりたいと考えております」

　いろはの稲田が荻津議員と最初に会ったのは，稲田が別の議員などの協力により荻津議員を紹介してもらい，会いにいったときだったという。訪問は一度では終わらなかった。荻津議員は障害者福祉にはライフワークとして従前より取り組んでいたものの，待っていれば国の法律ができるのになぜ苦労して先につくるのか，執行部も同じく条例制定には慎重である，という思いもそのときはあった。

第Ⅱ部　スピルオーバーによる抑制の証拠

　しかし，荻津議員は，くり返し会いにくる当事者に，当初は「しつこい」と苦笑しながらも，「熱意に負け」，ついには「尊敬し感服」するようになったという。準備会のメンバーは県外にまで調査に行き，日々参加者を募っているなど「本気度」が違った。これも荻津議員の態度が決まった一因とのことである。荻津議員は障害福祉課からデータやアドバイスをもらいつつ，条例づくりに取り組んだ。「荻津先生が入ったことにより流れが変わった」との証言もある。

　2013年9月16日，つくる会が障害者の権利条例案を作成し，県議会最大会派の「いばらき自民党」に提出した。つくる会は当時県内の主要19障害者団体で構成されていた。権利条例案は全47条からなるものであった。調整委員会や地域相談員の設置，障害者やその家族が知事に助言やあっせん手続きを申し立てできる関連条文が含まれる。障害者差別解消法が3年後に施行されるために「条例制定は『不必要』との声もある」。これに対しつくる会は，「条例作りの取り組みを通し，差別解消法への理解も広まる」と条例制定の意義を強調した。「条例案を受け取ったいばらき自民党の菊池敏行・同党県連政調会長は『これから勉強させていただく』と応えた」。このとき，条例案を議員提案することは大枠で決まっており，案の内容をつくる会側に出してもらえるよう打診があったという。

　2013年11月にはつくる会が条例制定に向けて「差別事例集」を作成していることが報じられた。同会は10月，約30人から今までに体験した差別事例の聞き取り調査を実施した。電子メールでも事例を募集した上で，集まった計180の事例をまとめ，11月11日，県議会最大会派の「いばらき自民党」と茨城県庁に提出した。

　2013年12月，条例のつくる会案を受けていばらき自民党案が発表された。

　2014年1月15日，障害者権利条例案のパブリックコメントが実施された。「いばらき自民党」が3月定例会に条例案を議員提案する方針を固めた。自民会派案は全25条で構成される。自民会派はつくる会に会派案を提示し意見を聞いた。12日につくる会が水戸市内で開催した勉強会では，「労働など各分野での具体的な差別規定を明記すべきだ」とする意見が多く出た。また，自民会派案が県の相談体制構築を想定しているのに対し，つくる会側は市町村単位の相談体制構築を求めた。なお，パブリックコメントでは90通以上の意見が届き，

これはこれまでのいばらき自民党のパブリックコメントで最多であったとい
う。[55]

　2014年1月22日，県議会のいばらき自民党が県議会内会議室に県内の障害者
団体の代表を招き，障害者権利条例の制定に向けた懇談会を開いた。条例案は
「障害のある人もない人も共に歩み幸せに暮らすための茨城県づくり条例」（仮
称）であった。県内障害者関係約30団体と意見交換を行った。[56]障害者団体側か
らは「何が差別に当たるのかが分かりにくい」と修正を求める声が相次いだ。
「自民党の菊池敏行政調会長は『もう一度，検討する。何としても3月定例会
に間に合わせたい』と述べ，修正に含みを持たせた」。[57]

　2014年3月3日，つくる会が，県議会「いばらき自民党」が提出予定の障害
者権利条例案の審議について，委員会で議論した上で採決するよう求める要望
書を飯塚秋男議長に提出した。つくる会の齊藤新吾事務局長は「『障害を持つ
県民やその家族が切望した条例。県民に開かれた形で議論して，より良い条例
になってほしい』と話した」。[58]

　2014年2月から3月にかけて，『毎日新聞』（地方版／茨城）で「等しく生き
る：障害者条例制定へ」が7回にわたり連載された。

　国の基本方針を待たずに制定に向かったのは，国連条約を勉強していたた
め，そちらに準拠すれば必ずしも基本方針の後である必要はないとの考えが共
有されていたためではないかと思われる。[59]

（3）障害者権利条例の制定

　2014年3月20日，県議会が本会議で「障害のある人もない人も共に歩み幸せ
に暮らすための茨城県づくり条例」（障害者権利条例）を全会一致で可決した。
『毎日新聞』と『茨城新聞』は翌21日に報じた。同様の条例制定は都道府県で
は8番目となった。つくる会共同代表の稲田康二は取材に対し「大きな一歩を
踏み出せた」，川島映利奈は「内容をさらに充実させるため，これからも活動
を続けていく」と話した。[60]当時県内27団体で構成されていたつくる会は，同
日，県議会内で条例制定を喜ぶ集会を開いた。関係者らは本会議を傍聴し全会
一致で可決した様子を確認すると，議事堂1階ホールでくす玉を割り，議員提
案したいばらき自民党の県議らと条例制定を喜び合ったという。[61]

　2014年10月18日から翌2015年3月にかけて，つくる会は県障害者権利条例の

第Ⅱ部　スピルオーバーによる抑制の証拠

図3-1　茨城県障害者差別解消条例の制定記念パレードのポスター

出所：つくる会ホームページより。

周知活動を行った。県内で相次ぎタウンミーティングを開催し，11月に講演会を開いた。同会の生井祐介は「差別について行政に相談できることや，条例ができたことを知ってほしい」とコメントした。[62]

2014年11月19日，つくる会は県障害者権利条例に関する提言を行った。障害者差別解消法と県条例の棲み分けが必要と主張するもので，内容は3つに大別できる。第1に，条例の役割として解消法では扱わない差別やハラスメントなども扱うこと。第2に，差別や合理的配慮を明確化し，各則につなげていくこと。そのために，事例をきちんと収集し，事例に基づいて差別禁止規定や合理的配慮の規定を明記し，NPOや学識経験者の声の入った茨城県の事情を反映させた茨城県独自ガイドラインをつくる。第3に相談体制を強化すること。差別解消法と連携して差別解消地域支援協議会を設置し，あっせんの機能を持たせ，相談体制を強化する。解消法の規定によれば，協議会はNPOや学識経験者が入れるので，声を反映させやすい。[63]

2015年4月1日，県障害者権利条例が施行された。前日の3月31日に水戸市内でパレードと記念集会が行われた（図3-1）。パレードでは障害者ら約100人が千波湖—県庁前県庁広場の約4.5キロを「ノーモア差別」などとシュプレヒコールを上げながら行進した。県民広場では記念集会を開き，くす玉を割って施行を祝った。つくる会は相談体制の充実などを求める要望書を県に提出した。[64] 条例に基づき，県は新年度に相談窓口を設置し，3人の相談員を水戸市千波町の県総合福祉会館に配置，また差別解消施策を推進する協議会を設け，具体的な差別事例を審議する。県民に対する普及啓発や自治体職員向けの研修会も実施することとなった。[65]

2015年11月24日，障害者出産について「減らしていける方向にできないか」などと発言した県教育委員が辞職した。[66] 28日，つくる会が主催者となり，県内

の障害者団体が水戸市内で緊急集会を開いた。「妊娠の初期に（障害の有無が）分かるようにできないのか。4ヶ月以降になるとおろせない」などの発言に批判の声が相次ぐとともに，障害者権利条例の周知や障害に対する理解の必要性を訴えた。障害のある人や家族，支援団体から約60人が参加した。集会の冒頭で，つくる会の稲田康二共同代表は「条例の趣旨とかけ離れた発言だった」と指摘，「発言の中にどういう問題があるのか知る機会にしたい」と集会の意義を説明した。12月2日，つくる会のメンバーが県庁を訪れ，県都県教委に再発防止策の実施を求めた要望書を提出した。内容は下記の通りである。

茨城県教育委員の発言に対する要望書

　　わたしたち 茨城に障害のある人の権利条例をつくる会は，2011年より茨城県内の障害当事者，その家族，障害者団体およびその支援者により茨城県に障害者権利条例を制定し，障害のあるなしに関わらず共に生きていける茨城県を目指し活動してきました。茨城県議会平成26年第1回定例会では全会一致で「障害のある人もない人も共に歩み幸せに暮らすための茨城県づくり条例」が可決成立され，本年4月よりわたしたちの念願であった条例が施行されました。

　　この条例は，「国際連合総会において採択された障害者の権利に関する条約の趣旨を踏まえ，障害のある人と障害のない人が対等な権利を有していることを再確認」し，「誰もが安心して楽しく暮らすことができ，共に夢や幸せを追求できる真に平等な社会を実現することを決意し」制定されました。この度の教育委員の発言は，多くの県民が望み，県議会により全会一致で可決成立したこの条例の趣旨に大きく外れるもので，当会をはじめ多くの県民を大変失望させるものです。

　　わたしたちは二度とこのような発言がないよう以下の通り要望します。

　　一，茨城県庁全職員に対して，国連の障害者権利条約および「障害のある人もない人も共に歩み幸せに暮らすための茨城県づくり条例」について理解できるよう研修をして下さい。

第Ⅱ部　スピルオーバーによる抑制の証拠

　　二，このような発言は，障害についての理解不足が原因と考えます。障害についての理解は子供の頃から始める必要があると考えます。茨城県内にある公立学校での障害について理解および「障害のある人もない人も共に歩み幸せに暮らすための茨城県づくり条例」について理解するための授業をおこなって下さい[69]。

　この県教委発言をめぐる一連の動きは，条例づくりの経験があったからこそ可能であったといえる[70]。
　2016年4月1日，水戸市内で障害者差別解消法の全面施行と県障害者権利条例の施行1周年の記念のパレードが行われた。県庁で開かれた出発式には障害のある人や介助者ら約100人が参加し，橋本知事も出席した[71]。

（4）条例施行後の取り組み

　2016年6月8日，つくる会が障害者権利条例についての学習会を主催した。2015年4月に県が設置した障害者差別相談室に，3月末までに141件の問い合わせや相談が寄せられたという報告があった。韓国の人権委員会調査官のキム・ウォニョンも講演した[72]。
　2017年9月25日，『茨城新聞』が県障害者差別相談室には2015年度に141件，2016年度に173件の相談が寄せられたと報じた[73]。
　2018年4月1日には県障害者権利条例施行4年目のパレードが実施されている。ただし2017年の県民世論調査では7割強が条例を「知らない」と回答した[74]。
　なお，障害者差別解消条例を制定する前は，茨城県では議員提案による政策条例はほとんどなかった。それ以降，茨城県議会は多数の条例を議員提案でつくり数の上で全国トップクラスである。障害者差別解消条例をきっかけに手順やマニュアルが整備された[75]。
　したがって，障害者差別解消条例は個人の役割が大きい時期に制定されたといえるだろう[76]。

表3-3 宮崎県と茨城県の障害者差別解消条例の関連年表

時期	宮崎県	茨城県
2008年	世話人会の設立	
2009年		
2010年		
2011年		準備会設立
2012年	つくる会設立	つくる会設立
2013年		つくる会が条例案を作成・提出
2014年		条例制定
2015年		条例施行
2016年	条例制定・施行	

出所：筆者作成。

4　議論——抑制が強く作用する自治体とそうでない自治体

　本章の比較事例研究の目的は，政策の抑制が障害者差別解消条例の波及において駆け込み制定と法に似た条例内容をもたらした証拠を発見し，その要因を強化する要因（先行条件）を探すことであった。

　2つの事例の簡易な年表としては表3-3のようになる。宮崎県では世話人会は2008年に設立された。茨城県ではこれに該当する準備会は2011年設立であった。つくる会は共に2012年に設立されている。条例制定は2014年と茨城県のほうが早い（施行は2015年）。宮崎県では2016年に条例が制定・施行された。

　なぜ茨城県では草の根型の条例づくり運動でありながら相対的に短期間での制定にこぎつけたのであろうか。インタビューでは2014年12月14日に行われた茨城県議会議員選挙の影響を指摘する声もあった。条例制定が選挙でのアピールになるということである。しかし，宮崎県議会議員選挙も2015年4月12日に行われており，選挙時期が条例制定の決定的な要因であるとはいえない。

　むしろ，政治・行政が誰のほうを向いて議論をしているのかという点が重要ではないか。茨城県においては，県や県議会議員は障害当事者の要望を真剣に検討したという形跡が見えた。この姿勢は選挙年・選挙前年ではない時期から

あったようである。宮崎県においても政治・行政が障害者団体の意向を無視したということはないが、答弁などで強調されたのは「国の動向を注視する」という点であった。また、条例制定の1つのきっかけは日本身体障害者福祉大会みやざき大会という外生的なイベントであったと考えられる。内生条件と波及のどちらを重視するか、言い換えれば内を向いているのか外を向いているのかは、抑制が強く作用するかどうかに影響するのではないかと考えられる。先行研究の理論を踏襲すれば、外向性が抑制の先行条件であるという理論が得られる。ただし、外向性が高いことが常によくない結果を生むという主張をするものではないということは付言しておきたい。

本書のフローに即してまとめると、内生条件と促進だけで説明できるかという質問の答えは説明できない、である。比較事例研究から抑制メカニズムが作用する実態の一端が見えたといえる。第2・4章の発見と合わせ、抑制メカニズムを取り込むことで障害者差別解消条例の波及をよりよく説明できるという主張には十分な根拠が得られると考える。ただし、本書は抑制メカニズムが作用することがただちに悪い結果を招くと主張したり、新規政策の採用に慎重な立場をとった個人や組織を批判したりするものではない。

抑制は均一に作用しているかという問いに対する答えは、作用していない、ということになろう。この点は第4章と本章の分析から導かれる。一見似たような内生条件の自治体であっても同じ時期に同じような条例を制定するわけではない。これまでの分析から、外向性という隠れた先行条件が抑制メカニズムの作用の強さの差異を生み、条例の制定時期と内容に影響しているのではないかという仮説が得られた。

注

（1） 「最も似ている事例」（most-similar case, Gerring 2007）の研究とした方が直観的には伝わりやすいかもしれない。

（2） 手話言語条例の波及において、内生条件としての当事者運動の重要性を指摘するものとして澤・小林（2019）がある。

（3） 『宮崎日日新聞』2012年4月29日（朝刊）。ただし、差別や偏見の解消のための集会等はそれ以前にも開催されている。たとえば新聞は2001年3月3日に「第3回県精神障害者文化のつどい」が宮崎市民文化ホールで開催されたことを報じている。つどいは県内約50人の精神障害者でつくる「若木の会」などが、社会参加

第3章　比較事例研究

を進めながら差別や偏見をなくし，理解を深めてもらおうと開いていた（『毎日新聞』2001年3月4日〔地方版／宮崎〕）。

（4）　『毎日新聞』2008年2月26日（地方版／宮崎）。

（5）　『読売新聞』2008年9月29日（朝刊／宮崎）。

（6）　『毎日新聞』2011年1月27日（地方版／宮崎）。

（7）　『読売新聞』2011年8月8日（朝刊／宮崎），『朝日新聞』2011年9月8日（朝刊／宮崎）。

（8）　『朝日新聞』2011年9月30日（朝刊／宮崎）。

（9）　たとえば「生活」面では，「車いすで電車に乗ろうとしたら『駅員がいる時間帯だけ利用して』と制限された」，「教育」面では「修学旅行は介助の人の予算はないから『あきらめてくれ』と言われた」，「運動会はいつも見学しかできない」，「労働」面では「下肢に障害があるのに重い書類を運ぶ仕事を任され，通常の移動も困難になり休職した」，「精神障害があるために職場の人の目が厳しくなり結局辞めざるをえなかった」（世話人会調べ）などの事例が集まった（『朝日新聞』2011年9月8日〔朝刊／宮崎〕）。

（10）　『朝日新聞』2011年9月8日（朝刊／宮崎）。

（11）　『朝日新聞』2011年9月8日（朝刊／宮崎）。

（12）　障害者自立応援センターYAH！DOみやざきの永山昌彦理事と山之内俊夫事務局長のインタビュー（2019年7月26日13：00-16：30）。

（13）　『宮崎日日新聞』2012年4月29日（朝刊）。

（14）　一般社団法人宮崎県身体障害者団体連合会の矢野光孝会長提供資料。

（15）　『宮崎日日新聞』2013年6月14日（朝刊）。

（16）　一般社団法人宮崎県身体障害者団体連合会の矢野光孝会長提供資料。

（17）　『宮崎日日新聞』2015年5月26日（朝刊）。

（18）　『宮崎日日新聞』2015年6月16日（朝刊）。

（19）　障害者自立応援センターYAH！DOみやざきの永山昌彦理事と山之内俊夫事務局長のインタビュー（2019年7月26日13：00-16：30）。

（20）　一般社団法人宮崎県身体障害者団体連合会の矢野光孝会長インタビュー（2019年8月19日13：30-15：00）。

（21）　『宮崎日日新聞』2015年6月18日（朝刊）。

（22）　『宮崎日日新聞』2015年9月1日（朝刊）。

（23）　『宮崎日日新聞』2015年10月8日（朝刊）。

（24）　『宮崎日日新聞』2015年12月21日（朝刊）。

（25）　障害者自立応援センターYAH！DOみやざきの永山昌彦理事と山之内俊夫事務局長のインタビュー（2019年7月26日13：00-16：30）。

（26）　『読売新聞』2015年12月12日（朝刊／宮崎）。

（27）　『宮崎日日新聞』2015年12月15日（朝刊）。

第Ⅱ部　スピルオーバーによる抑制の証拠

(28) 『宮崎日日新聞』2015年12月21日（朝刊）。

(29) 『宮崎日日新聞』2016年1月12日（朝刊）。

(30) 『朝日新聞』2016年4月3日（朝刊／宮崎），『毎日新聞』2016年4月3日（地方版／宮崎），『宮崎日日新聞』2016年4月3日（朝刊）。

(31) 要望書は一般社団法人宮崎県身体障害者団体連合会の矢野光孝会長に提供を受けた。

(32) 宮崎県福祉保健部障がい福祉課の元担当者・現担当者インタビュー（2019年8月20日9 :30-10:30）。

(33) 宮崎県議会岩切達哉議員インタビュー（2019年8月20日9 :30-10:30）。

(34) 『宮崎日日新聞』2016年11月17日（朝刊）。

(35) 『宮崎日日新聞』2017年2月9日（朝刊）。

(36) 『宮崎日日新聞』2017年2月20日（朝刊）。

(37) つくば自立生活センターほにゃらの齊藤新吾事務局長と生井祐介氏のインタビュー（2019年7月26日13:00〜14:40）。

(38) 自立生活センターいろは稲田康二氏インタビュー（2019年8月22日10:30-12:00）。

(39) 『毎日新聞』2013年2月24日（地方版／茨城）。

(40) 『茨城新聞』2011年9月16日。準備会発足の月はつくば自立生活センターほにゃら提供資料にて確認。

(41) 自立生活センターいろは稲田康二氏インタビュー（2019年8月22日10:30-12:00）。

(42) 自立生活センターいろは稲田康二氏インタビュー（2019年8月22日10:30-12:00）。

(43) 『読売新聞』2012年1月12日（朝刊／茨城）。

(44) つくば自立生活センターほにゃらの齊藤新吾事務局長と生井祐介氏のインタビュー（2019年7月26日13:00〜14:40）。

(45) 『読売新聞』2013年2月22日（朝刊／茨城）。

(46) 『毎日新聞』2013年2月24日（地方版／茨城）。日付はつくば自立生活センターほにゃら提供資料で確認。

(47) 元茨城県議会議員・現茨城県身体障害者福祉団体連合会の荻津和良会長インタビュー（2019年8月22日10:30-12:00）。

(48) 元茨城県議会議員・現茨城県身体障害者福祉団体連合会の荻津和良会長インタビュー（2019年8月22日10:30-12:00）。

(49) 自立生活センターいろは稲田康二氏インタビュー（2019年8月22日10:30-12:00）。

(50) 『毎日新聞』2013年10月5日（地方版／茨城）。

(51) つくば自立生活センターほにゃらの齊藤新吾事務局長と生井祐介氏のインタ

ビュー（2019年7月26日13：00～14：40）。

(52) 『毎日新聞』2013年11月29日（地方版／茨城）およびほにゃら提供資料。

(53) つくば自立生活センターほにゃら提供資料。

(54) 『毎日新聞』2014年1月14日（地方版／茨城）。

(55) つくば自立生活センターほにゃら提供資料。

(56) 『茨城新聞』2014年1月23日。

(57) 『毎日新聞』2014年1月23日（地方版／茨城）。

(58) 『毎日新聞』2014年3月4日（地方版／茨城）。

(59) 自立生活センターいろは稲田康二氏インタビュー（2019年8月22日10：30-12：00）。

(60) 『毎日新聞』2014年3月21日（地方版／茨城）。

(61) 『茨城新聞』2014年3月21日。

(62) 『茨城新聞』2014年10月12日。

(63) つくば自立生活センターほにゃら提供資料。タウンミーティング in つくばの中で提言として発表したもので，県などに提出はしていない。

(64) 『毎日新聞』2015年4月1日（地方版／茨城）。

(65) 『茨城新聞』2015年4月1日。

(66) 『茨城新聞』2015年11月25日。

(67) 『茨城新聞』2015年11月29日。

(68) 『茨城新聞』2015年12月3日。

(69) つくる会ホームページより。

(70) つくば自立生活センターほにゃらの齊藤新吾事務局長と生井祐介氏のインタビュー（2019年7月26日13：00～14：40）。

(71) 『朝日新聞』2016年4月5日（朝刊／茨城）。

(72) 『朝日新聞』2016年6月9日（朝刊／茨城）。

(73) 『茨城新聞』2017年9月25日。

(74) 『茨城新聞』2018年4月2日。

(75) 元茨城県議会議員・現茨城県身体障害者福祉団体連合会の荻津和良会長インタビュー（2019年8月22日10：30-12：00）。

(76) 元茨城県議会議員・現茨城県身体障害者福祉団体連合会の荻津和良会長インタビュー（2019年8月22日10：30-12：00）。

第4章

議会会議録の分析
——どの自治体が何を参照していたか——

1 議会会議録分析の概観

　本章では，各自治体の議会の会議録を分析する。対象とする自治体は，障害者差別解消法制定以後（具体的には2014年〜），同法の施行までに条例を制定した16自治体である。これらの自治体の議会における議論の状況を本書の枠組みで説明できるかどうかを確認する。

　手法としては計量テキスト分析を用いる。「計量テキスト分析とは，インタビューデータなどの質的データ（文字データ）をコーディングによって数値化し，計量的分析手法を適用して，データを整理，分析，理解する方法である」（秋庭・川端 2004：235-236）。計量テキスト分析あるいはテキストマイニングは政策波及研究においても近年使われ始めている（Gilardi et al. 2018）。

　本章で確かめたいことは，外向性の高さと第Ⅱ群であることの相関である。政策形成における内的決定要因と波及の2要因のうち，他の自治体よりも波及を重視する傾向を外向性と表現しているが，このような自治体ほど政策形成の遅延と模倣を行いやすいということである。

　外向性の高い自治体の議会は次のような議論を行っていることが想定される。第1に，国や他自治体に言及していることである。国や他自治体の動向を気にしているほど，単純に関連する単語を口にする傾向が生じるという想定に基づく。第2に，そもそも質問・答弁が少ないことである。障害者はどのような自治体でも生活しているし，障害者差別もどこにでもあると考えられる。そのような内生条件を考慮しないのは外向性の1つの表れであると考えることができる。

　本章では，第1節で計量テキスト分析を行う。15自治体（特殊であると考えら

第4章　議会会議録の分析

れる大阪府を除く）の全体的な傾向を把握することを目指す。第2節では議会会議録の定性的な検討を行う。13自治体（第3章で取り上げた宮崎県と茨城県，および大阪府を除く）の議会における議論の詳細を追う。第3節では本章の分析を総括する。

2　計量テキスト分析——抑制が強く作用した自治体は外向性が高いか

はじめに，質問・答弁の数を分析する。年別の1自治体当たり平均質疑応答数を第Ⅰ群と第Ⅱ群のそれぞれについて集計する。各府県議会の会議録検索システムで，「障害」（「障がい」「障碍」表記も）「差別」「条例」を全て含む発言等を検索して収集し，その中から明らかに関連のない部分を除外した。検索する期間は，千葉県条例が制定された2006年10月11日から当該自治体の条例制定日までである。対象は本会議と各委員会である。質問と答弁を1セットで取り出し，この形式に該当しないものは取り除いた。質問と答弁があった場合，それぞれ1件で計2件とカウントしている。同じ質問者が続けて複数回質問した場合，それぞれをカウントしている。答弁が2つ続いた場合もそれぞれをカウントしている。たとえば質問A，答弁B，質問C，答弁D（知事），答弁E（部長）であった場合（大半のケースは質問1つと答弁1つだが），5とカウントすることになる。分析結果を図4-1に示す。

一見して，第Ⅰ群は2012年頃から質疑応答がある。これは第Ⅱ群では見られない傾向である。第Ⅱ群は質疑応答が2014年までほぼなく，2015年に集中している。その結果として，第Ⅰ群は質疑応答の総量が第Ⅱ群よりも多い。この結果は，第Ⅱ群の外向性が高く，抑制が強く作用している可能性が高いという本書の理論と整合的である。

しかし，定義上，第Ⅱ群は全て駆け込み制定をしている。以上の差は単に駆け込み制定とそれ以外の差かもしれないので，制定年前期間別に集計する。制定何年前にどの程度質疑応答があったかをカウントするということである（図4-2）。

やはり第Ⅰ群のほうが早くから議論を行っている。制定2年前から質問・答弁が増え始め，1年前にピークを迎える。制定年にもある程度の質問・答弁がある。これに対し，第Ⅱ群では1年前にようやく増え始めるものの，その値は

99

第Ⅱ部　スピルオーバーによる抑制の証拠

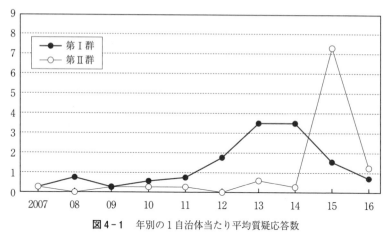

図4-1　年別の1自治体当たり平均質疑応答数

出所：筆者作成。

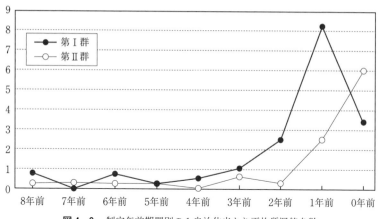

図4-2　制定年前期間別の1自治体当たり平均質疑答弁数

出所：筆者作成。

第Ⅰ群の2年前の値よりも低い。また，第Ⅱ群は制定年に質問・答弁数が最大となる。2つの群には明確な差があり，これは本書の理論を裏付けていると考えられる。

次に，質疑応答の内容の分析である。前述の対象テキストをソフトウェアで分析した。「国」「法」「他県」「市町村」「県民」「当事者」のそれぞれに相当する語をどれだけ用いているかをカウントしている。コーディング単位は文であ

第4章 議会会議録の分析

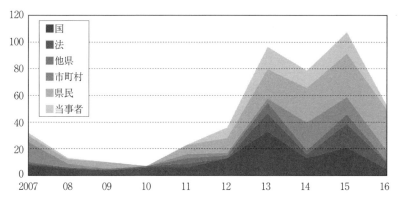

図4-3 15自治体の議会における障害者差別解消条例に関する会議録の分析結果
出所：筆者作成。

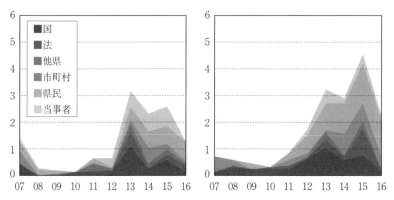

図4-4 15自治体の議会における障害者差別解消条例に関する会議録の分析結果（質問・答弁別）
注：左が質問，右が答弁。
出所：筆者作成。

る。たとえばある文に対象の単語が1つ以上含まれていた場合，度数が1増加する。図4-3のグラフの縦軸は度数である。まず16自治体の議会における障害者差別解消条例に関する会議録の分析結果を示す。

　質問・答弁数の分析からも示唆されていたように，制定時期である2014～16年に近くなるほど言及の総数が増える。個別にみていくと，制定時期に近くなるほど「県民」「当事者」の比率が増えている。

　次に，これらのテキストを質問と答弁に区分し，同様に分析する。結果を図

第Ⅱ部　スピルオーバーによる抑制の証拠

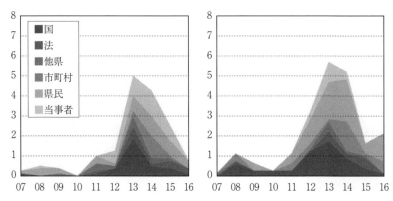

図4-5　第Ⅰ群の議会会議録の計量テキスト分析の結果（1自治体あたり）
注：左が質問，右が答弁。
出所：筆者作成。

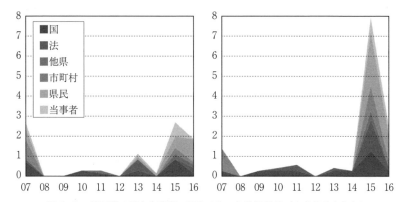

図4-6　第Ⅱ群の議会会議録の計量テキスト分析結果（1自治体あたり）
注：左が質問，右が答弁。
出所：筆者作成。

4-4に図示する。

全体として質問よりも答弁のほうにキーワードへの言及回数が多い。その傾向は2014年以降に顕著である。

また，2012年以前，答弁における「国」の言及が一定数ある。これらには宮崎県の事例でみたように「国の動向を注視する」という理由で条例制定に取り組まないというケースが含まれているものと考えられる。

次に，第Ⅰ群と第Ⅱ群それぞれの会議録を分析する。まず第Ⅰ群の議会会議

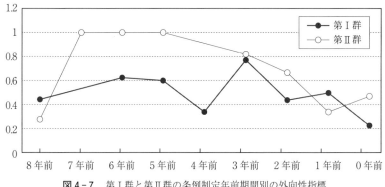

図 4-7 第Ⅰ群と第Ⅱ群の条例制定年前期間別の外向性指標
出所：筆者作成。

録の分析結果を図示する（図 4-5）。

2014・2015年に条例を制定した自治体があることを考慮しても，比較的早い時期からの議論が行われていることが再確認できる。解消法が制定された2013年には「国」や「法」への言及が増えている。質問・答弁ともに「県民」「当事者」への言及回数も多い。

次に第Ⅱ群の分析結果である（図 4-6）。

やはり制定直前まで，ほとんど議会における議論がないことがわかる。解消法制定前の2012年以前に「国」への言及回数が多いことは特筆すべきである。「国の動向を注視」して条例制定をしないという対応の表れであると解釈できる。さらに，2013年以降も「国」への言及があることは重要である。次節でみていくように，解消法制定以降も条例制定の先送りと模倣があったと理解できる答弁があったのである。

次に，外向性についても簡単に指標化を試みる（図 4-7）。上記のキーワードのうち，明確に県外の要素である「国」「法」「他県」についての言及を「外部言及」とし，それ以外の「市町村」「県民」「当事者」を「内部言及」とする。「外部言及」と「内部言及」の合計に占める「外部言及」の割合を「外向性指標」と定義する。たとえば県民のことをあまり議論せずに国や他県のことを議論していると外向性指標は高くなる。

全体として第Ⅱ群の外向性指標が第Ⅰ群のそれより高いことがわかる。また，条例制定年に近づくと外向性指標が低下していく傾向が観察される。これ

第Ⅱ部　スピルオーバーによる抑制の証拠

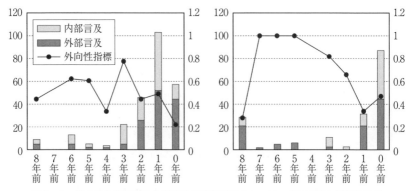

図 4-8　第Ⅰ群と第Ⅱ群の条例制定年前期間別のキーワード言及数と外向性指標
注：左が第Ⅰ群，右が第Ⅱ群。
出所：筆者作成。

は，制定が実現化する見込みが立つと「市町村や県民や当事者と協調して」などの表現が増えているためと考えられる。なお，茨城県の全期間での外向性指標は0.53，宮崎県の全期間での外向性指標は0.72であり，第3章の分析結果を考慮しても違和感はない。

最後に，外向性指標をキーワード言及数全体と一緒に図示しておく（図4-8）。

制定7年前～4年前はキーワード言及数が低く，一定の注意が必要であることがわかる。今後別の事例で検討すべきであろう。

本節の分析結果は，全体として本書の理論と整合的である。次項では，会議録をさらに詳細に確認していく。

3　定性的な検討──抑制の強弱による議論の差異

本節では議会会議録の定性的な分析を行う。前述の基準で収集したテキストの一部を抜粋し記述することで，政策形成過程の一端を理解することを目的とする。なお，本節の下線は全て引用者によるものである。

第4章　議会会議録の分析

（1）第Ⅰ群の（抑制が弱く作用したことが考えられる）自治体

○山形県

　山形県では「山形県障がいのある人もない人も共に生きる社会づくり条例」を2016年3月24日に制定した（2016年4月1日施行）。駆け込み制定であるが，条例内容の詳細度が平均よりやや上であり第Ⅰ群に分類された。

　2015年2月26日，県議会2月定例会において以下のような質問・答弁があった。吉村美栄子知事は，差別の解消に向けて山形らしい条例を制定し，県民みんなで取り組んでいくという姿勢をしっかりと示していく必要があると考えていると述べた。

　　広谷五郎左エ門議員「次に，障がいを理由とする差別の解消に向けた県の取り組みについてお伺いいたします。

　　（中略）

　　平成二十五年六月には，この基本原則を具体化し，幅広い分野を対象として差別の解消を進めていくための具体的な措置などを定めた「障害を理由とする差別の解消の推進に関する法律」が制定され，平成二十八年四月から施行されることとなっております。

　　こうした動きの中で，障がいを理由とする差別の解消に向けて県として一歩踏み込んだ対応を求める声も聞いておりますが，取り組みを進めるに当たっては，障がい者や障がい福祉関係団体のみならず，民間のさまざまな分野の方々を含め，広く県民に御理解をいただきながら一緒に進めていかないと実効ある取り組みにはならないのではないかという心配もあります。

　　そこで，障がいを理由とする差別の解消に向けて県としてどのように取り組みを進めていかれるのか，知事にお伺いいたします」

　　吉村美栄子知事「二点目は，障がいを理由とする差別の解消に向けた県の取り組みについて御質問いただきましたのでお答え申し上げます。

　　（中略）

　　このような状況を踏まえますと，県民一人一人が障がいの特性や特性に応じて必要となる配慮などについて理解を深め，県民，事業者，行政などのそれぞれが社会生活のさまざまな場面で差別の解消に取り組んでいくことが重要ではないかと考えております。このため，私は，差別の解消に向けて山形

105

らしい条例を制定し，県民みんなで取り組んでいくという姿勢をしっかりとお示ししていく必要があると考えているところであります。

　今後，障がい福祉関係団体のみならず，教育，雇用のほか，公共交通機関や宿泊事業者など，幅広い分野の方々から御参加いただき，具体的な内容の検討を進めてまいります。

　この条例の制定を一つの契機として，障がいの有無にかかわらず，誰もが社会を構成する一員として，安心して生活できる共生社会の実現を目指し，県民の皆さんとともに全力で取り組んでまいる所存でございます」

2015年9月25日，県議会予算特別委員会で以下のような質問・答弁があった。健康福祉部長は障害者を対象に差別事例の調査を行っていることなど条例制定にむけた作業の進捗を報告した。

　青木彰榮委員「次に，障がい者施策について二点伺います。
　（中略）
　また，先日，県が障がい福祉関係団体に対して実施した，障がいを理由とする差別と思われる事例に関する調査でも，多くの差別的な，または合理的配慮に欠ける事例が報告されたとのことであります。

　現在，県当局は，障がいを理由とする差別の解消に関する条例の制定に向け作業を進めているわけでありますが，差別のない社会の実現に向けて，条例制定の趣旨，スケジュール，さらには条例制定後の取り組みについてどのように考えているのか，健康福祉部長にお伺いいたします」

　中山健康福祉部長「障がいを理由とする差別の解消に関する条例の制定について御質問いただきましたのでお答えいたします。

　県では，今年度，障がい者団体の方々を対象にいたしまして，障がいを理由とする差別と思われる事例についての調査を実施したところでございます。

　この結果を見ますと，委員のお話にございました事例のほかにも，障がいがあることを理由にアパートへの入居を断られたとか，タクシーへの乗車を断られたなど，差別に当たると思われる事例が三百五十件も報告されまして，県内におきましても，いまだに障がいや障がい者に対する理解の不足や

偏見などから配慮に欠ける問題が起こっているというふうに考えております。

　このため，条例におきましては，県民一人一人が障がいの特性やその特性に応じた対応について理解を深め，県民みんなで差別の解消に取り組んでいくという姿勢をしっかりと示していきたいというように考えているところでございます。

　具体的には，何が差別に当たるのか県民の理解を深めるため，福祉サービスや医療の提供，あるいは公共交通機関の利用などの分野ごとに具体的な差別の内容を明示するほか，共生社会の実現を図るための県の施策についても定めてまいりたいと考えております。また，差別に関する相談窓口の整備や，関係者間で解決しない場合に紛争を調整・解決するための体制についても条例に盛り込んでいくことを考えております。

　障がいを理由とする差別の解消を推進していくためには，さまざまな分野の民間事業者の方からも障がいや障がい者に対する理解を深めていただき，協力を得ていくことが必要でございますので，現在，障がい者団体の方々のみならず，商工団体や交通関係事業者，またホテル・旅館業者，さらには私立学校関係者など，さまざまな方々から御意見をお聞きしているところでございます。

　今後，山形県障がい者施策推進協議会でも御意見を伺いまして，年内には条例案を取りまとめ，来年の県議会二月定例会への提案を目指しているところでございます。

　また，条例制定後の取り組みにつきましては，障がい者の社会参加を一層促進していくため，新たな就労支援策の実施や，障がいの有無にかかわらず一緒に参加・応援できるスポーツや芸術活動の推進方策などもあわせて検討してまいりたいと考えております。

　さらに，差別解消のみならず，共生社会の実現に向けまして，県，市町村，教育関係機関，民間団体から成る推進組織を立ち上げまして，県民一体となって取り組んでまいりたいと考えております」

2016年3月1日，条例案が提案された県議会2月定例会において青木彰榮議員から質問があった。健康福祉部長は障害者の社会参加を促進するための具体

第Ⅱ部　スピルオーバーによる抑制の証拠

的な施策などを説明した。

○富山県

　富山県では「障害のある人の人権を尊重し県民皆が共にいきいきと輝く富山県づくり条例」を2014年12月12日に制定した（施行は2016年4月1日）。詳細度が高く，法との距離も大きい条例となった。

　2013年6月21日，県議会予算特別委員会で以下のような質問・答弁があった。厚生部長は，国の基本方針を踏まえながら，関係者の意見も十分に聞きつつ，県としての必要な責務を果たすための必要な対応を検討していきたいと発言した。

　　火爪委員「では，次に障害者差別解消法に関連して伺います。

　　去る19日，障害者権利条約批准のために最低限必要と位置づけられてまいりました最後の法律と言っていいと思います。障害を理由とした差別の解消の推進に関する法律，いわゆる障害者差別解消法が参議院本会議で全会一致，可決成立をいたしました。

　　同時に，この法律には差別の定義がないとか合理的配慮の提供が民間事業者に義務づけられていないとか，紛争解決の仕組みが曖昧であるなど不十分な点がたくさんあり，各県の障害者団体の皆さんによる県の条例づくりの運動が熱心に取り組まれております。

　　成立をいたしました差別解消法の附帯決議にも，本法が，地方公共団体による，いわゆる上乗せ・横出し条例を含む障害を理由とする差別に関する条例の制定等を妨げ又は拘束するものではないことを周知することと明記をされております。

　　この動きを県はどう見ているんでしょうか，厚生部長に伺います」

　　山崎厚生部長「県では，これまで障害者に対する県民の理解の促進などいろいろ取り組んできております。またお話にありました県内の障害者団体におきましても，障害者差別の禁止に関する県条例の制定を目指してフォーラムの開催などの取り組みが行われてきているのも承知をしております。

　　（中略）

　　今，法律ができたばかりでございます。今後この法律に基づいて国から基

本方針が示されることになっております。まずは県としてこうした基本方針を踏まえまして，差別的取り扱いの禁止などに関して職員が適切に対応するための要領の策定や，相談，紛争防止などのための体制の整備，県民に対する普及啓発活動など，県としての責務を果たすための必要な対応について，関係者の御意見も十分伺いながら，まず検討してまいりたいと考えております」

2013年9月17日，県議会9月定例会一般質問において以下のような質問・答弁があった。厚生部長は，条例の必要性について，障害者団体など関係者の御意見をよく聞きながら，他県で制定されている条例も含め十分調査研究していきたいと考えていると答弁した。

宮本光明議員「障害者差別の問題は身近な地域の課題であり，地域の特性や実情を踏まえた取り組みを進めるため，県独自に障害者条例を制定してはどうかと考えますが，厚生部長に所見をお伺いいたします」

山崎厚生部長「県独自に障害を理由とする差別に関する条例を制定してはどうかとの御提案でございますが，今ほど申し上げましたとおり，平成28年度に障害者差別解消法が施行されますことから，県といたしましては，まずは法に規定された責務を果たせますよう，今後国から示される基本方針を踏まえた対応をしっかり行ってまいりたいと考えております。

その上で，県として障害を理由とする差別に関する条例を制定し取り組む必要があるかどうかについて，障害者団体など関係者の御意見をよく伺いながら，御質問にもございました既に他県で制定されている条例も承知しております。そうしたことも含め十分調査研究してまいりたいと考えております。

以上でございます」

2013年12月11日，県議会予算特別委員会で奥野委員から自民会派で条例化の準備を進めているとの発言があった。

2014年2月28日，県議会2月定例会代表質問において，以下のような質問・答弁があった。山崎厚生部長は県内の障害者の差別や権利擁護の現状と課題，

第Ⅱ部　スピルオーバーによる抑制の証拠

および県としての体制強化など取り組みについて答えた。

　宮本光明議員「障害者に対する差別の現状については，内閣府が平成24年度に実施した世論調査においても，「障害を理由とする差別や偏見があると思う」とする者の割合が89.2％となっており，前年の調査結果から6.3ポイント上昇しております。

　また，県が昨年度実施した身体障害者を対象とした調査では，「障害者に対する周囲の理解が不足している」とする回答が6割弱となっており，その理由として，「障害を正しく理解されていない」が6割を超えております。障害が正しく理解されていないことが，障害者に対しての差別や偏見，配慮の不足につながってくるものと考えられます。

　このため自民党議員会では，障害の有無にかかわらず誰もが暮らしやすい地域づくりを進めるため，仮称ではありますが，障害者差別解消条例の制定を目指し，検討を始めたところであります。

　そこで，本県における障害者の差別や権利擁護の現状と課題についてどのように認識しているのか，また，障害に対する理解を広げるためにも，まずは県における相談体制や人員の拡充を図るべきと考えますが，今後どのように取り組んでいくのか，山崎厚生部長に伺います」

　山崎厚生部長「まず，障害者施策についての御質問にお答えをいたします。

　県では共生社会の実現を目指し，障害者に対する理解を促進するとともに，障害者の人権が尊重される社会づくりを推進するため，さまざまな啓発，広報活動や権利擁護の推進，障害者虐待の防止などに取り組んできております。

　しかしながら，御質問にもありましたが，県内の在宅の身体障害者を対象に平成24年度に実施した調査によると，障害者に対する周囲の理解について，「進んでいない」や「進んでいるが不十分」との回答が合わせて約6割となっております。

　また，周辺住民の理解が得られずグループホームの整備を中止した事例が見られるほか，職場などでの障害者に対する虐待の事例もございます。

　このため，障害者の理解を一層促進することが必要と考えておりまして，

第4章　議会会議録の分析

障害者週間の街頭キャンペーンなどの普及啓発活動や，学校や地域における福祉教育などを引き続き実施するとともに，来年度は新たに障害者の人権の尊重などをテーマとした共生社会を考えるフォーラムを開催することとしております。

　また，障害者の権利擁護等のため，障害者110番や，平成24年10月に設置し，年間を通して24時間体制で相談に応じる県障害者権利擁護センターなど多くの相談窓口を設け，通報，相談などに対応しておりますほか，障害福祉サービス事業所の職員等を対象に，障害者虐待防止権利擁護研修会を実施しております。

　さらに，今後は，平成28年4月施行の障害者差別解消法において，障害を理由とする差別に関する相談や紛争の防止，解決のための体制の整備が求められておりますことから，相談機関のネットワークの強化など，その充実に向けて検討してまいります」

2014年6月25日，県議会6月予算特別委員会で次のような質問・答弁があった。山本委員からは，2013年11月，議員提出で条例を制定しようということでプロジェクトチームを立ち上げたという発言があった。「諸団体との意見交換を行いながら」，「障害者の人権を尊重し県民皆が共にいきいきと暮らせる富山県づくり条例」と名前をつけ，策定に向け努力をしているところとのことであった。

2014年6月26日，県議会厚生環境委員会において，以下のような質問・答弁があった。議員側の条例案作成の苦労がうかがえる内容となっている。

　四方委員「障害者差別解消法が去年6月にできまして，施行が平成28年ということでありますけれども，実は，今，私ども自民党議員会において，これに関する条例づくりをしているところであります。厚生環境委員会のメンバーは全員，それから福祉環境部会のメンバーと四役も入っているという結構大人数でプロジェクトチームをつくってやっているんです。

　11月定例会を目指して，いろいろとやっている中で感じますことは，ソフト面あるいはハード面といいますか，財政的なものを伴うものと，そうではなくて，今からでも物の考え方を変えることによってできることと，大分け

111

第Ⅱ部　スピルオーバーによる抑制の証拠

して2つあると思うんです。財政的なものを伴うものであれば，やはり一つ一つ階段を上っていかないといけない問題ですが，意識を変えるという視点は，衝撃的な出会いがあれば，すぐにでも変わっていくんではないかと思っております。法律ができたということなども考えると，やはりなるたけ早い段階で，私どももそうですし，県民みんなが考えていかないといけない問題だと思っております。

　ことしの1月に，国連の障害者権利条約に批准しましたが，6，7年前に国連で採択されたものを，7年ほどかかってようやく批准したんですが，その間に，日本の政府や国会はいろいろと努力をして，権利条約を批准することだけでなくて，実質的なものにしていかないといけないということから，時間をかけながら，障害者の問題について幾つかの法案をつくってきたわけであります。

　きょうはあまり時間もないのでポイントだけを話させていただきますが，今，私どもが取りまとめていくに当たって，大分いいところまで来たんですけれども，正直に申し上げると，なかなか難しいです。まず，障害福祉課長にお尋ねしますが，どういったところを考えてやっていけばいいのか，もしお気づきの点があれば，手短な感想だけでも結構ですから，少し御指導いただければありがたいと思います」

　石浦障害福祉課長「先日もプロジェクトチームの座長の山本議員から素案の素案みたいなものを見させていただいたんですが，条文的なものについては，かなりよろしいものができているのではないかと思っております。

　ただ，私も，プロジェクトチームといろいろな団体との打ち合わせなどを見させていただいたんですが，その辺の整合性はなかなか難しく，今回の素案の中で，相談体制の構築や，紛争のための体制づくりが新しい目玉と聞いておりますが，特に相談体制は字面で書く分にはいいんですが，やはり，実際，市町村など県下において相談員を確保し，実効あるものにするために，どういうふうな書きぶりをして支えていくかということについて，今後また議員の方々と御相談しながらやっていきたいと思っております」

○京都府
京都府では「京都府障害のある人もない人も共に安心していきいきと暮らし

やすい社会づくり条例」を2014年3月11日に制定した（2015年4月1日施行）。駆け込み制定ではないものの，条例内容は詳細度がやや低く解消法との距離は相対的に小さい。

　2010年7月15日，府議会府民生活・厚生常任委員会において次のような質問・答弁があった。国の動きを見つつ「ノーマライゼーション条例（仮称）制定委員会」を設置するという運営目標について問われた。

　　中小路委員「最後に1点，若干教えていただきたいのですが，この運営目標の中で，ノーマライゼーション条例（仮称）制定委員会を設置ということがあるのですが，この条例というのは，下には，府内における差別事象や虐待事例の実態調査の実施，条例制定の機運の醸成を図るためシンポジウムやタウンミーティングなどを開催する，障害者団体等との意見交換の場を設定とあるのですが，今までのこの議論の過程がよくわからないんですけれども，この条例の中身が少しどういうイメージのものなのか，お教えいただければと思います」

　　中村健康福祉部副部長「これにつきましては，今，国におきまして，障害者の対策を全面的に見直しをしていくという中で，いわゆる差別禁止といいますか，そういったものも含めて検討されているとお伺いしております。

　　その中で，私どもといたしましても，そういった障害者の差別といったものをなくすために，ノーマライゼーション条例をつくっていきたいと思っております。ただ，それにつきましては，いろいろと関係者の御議論もありますので，そういった実態を把握しながら，関係者の方々の御意見をお伺いしながら，そういったものの条例化へ向けて検討していきたいということでございます。

　　以上でございます」

　なお，質問と答弁の形式ではないが，2012年10月2日，県議会府民生活・厚生常任委員会で検討中の条例についての要望があった。

　2013年6月20日，県議会6月定例会において以下の質問・答弁があった。制定準備中の府条例の詳細について議論された。

第Ⅱ部　スピルオーバーによる抑制の証拠

　山口勝議員「次に，障害者への差別をなくし，真に心豊かな社会の構築を
目指していく取り組みについてお伺いいたします。
　昨日，国会で障害を理由とする差別の解消の推進に関する法律が全会一致
で成立をいたしました。この法律は2006年に障害者への差別を禁止し，障害
者の尊厳と権利を保障することを義務づけた国連障害者権利条約を批准する
ために必要な国内法整備と位置づけられております。この権利条約は2006年
12月の国連総会において全会一致で採択され，既に130カ国が締結していま
す。
　（中略）
　京都府においては，現在，「障害のある人もない人も共に安心していきい
きと暮らせる京都づくり条例（仮称）」の策定に向け，その検討が行われて
いますが，大切なことは，国連の権利条約にあるように，「私たち抜きに私
たちのことを決めないで」との当事者参加の原則に基づいた条例づくりを推
進することにあり，現在，関係団体の代表も参加され，検討会議でさまざま
な意見を交わされていることは高く評価するものであります。
　その中間まとめには，不利益取り扱い，合理的配慮の不提供に類型された
差別と思われる事例が列挙されております。例えば，肢体不自由のお子さん
が小・中・高の入学の際，「何かあったら困るから」といって入学拒否され
た。高校では，「たとえ試験で合格点であっても不合格にする」。発達・高次
脳機能障害の障害児の保護者には，市役所から「人に大変な子を見させてお
いて仕事をしなければならないほど生活に困ってはいないでしょう」と言わ
れた。知的障害者がバスに乗車中大声を出した際，運転手が「もう二度と乗
るな」「次からは親と来い」とどなられた。引っ越し先を探す支援をしてい
て，精神障害という言葉が出た瞬間に，不動産業者から断られた。このよう
な事例は常態化されているのか判断に迷うところでありますけれども，理解
と協力があれば解消されることであろうと思います。しかし，この理解と協
力の土壌を構築することが重要ですが，まだまだ無理解，非協力が大変大き
な壁となって立ちはだかっていることも事実であります。
　そこで，お伺いいたしますが，障害者を取り巻く環境の改善に向け，京都
府においては「京都府障害者基本計画」に基づき，自立支援，差別禁止，社
会のバリアフリーなどを柱とする7つの基本方針のもと，障害者福祉の向上

に努められてまいりましたが，今回の国の法整備，京都府の条例づくりに向けた検討の流れの中で，差別禁止の取り組みにおいては公平・公正・専門性の高い紛争解決の第三者機関の設置をどう考えているのか。

また，差別を通り越し，障害者への虐待行為も社会問題化していますので，虐待行為の防止策の強化。女性は男性の障害者とは違った性的被害，就労，家事や育児，介護など，女性の障害者特有の課題も指摘されており，一層の配慮が求められています。女性障害者への適切な施策の実施。そして，何より障害のある人もない人も，地域において共生していくための風土づくりを力強く推進していくことが重要であります（後略）」

山田啓二知事「障害者への差別をなくす取り組みについてでありますけれども，御指摘のように昨日の国会におきまして，「障害を理由とする差別の解消の推進に関する法律」が成立したところであります。この法律の第3条には，地方公共団体の責務としまして，障害を理由とする差別の解消の推進に関して必要な施策を策定し，実施することが規定されているほか，障害を理由とした差別的取り扱いの禁止や，これに関し，職員が適切に対応するための要領を策定することなどが盛り込まれているところであります。

京都府では，既に同様の見地から条例の制定を検討してきたところでありまして，単に制定された法律を円滑に施行するという視点のみならず，今までの検討を生かし，オール京都体制での取り組みを進めていくためにも，京都ならではの理念を掲げた「障害のある人もない人も共に安心していきいきと暮らせる京都づくり条例（仮称）」の制定を進めていきたいと考えております。

このため，昨年3月には障害当事者やその家族を初めとして，福祉，医療，教育，経済，労働，学識経験者などが参画いたします条例検討会議を設置いたしまして，これまで延べ9回開催して，あわせて，さまざまな立場の方々にこの問題を考えていただき，府民理解の醸成に努めるため，昨年11月には府内3カ所でタウンミーティングを実施したところであります。

条例の内容は国の法律との整合性を考慮いたしまして，障害を理由とする差別的取り扱いの禁止ですとか，社会的障壁の除去の実施について，必要かつ合理的な配慮に関する規定を盛り込みますとともに，障害者の就労支援ですとか，スポーツ，芸術活動の推進などといった共生社会の実現に向けた条

例独自の内容も盛り込む予定としているところであります。

　（中略）

　いずれにいたしましても，この条例の制定を機に，障害のある人もない人もともに安心して生き生きと暮らせる京都づくりの実現に向けて，オール京都体制での取り組みを強化してまいりたいと考えているところであります」

2013年6月27日，府議会6月定例会において次のような質問・答弁があった。女性障害者の人権についても議論された。

　北岡千はる議員「初めに，「障害のある人もない人も共に安心していきいきと暮らせる京都づくり条例（仮称）」についてお伺いいたします。

　（中略）

　そこでお伺いいたします。現在，「障害のある人もない人も共に安心していきいきと暮らせる京都づくり条例（仮称）」検討会議の中間まとめが策定されましたが，国会での障害者差別解消法審議等を踏まえ，改めて京都府ならではの条例策定に向けての知事のお考えをお聞かせください。

　同条例検討会議では，障害を理由とした差別と思われる事例等の分析をもとに，10分野での検討を行ってこられました。その中でも，障害のある女性の分野での検討を踏まえ，各分野での障害のある女性の人権を回復し図られることが必要であると考えます。障害のある女性は障害があることと女性であることで二重の困難さがあり，さまざまな事例から見る障害のある女性の困難さは，性的被害，就労，恋愛，結婚，離婚，家事，育児，介護，性と生殖，妊娠，出産，医療，教育，制度など多岐にわたっております。検討会議においても，これら障害のある女性の困難さは，今までの風習，慣行，無理解等に基づくもので，なかなか社会的に認知されない状況にあるとの意見もあったということであります。国内における法律や国連の条約があっても困難な事例が起こる現状のもと，本条例において，女性障害者の現状の改善と複合被害の救済，女性障害者の社会的地位の確認と保証，そして，社会的なメッセージとして認識を広めることなどができ得る条例となるよう切望するものであります。

　そこでお伺いいたします。基本的人権が尊重される共生社会の実現のため

にも、「障害のある人もない人も共に安心していきいきと暮らせる京都づくり条例（仮称）」に障害のある女性の人権が各則に盛り込まれることが必要と考えますが、知事の御所見をお聞かせください。また、同条例の必要性について、より多くの府民の皆様に気づきと、ともに考えていただく機会を一層ふやしていくことが重要でありますが、そのための広報、参画や議論の場づくりについて、今後どのような取り組みをされていくのかについてもお示しください。

なお、検討会議の委員構成に女性委員が少ないことを指摘し、男女比のバランス等に配慮いただくことを要望しておきます」

山田啓二知事「障害者施策についてでありますけれども、去る6月19日に成立した「障害を理由とする差別の解消の推進に関する法律」には、障害を理由とした差別的取り扱いの禁止や、国や地方公共団体の職員が適切に対応するための対応要領の策定などが盛り込まれているところであります。

京都府におきましては、これまでから障害者の雇用促進を図るため、いち早く府庁ゆめこうばで障害者を雇用し、郵便物の仕分けなどに取り組みますとともに、障害者の住みやすい環境をつくり上げるため平成7年には京都府福祉のまちづくり条例、そして平成23年度からは、京都おもいやり駐車場利用証制度を開始しているところであります。また、さらに障害者の皆様の個性を生かせるように障害者のスポーツレクリエーションの活動の推進やアールブリュッ都ギャラリーの設置など、障害者の皆様の社会参加や自立支援につながるような取り組みを一貫して進めてきたところであります。

今回、差別解消のためには、こうした総合的な取り組みをこれからも一貫して行う必要がありますので、そのために京都府といたしましては、制定された法律を円滑に施行すること、これはもとより当然のことでありますけれども、それに加えて、現在検討している条例に第三者機関の設置により実効性の確保を盛り込んでいくこと、さらには障害者の就労支援やスポーツ・芸術活動の推進など、共生社会の実現に向けた独自の内容も盛り込んでいきたいと考えているところでありまして、今後、議会にお諮りをして御審議を賜る中で、京都ならではの条例を制定してまいりたいと考えているところであります。

また、「障害のある女性の人権」についてでありますけれども、制定され

第Ⅱ部　スピルオーバーによる抑制の証拠

た法律におきましても，全ての障害者が基本的人権を享有する個人としてその尊厳が重んぜられ，その尊厳にふさわしい生活を保障される権利を有するとされており，また障害者の性別，年齢及び障害の状態に応じた必要かつ合理的な配慮をしなければならないと規定されているところであります。男女共同参画という問題と障害者の問題がクロスオーバーしてまいる場面というのは，より多くの配慮が必要だと私も感じているところでありまして，今回の条例制定に当たりましては，法律との整合性を十分考慮しつつ，男女の性別の問題を初め，障害のある人それぞれの特性を考慮したきめ細かな検討が必要と考えているところであります。

　今後，身体・知的・精神・難病などの障害当事者や女性の障害当事者も参画する条例検討会議におきまして，条例に盛り込む具体的な内容について検討していきたいと考えておりますけれども，これから，そうした観点からの条文が入るように私自身も努力をしてまいりたいと考えているところであります。

　また，この条例は共生を目的とする条例でありますから，それだけに府民一人一人の十分な理解がなければ，全く絵に描いた餅になってしまう条例だというふうに理解をしております。そのため，この条例の制定に当たりましても，障害のある方がこれまで受けたさまざまな経験等を広く募集するとともに，府内各地で府民参加型のタウンミーティングを昨年度は3カ所実施したところであります。今年度も府の北部，南部，京都市内で府民参加型のタウンミーティングを再度実施し，機運の醸成を図ることとしておりますけれども，今後とも，できるだけインタラクティブに双方向で会話ができる中で，府民の皆様が理解できるような場というものをつくり上げていくこと。そして，それをしっかりと京都府の持っている広報媒体等を通じて，広く府民の皆様にお知らせしていくことを，これからも全力を挙げて取り組んでいきたいというふうに考えているところであります」

2013年12月5日，府議会12月定例会において，次のような質問・答弁があった。府条例づくりの経緯やその内容についてのやり取りが含まれている。

　中小路健吾議員「この条例の策定については，これまで京都府障害者基本

計画において取り組んできた各種取り組みの成果の上に立ちつつも，依然と
して，障害者福祉サービスが不足をしている，障害のある方への配慮が足り
ないサービスや商品がまだまだ見受けられる，障害への理解不足等による差
別事案が少なからず生じている，といった現実を直視し，障害のある人が普
通に地域で暮らせる環境づくりや障害福祉サービスの一層の充実，障害に対
する府民理解の促進など社会のあり方を変えていけるよう，関係する機関や
団体，府民が連携・協力し，オール京都体制で取り組んでいくことを目指し
て，平成24年3月，検討会議が設置をされ，障害のある人やその家族，福
祉，医療，教育，経済，労働，学識者，市町村など，さまざまな立場の委員
から成る場で幅広く議論を積み重ねてこられました。

　また，こうした検討会議での議論を経て示された「中間まとめ」において
は，不利益取り扱いや合理的配慮の不提供に当てはまる具体的な事例を10の
分野にわたり具体的に例示・分析をされるなど，工夫を重ねてきていただい
たところでありますし，加えて，6度にわたるタウンミーティングの開催や
パブリックコメントの実施など，幅広く府民全体からも意見を聞いてこられ
ました。

　まずは，私どもの会派として，こうした条例策定のプロセスを進めてこら
れたことを高く評価するものであります。また，国において本年6月にいわ
ゆる障害者差別解消法が成立をいたしました。

　(中略)

　そこで，今回の条例案が目指す第三者機関の組織や運用のあり方につい
て，具体的にどのようなイメージを持たれておられるか，御所見をお伺いし
ます」

　山田啓二知事「障害のある人もない人も共に安心していきいきと暮らせる
京都づくり条例（仮称）」についてでありますけれども，現在パブリックコ
メントの段階までまいりまして，多くの御意見，延べ900件程度の意見をい
ただいております。改めて府民の皆さんの期待の高さを感じているところで
あります。

　このパブリックコメントでは，特に女性障害者の問題や相談体制の整備で
すとか，共生社会の実現に向けた施策，例えば一番端的に申しますと，もっ
と働けるようにしていただきたいとか，もっと生きる希望を持てるような社

第Ⅱ部　スピルオーバーによる抑制の証拠

会参加をさせてもらいたいというふうな率直な意見をいただいているところであります。

　私どもといたしましては，こうした中で，身近な地域の相談に応じる相談員の選任ですとか，より専門性の高い事案等の解決を図る第三者機関の設置ですとか，障害のある人に対する就労支援，そしてスポーツ，芸術を初めとする社会活動の推進など，京都ならではの条例として，この条例を規定していきたいと思っております。

　この中で，第三者機関の組織・運用についてでありますけれども，これは先進県の例なども今参考にしておりまして，今後，具体的な検討を進めることにしておりますけれども，まず委員の人選に当たりましては，障害当事者や家族，福祉・教育・医療関係者，経済界，学識経験者などに参画いただく予定としております。また，個別事案の調整に当たりましては，事案の内容に応じて担当委員を指名した上で，実質的な審議を行う体制を構築することを想定しております。さらに第三者機関が実効性のあるものとなるように，禁止される不利益取り扱い等の具体例をできるだけわかりやすく盛り込んだ条例推進のためのガイドラインを策定して，対象をしっかりとわかるようにしていきたいと考えております」

2013年12月10日，府議会12月定例会において次のような質問・答弁があった。府が示した「条例案骨子」と「検討会議」の提案との内容に大きな差異があることが問題となっている。

　成宮真理子議員「次に，「障害のある人もない人も共に安心していきいきと暮らせる京都づくり条例（仮称）」，いわゆる障害者差別禁止条例についてです。

　さきの国会で障害者権利条約批准が承認され，政府は条約締結の手続に入る見通しです。障害者や障害者団体の皆さんによる20年来の運動に突き動かされ，2007年に日本政府が条約に署名し，以来，国内法整備が進められ，ようやくの批准となりました。

　（中略）

　そこで，本府では条例制定に向け，いよいよ詰めの段階ですが，まず本府

120

の基本姿勢について，条例制定に当たり，障害者権利条約の水準を踏まえた条例とすること，「私たちのことを私たち抜きに決めないで」という言葉のように，障害者の意見を十分に反映させることは，条例案づくりやその後の具体的運用・推進などにおいても重要だと考えますが，いかがですか。

　本府が制定する条例には，障害者が受けている差別や権利侵害を禁止し，障害者の暮らしづらさをなくしていく実効性が不可欠です。それは何よりも，障害者が現に今も日々，尊厳を傷つけられたり悲しい思いをのみ込んだりしておられる実態があるからです。

　障害者の方からは，レストランに入るにも車椅子用トイレがない，「自閉や精神の障害者は来ないで」と言われたり，障害者施設をつくるにも「迷惑になる」と言われてしまうとか，就職活動でも「障害者ならそちらの枠で」と，意欲や能力以前に障害者ということが優先される。また，女性障害者の方は，子どものときに子宮を取る手術を受けさせられ，「障害者は結婚・出産などしないもの」と思わされてきた，セクハラに声を上げにくい，男性による排泄介助など女性であることが軽んじられるなど，切実な声をお聞きいたしました。

　こうした事例については，府が設置した検討会議において，障害者や家族，各分野の関係者により，1年半にもわたる検討が積み重ねられ，委員が合意した内容として，「障害を理由にしたハラスメント防止」「女性障害者の複合的な困難と差別解消」「合理的配慮の提供を実効性あるものに」「推進会議の設置」などが，「中間まとめ」「最終まとめ」として提言されています。

　ところが，9月に「条例案骨子」が府から示された途端，検討会議の委員を務められた方々も含め障害者から，「女性障害者の問題が抜けている。府は軽視しているのか」「条例の実効性を左右する検証機関の設置が消えた」「他府県よりも一歩でも前進したものをつくりたいのに，これでは不十分だ」「検討会議の提言との温度差が大きい」など不満の声が寄せられる事態となっており，府の責任や姿勢が問われております。

　そこで伺います。今，こうした意見や要望を十分に酌み尽くすとともに，検討会議において各委員が意見の違いも検証しつつ合意された内容として提言された「中間まとめ」「最終まとめ」について，府としてこれを最大限に尊重し，府条例に反映すべきであり，それが当然の責任と考えますが，いか

第Ⅱ部　スピルオーバーによる抑制の証拠

がですか」

　　山口健康福祉部長「「障害のある人もない人も共に安心していきいきと暮らせる京都づくり条例（仮称)」についてでありますが，条例の検討過程において，1つには，障害者権利条約の趣旨を踏まえ，障害者の尊厳の尊重や社会参加の推進，また障害を理由とした差別の禁止，合理的配慮の提供などを盛り込むとともに，また，障害者基本法や障害者差別解消法といった国の法律との整合性も図ってきたところであります。」

2014年3月5日，県議会府民生活・厚生常任委員会において次のような質問・答弁があった。障害者支援課長が条例の書き方に関して他府県を参考にしたと述べている。

　　西脇委員「それから，先ほどの不利益取り扱いと合理的配慮の問題です。これは，本来二つが併記されてこそ，実効性も高まると思うのですけれども，私もいろいろと他府県の条例を調べまして，長崎県は結構先駆的だと言われています。ここでは障害のある人に対する福祉サービス，医療，商品，労働，雇用などの差別の禁止として，それぞれ項ごとに不均等待遇と長崎県は言っていますけれども，これを行ってはならず，または合理的配慮を怠ってはならないと明記してあります。しかし，本条例案でも，本来は区別する必要はないと考えるのですが，どうでしょうか」

　　佐藤障害者支援課長「条例の書き方につきましては，これまで，例えば熊本県ですとか，今，委員から御指摘ありました長崎県ですとか，幾つかの都道府県で制定がされております。それぞれ書き方が違っておりまして，条例の制定時期によっても違ってくるのだろうと思うのです。私ども今回の国の障害者の差別解消法，これができてから，そのあたりとの整合性も考慮した形でつくるということで，このような形で今条例案の御提案をしているという状況でございます。私どもは国の法律，条文でどう書いているのか，そのあたりを，どうしてもきちんと整合性を確保していこうということを基本にしつつ，他府県の条例なども参考にしながら，今回こういう形で提案をさせていただいておりますので，そういう形で条例を規定させていただいているということで御理解いただければと思っております。

以上でございます」

○奈良県

　奈良県では「奈良県障害のある人もない人もともに暮らしやすい社会づくり条例」を2015年3月18日に制定した（2016年4月1日施行）[4]。詳細度が高く，解消法との距離も平均値以上であった。

　2007年3月1日，県議会2月定例会において次のような質問・答弁があった。柿本善也知事は，条例の制定については他府県の状況などをよく今後研究していきたいと考えていると答えている。

　　川口正志議員「次に，障害者差別について伺います。

　　昨年，千葉県議会において，障害のある人もない人もともに暮らしやすい千葉県づくり条例が全会一致で成立しました。千葉県では，地域生活重視の宣言をスタートとして，障害者差別と思われる事例を県民から広く募集し，研究会等での分析や，さまざまなタウンミーティングが重ねられ，県民一人ひとりの討論の中から積み上げ，つくられました。

　　同じく昨年十二月には，第六十一回国連総会で，障害のある人の人権及び尊厳の保護及び促進に関する包括的かつ総合的な国際条約，いわゆる障害者権利条約が全会一致で採択されました。女性差別撤廃条約，子どもの権利条約，人種差別撤廃条約と同様の国際人権条約であります。日本政府も批准の方向だと聞いていますが，この条約が発効すれば，教育，労働分野など条約に抵触する国内法の改正が必要になります。

　　県としても，こうした差別禁止と障害者の自立と社会参加に向けての状況を見ながら，県における障害者差別をなくす条例の制定と，国においては障害者差別禁止法制定に向けての取り組みを進めるべきと考えますが，知事の所信をお聞きいたします」

　　柿本善也知事「次に，障害者差別についてでございまして，障害者差別をなくす条例の制定等についてのお尋ねでございます。

　　（中略）

　　なお，障害者差別をなくす条例の制定につきましては，他府県の状況などをよく今後研究してまいりたいと考えております」

第Ⅱ部　スピルオーバーによる抑制の証拠

　2014年7月1日，県議会6月定例会において次のような質問・答弁があった。荒井正吾知事の条例制定への前向きな姿勢が読み取れる。

　　和田恵治議員「次に，さきに述べたように，日本は障害者権利条約に署名したけれども批准はしておりません。本年六月十九日に成立した障害者差別解消法は，この障害者権利条約の批准に向けた国内法整備の一環で制定されたものでありますが，まだまだ国際条約と国内法との整備を図る必要があると考えています。そのようなことを踏まえ，県においては，昨年の高校生議会で知事が回答をしたところの障害者差別禁止条例を制定するということは，意義あるものと考えております。また，障害者差別解消法の内容については，障害者権利条約の考え方が生かされているのか，疑問であります。
　　（中略）
　　こうした課題を抱えている中で，県では，障害者差別禁止条例や障害福祉サービスの課題についてどのように検討し，取り組んでいこうとされているのか，そして，総合福祉部会の提言が示した今後の障害福祉施策の基本的なあり方について，県としてどのように受けとめ，今後の施策に生かしていこうとするのか，知事のお考えをお伺いいたします」
　　荒井正吾知事「議員お述べの条例の制定でございますが，今回の見直し〔引用者注：奈良県障害者福祉計画の見直し〕の過程において条例の制定も視野に入れたいと思います。基本理念や障害者施策の基本的な方向性を規定すること，また障害者差別の解消に関する施策や取り組みについても規定することなどが検討対象になろうと思います」

　なお，2013年10月7日，県議会9月定例会において「障害者差別をなくす奈良県条例の制定に関する請願書」が全会一致で採択された。同請願書は，障害者差別をなくすための奈良県条例を制定すること，どんな条例を作るのかを検討するために，障害当事者が参加する委員会を設置することを求めている。
　2013年12月6日，県議会12月定例会において次のような質問・答弁があった。荒井知事は，これまで条例の必要性等について請願を出した団体と意見交換を行うとともに他府県の条例制定の経緯，状況等についての調査を行ってきていること，2015年4月施行を目途に条例の制定について検討を進めていきた

いということ，その検討過程においては，障害当事者・関係団体等との意見交換を行う委員会の設置を検討することなどを述べた。

　和田恵治議員「（前略）このような動きを踏まえ，障害者差別をなくす条例にどのような内容を奈良県としては盛り込もうとしているのか，知事にお伺いをいたします」

　荒井正吾知事「その次のご質問は，障害者差別をなくす条例の制定についてのご質問がございました。

（中略）

　まず，障害者差別をなくす条例の制定についてでございます。さきの九月議会におきまして，障害者差別をなくす奈良県条例の制定に関する請願書が採択されました。この請願は，条例の制定及び障害当事者が参加する条例検討委員会の設置を内容としたものと理解しております。これを受けて県では，条例の必要性等について請願を出された団体と意見交換を行うとともに，他府県の条例制定の経緯，状況等についての調査を行ってきております。引き続き，個別にさまざまなご意見，ご要望を聞かせていただきたいと思いますが，現時点の考え方といたしまして，平成二十七年四月施行を目途に，条例の制定について検討を進めていきたいと思います。また，その検討過程におきましては，障害当事者，関係団体等との意見交換を行う委員会の設置についても検討することとしたいと思います。また，条例の内容につきましてでございますが，これからの検討の内容になりますが，障害者施策の基本理念，障害者差別の解消，障害者に関する取り組みなどについての規定を置くことを検討したいと考えます。このような条例制定に向けた検討や奈良県障害者計画の見直し議論を進める中で，今後も障害者，関係団体等と連携・協調し，ともに考えともに行動することを旨に，障害者施策の充実に取り組んでまいりたいと思っております」

2014年9月19日，県議会9月定例会において次のような質問・答弁があった。荒井知事は，条例制定に係る検討委員会を設置したことや条例の課題について言及した。

第Ⅱ部　スピルオーバーによる抑制の証拠

　高柳忠夫議員「次に，昨年の九月，奈良県障害者差別をなくす条例をつくる実行委員会が提出した障害者差別をなくす奈良県条例の制定に関する請願書が県議会で全会一致で採択されました。その請願趣旨は，これまで障害者の社会参加や自立の実現のため，福祉制度の充実，公共交通機関の改善，福祉のまちづくりなどさまざまな施策が行われてきましたが，障害者の生活や権利がいまだ十分には保障されず，障害を理由とする差別，不平等な取り扱い，合理的配慮の不提供が存在している現状です。

　奈良県においても，雇用された障害者が暴行を受け，年金を横領された大橋製作所事件や地元中学校への進学を拒否された下市町の障害のある生徒さんの訴訟などがありました。また，障害者差別に関するアンケート調査でも，多くの差別事案が報告されていますとあります。

　この請願趣旨の中にあるように，障害を理由とする差別，不平等な取り扱い，合理的配慮の不提供が存在している現状をなくすための県のさまざまな取り組みや諸施策のよりどころとなるような条例の制定が必要であり，当事者が強く求めている実効性のある解決の仕組みは，条例のかなめだと考えます。

　条例検討委員会における意見交換の状況とあわせ，条例の内容について，何を中心課題として条例制定を進められているのか，基本的スタンスと現状をお聞かせください」

　荒井正吾知事「次に，障害者差別をなくす奈良県条例についての進捗の状況についてのご質問がございました。

　障害者差別をなくす奈良県条例の制定に関する請願書が昨年九月県議会において採択されました。これを受けまして，県としては，障害者施策の基本理念，障害者差別の解消，障害者に関する取り組み等を条例案の骨子とする内容について，検討を進めてきているところでございます。

　具体的なことでございますが，障害者団体や市町村の代表，学識経験者などからなる障害者に関する条例制定に係る検討委員会を設置いたしました。これまで意見交換会を三回行いましたが，福祉，医療，雇用，教育等の分野ごとに差別をなくすための基本方針を定めてほしいといったご意見や，差別を受けたときに解決する仕組みが重要といった貴重なご意見をいただいてまいりました。今後とも引き続きこの検討委員会をはじめ，障害者団体等と

第4章　議会会議録の分析

の意見交換を踏まえつつ，条例の制定に向けた検討を進めてまいりたいと思います」

2015年2月27日，条例案が提案された県議会2月定例会において高柳議員の質問とそれに対する荒井知事の答弁があった。高柳議員は条例制定の経緯にも触れている。

　高柳忠夫議員「次に，奈良県障害のある人もない人もともに暮らしやすい社会づくり条例についてであります。
　（中略）
　この条例制定に向けて，障害当事者や障害者団体及び支援者らは，二〇〇九年に奈良県に障害者差別禁止条例の制定を目指す会を設立し，県内各地で学習会などの取り組みを続けてこられました。そして一昨年八月，県議会に障害者差別をなくすための奈良県条例を制定してください，どんな条例をつくるのかを検討するために，障害当事者が参加する委員会を設置してくださいという趣旨の請願書が県議会に提出されまして，十月，県議会本会議で全会一致で採択されたのはご案内のとおりであります。また，その後も署名活動が全県下で展開され，二万三千六百二十六筆の署名が県及び県議会に届けられています。
　昨年六月に障害当事者代表二名，精神障害者家族会代表一名，その他障害者団体六名が参加する，障害者に関する条例制定にかかわる検討委員会が立ち上げられ，計六回に及ぶ論議が重ねられたと聞いています。この条例では，障害を理由とする差別の禁止として，不利益な取り扱いと合理的な配慮の不提供を規定するとともに，障害を理由とした差別を解消するための解決の仕組み，県民理解の促進などが規定されています。特に不利益な扱いの禁止においては，福祉サービスの提供や教育，雇用，医療などさまざまな分野における障害を理由とする不利益な取り扱いの禁止について規定されており，内容についてはおおむね評価するものでありますが，今回は条例の実効性を大きく左右する以下の二点について知事の見解を伺いたいと思います（後略）」

第Ⅱ部　スピルオーバーによる抑制の証拠

○徳島県

徳島県では「障がいのある人もない人も暮らしやすい徳島づくり条例」を2015年12月21日に制定した（施行は2016年4月1日）。駆け込み制定に区分されるものの，条例は詳細度が高く法との距離もやや大きく，第Ⅰ群に分類された。

2009年9月29日，県議会9月定例会において次のような質問・答弁があった。飯泉嘉門知事は，国における検討状況をしっかりと注視し，必要に応じて提言・要望を行うとともに，県独自の障害者の権利擁護のための条例の必要性についてしっかりと検討をしたいと考えていると答弁した。

　　松崎清治議員「ところで，二〇〇六年には，国連におきまして障害者権利条約が採択され，それを受けて我が国では，二〇〇七年の閣議決定の上，署名がされるなど，政府として条約の締結に向け取り組みが進められております。そして現在，新政権の政策合意として，障害者自立支援法の廃止と総合的制度をつくることが確認をされております。既に民主党は，障害者の福祉サービスや差別の禁止，虐待防止などを進める障害者制度改革推進本部を設置することを掲げており，今後，障害者施策の見直しや国連障害者権利条約の批准に向けた国内法の整備の取り組みが進められるものと思います。

　　また，近年，自治体におきましても，千葉県では障害者差別をなくす仕組みづくりを中心とする条例を制定したほか，北海道では，障害者の権利擁護や就労支援などを盛り込んだ条例を制定するなど，障害者が住みやすい地域づくりを目指して，地域の実情を踏まえた条例を制定する動きが出ています。

　　このような取り組みには，ともに生きる地域住民の人権意識の高揚と障害に対する理解を深めることが重要であります。このような中で，私は，今後，本県においても，本県の実情を十分踏まえた上で障害者の権利擁護と差別禁止を目的とする，いわば障害者福祉におけるソフト面の環境整備対策を目的とする県条例を制定すべきだと考えております。

　　特に，本県においては，来年の九月には全国ろうあ者体育大会が開催される予定とお聞きをいたしております。また，来年十二月には，全国障害者芸術・文化祭が開催されることが決定をしております。これら障害者の大会

は，障害者自身の社会参加を促進するとともに，広く県民の皆さんに障害に対する理解を深めていただく絶好の機会になると思います。

　そこで，こうした障害者に対する全国大会が本県で相次いで開催されることを契機として，障害がある人もない人もだれもが住みやすい地域づくりを目指した障害者の権利擁護の条例に向けた機運を高めるため，障害者権利条約の基本である障害者や障害者の権利擁護について，県民の理解と認識を深めるための取り組みを積極的に行うべきであると考えますが，御所見をお伺いします」

　飯泉嘉門知事「次に，障害者の権利擁護に関する県民の皆様の認識，そして理解を深めるための取り組みについて，御質問をいただいております。

　（中略）

　今後におきましては，国における検討状況をしっかりと注視をいたし，必要に応じて提言，要望を行いますとともに，本県独自の障害者の権利擁護のための条例の必要性について，しっかりと検討をしてまいりたいと考えております。

　こうした中，本県では，来年九月に，全国ろうあ者体育大会が開催をされ，全国から選手，そして役員が多数来県をいただき，野球や陸上競技など十種目の競技が行われ，また十二月には全国障害者芸術・文化祭を開催いたしまして，全国から募集をいたしました文芸・美術作品などの展示や音楽，演劇などの発表などを実施することになっており，障害者に関連をする全国大会が相次いで開催をされるところであります。

　議員御提案のとおり，この機会を障害者の権利擁護に向けた県民の皆様の意識啓発の好機ととらえまして，本県ならではの大会となりますよう，工夫を凝らし，そしてより多くの県民の皆様が障害のある方との触れ合いや交流を通じまして，障害に対する理解，そして認識を深めていただきますように，しっかりと，そして積極的に取り組んでまいりたいと考えております」

○愛媛県

　愛媛県では，「愛媛県障がいを理由とする差別の解消の推進に関する条例」を2016年3月18日に制定した（2016年4月1日施行）。駆け込み制定ではあるが，詳細度が高く法との距離もやや大きいため第Ⅰ群に分類された。

第Ⅱ部　スピルオーバーによる抑制の証拠

　2008年6月30日，県議会定例会で次のような質問・答弁があった。障害者差別をなくすための研究会を設置し，事例を募集してはどうかとの阿部悦子議員の質問に対し，濱上保健福祉部長は，県は障害者権利条約の批准に向けて関連する法律の改正等を検討している国の動向を見守ることとなっており，研究会の設置，事例の募集は考えていないと答えた。

　　阿部悦子議員「千葉県の例を参考にして，障害者差別をなくすための研究会をつくり，差別と思われる事例を募集していただきたいと思いますが，いかがですか。この研究会メンバーは基本的に公募制とし，盲・聾・養護学校の議論もここで行ってはどうでしょうか」
　　濱上保健福祉部長「続きまして，障害者差別をなくすための研究会について，まず，千葉県の例を参考に研究会をつくり，事例を募集してはどうかとのお尋ねですが，現在，国において障害者に対する差別禁止のための障害者権利条約の批准に向け，関連する法律の改正等が検討されておりますことから，県といたしましては，当面この動向を見守ることとしており，研究会の設置，事例の募集は考えておりません。

　2013年3月6日，県議会定例会において次のような質問・答弁があった。障害者差別禁止条例についての横山博幸議員の質問に対し，神野保健福祉部長は，障害者差別禁止条例の内容は，国の法制度化された場合の内容と重なる，あるいは密接に関連すると想定されることから，条例制定の必要性についても，国の動向，あるいはその法制度化の内容等を十分踏まえて検討する必要があると考えていると答弁した。

　　横山博幸議員「最後の質問となりますが，地域住民の公平性の観点から，障害者差別禁止条例の制定についてお伺いいたします。
　　障害者差別禁止法の制定に向けては，県内でも障害者が結束して愛媛障害フォーラム発足へ動き始めており，私にも会合の参加案内をいただき，大変関心を持ったところであります。
　　日本障害フォーラムの設立趣意書によれば，我が国においては，障害者基本法の制定を初め，「障害者プラン・ノーマライゼーション7か年戦略」の

130

策定及び支援費制度の導入など，重要な施策が次々と打ち出され，さらに，2004年には，障害者基本法の基本的理念の中に障害を理由とする差別を禁止する規定が盛り込まれる改正が行われるなど，大きな前進が見られております。

　こうした背景を受け，我が国の障害者団体がさらに連携を深める必要があることから，障害者団体を中心に11団体の賛同を得て，日本障害フォーラムが2004年10月に正式に設立されております。

　日本障害フォーラムは，第2次アジア太平洋障害者の十年（2003年から2012年）及び日本の障害者施策を推進するとともに，障害のある人の権利を推進することを目的に，障害者団体を中心としたネットワーク組織であります。

　その日本障害フォーラムの先導のもと，障害者差別禁止条例が千葉県，北海道，岩手県，熊本県，さいたま市，八王子市で整備されております。

（中略）

　さて，愛媛障害フォーラム結成準備会規約の目的条項を拝見しますと，この会は，障害者の権利を推進する議論に学びながら，愛媛県内での障害者団体，障害者個人における活動上，生活上の課題を検証する中で，差別や虐待などの重大な権利侵害が行われている事実があるならば，それを明らかにし，関係機関に働きかけることにより，障害者の権利の拡充と関連施策の拡充が図られることを目指し，人権が守られる地域社会が今まで以上に構成されていくことを目的とする愛媛障害フォーラムの結成を目指し，学習会や研修会を企画し学ぶことから始め，組織づくり，各団体，機関，個人との連帯を旨とし活動を開始するとあります。私は，大変すばらしい目的を持った会であると確信しております。

　その準備会の事務局長は，身近な差別事例を県民から集め，解決の手だてを検討するためには，愛媛県でも当事者の意見を反映させた条例が必要であり，実効力を持った相談・仲裁機関をつくらなければならないと，その意図を熱く語られております。

　そこで，お伺いいたします。

　現在，国においては，障害者差別禁止法の制定に向けて検討が行われていると聞いておりますが，こうした国の動きをどのように捉えているのか。ま

た，他県他市での条例制定を踏まえ，本県における条例制定の必要性について御見解をお聞かせください」

神野保健福祉部長「障害者差別禁止法の制定に向けた国の動きと，本県での条例制定の必要性についてのお尋ねでございます。

いわゆる障害者差別禁止法は，国において，障害者権利条約の締結に必要な国内法の整備を初めとする制度改革の一環として，今国会への法案提出を目指し検討が行われてきたものでございます。

昨年9月には，障害者政策委員会差別禁止部会において，何が差別に当たるのかの物差しを明らかにし，社会のルールとして共有することや，簡易迅速な紛争解決の仕組みを用意する必要があるなどの意見が取りまとめられましたが，国では現在も引き続き検討中とのことであり，県としては動向を注視しているところでございます。

また，このような状況の中，横山議員お尋ねの本県でのいわゆる障害者差別禁止条例の制定の必要性については，国における法制度化の内容等を十分踏まえて検討する必要があると考えておりまして，当面，国の動向を注意深く見守ってまいりたいというように考えております。

以上でございます」

横山博幸議員「5番の障害者差別禁止法についてお伺いします。

既に他県でこの条例を制定されておりますが，さらに国の動向を確認するということについて，もう少し詳しく説明を求めたいと思います」

神野保健福祉部長「障害者差別禁止条例の制定の必要性についての再質問にお答えをいたします。

既に条例を制定している幾つかの県の条例の内容と，それと国の障害者政策委員会差別禁止部会が取りまとめた意見の内容，これを踏まえますと，差別禁止条例の内容は，国の法制度化された場合の内容と重なるといいますか，密接に関連すると想定をされますことから，先ほど答弁いたしましたとおり，国において，今，具体的に検討の動きがある現在，本県での条例制定の必要性についても，国の動向，あるいはその法制度化の内容等を十分踏まえて検討する必要があると考えているところでございまして，当面，国の動向を注意深く見守ってまいりたいというふうに考えております。

以上でございます」

第4章　議会会議録の分析

　2015年12月1日，県議会定例会において次のような質問・答弁があった。中村時広知事が解消法制定に合わせて障害者差別解消条例の制定を準備する方針を示した。

　徳永繁樹議員「国においては，一昨年6月，障害を理由とする差別の解消の推進に関する法律，いわゆる障害者差別解消法が制定され，来年4月の施行となっているのは御案内のとおりでありまして，既に他県においては，同法を補完あるいは具体的に実践する条例の制定や，その検討を進めている自治体も多いと伺っています。

　また，今年度の各種障害者団体による全国大会では，どの大会においても，障害者差別解消法制定の背景や趣旨等が改めて説明され，熱心な討議とともに，同法の施行により少しでも障害者に対する理解が深まるのではないかと多くの皆さんから期待の声が寄せられています。

　こうした流れは県内でも同様で，本年10月には，当事者団体の代表でもある愛媛県身体障害者団体連合会から我が党の河野忠康幹事長へ，条例制定を含めた地域の実情に即した障害者差別を解消する取り組みの推進や，障害者差別解消法の施行に伴う学習会開催による普及啓発活動の推進等を求めた要望がされたところでもあり，2年後に全国障害者スポーツ大会を開催する本県においても，より当事者や家族に寄り添った実効のある具体的な取り組みをお願いしたいのであります。

　そこで，お伺いをいたします。

　県におかれましては，障害者差別解消法の趣旨をどう認識され，共生社会実現の一助でもある障害者への差別解消にどのように取り組まれるのか，御見解をお聞かせ願いたいのであります」

　中村時広知事「さらに，今後，障害者差別解消法をより実効性のあるものとしていくためには，障害者御本人やその御家族の実情に沿ったきめ細かな取り組みを充実させていくことが重要でありますことから，法の施行にあわせまして，県障害者差別解消条例を制定するよう準備を進めて，これによって障害に対する県民の理解や関心を深める啓発活動や交流を一層推進するとともに，障害を理由とする差別に関する相談，紛争防止の体制を整備するなど，対策を強化したいと考えており，誰もが安心して心豊かに暮らすことの

133

第Ⅱ部　スピルオーバーによる抑制の証拠

できる愛顔あふれる共生社会の実現を目指して，オール愛媛で取り組んでまいりたいと思います。

2016年3月8日，条例案が提案された県議会定例会において次のような質問・答弁があった。兵頭保健福祉部長が障害者差別への現状認識や相談体制の整備状況について述べた。

　菊池伸英議員「本年4月から障害者差別解消法が施行となり，県内11万6000人の障がい者の皆さんも，また，全国各地から本県を訪れる多くの障がい者の皆さんも，2017年へ向けた愛媛の障がい者対応に注目されることと思います。
　また，今般，法施行を受け，我が県でも障害の害の文字が平仮名表記されることとなり，県民への意識醸成が一段と進むことと期待をしているところです。
　（中略）
　そこで，以下数点，障がい者政策についてお伺いいたします。
　まず，県として障がい者への差別の現状をどう捉えていますか，お答えください。
　身体，知的，精神，難病とさまざまな障がいへの対応は，ケース・バイ・ケースの対応が必要であり，非常に複雑で，その相談と訴えも多岐に及ぶものと思いますが，そうした個別案件へ対応するための相談体制の整備状況はどのようになっているのか，お示しください。
　また，全国障害者スポーツ大会においても，障がいの種類に応じたきめ細かな配慮が必要と思いますが，どのように対応されるのか，お聞かせください。
　障がい者雇用における差別解消のための取り組みとして，公的機関はもとより，民間事業者による合理的配慮の促進が不可欠かと思いますが，県においてはどのように取り組んでいくのか，お聞かせください」
　兵頭保健福祉部長「障がい者政策に関する御質問のうち，まず，障がい者への差別の現状認識についてお答えを申し上げます。
　県が平成26年度に実施いたしました障がい者に対するアンケート調査で

第4章 議会会議録の分析

は，23.1％の方が障がいを理由とする差別を経験されており，また，41.0％
の方が障がい者への理解が十分には進んでいないと感じられている状況にご
ざいまして，差別解消に向けて県民の理解を深めていくことが重要であると
認識いたしております。

　このため今議会に，障がいを理由とする差別の解消の推進に関する条例案
を提案しておりまして，差別に対する相談，紛争防止体制の整備，障がいに
対する理解促進のための一層の普及啓発や交流促進に取り組むよう予定して
いるところでございます。

　続きまして，相談体制の整備状況についてのお尋ねでございます。

　障がい種別に応じた身近な相談窓口として，市町に身体障害者相談員や知
的障害者相談員が設置されておりますほか，県では，複雑・高度な相談に対
応いたしますため，発達障害者支援センターや心と体の健康センターなど，
各専門機関に相談員を設置しておりまして，また，障がい福祉サービスの利
用等につきましては，指定相談支援事業所の相談支援専門員が障がい者一人
一人の状況に応じた相談支援を行っているところでございます。

　さらに，障がいを理由とする差別について，市町での解決が困難な問題に
対応するため，福祉総合支援センターに広域専門相談員を配置するよう予定
しているところでございまして，今後も，相談体制の充実に努めることとし
ているところでございます。

　以上でございます」

○大分県

　大分県では「障がいのある人もない人も心豊かに暮らせる大分県づくり条
例」を2016年3月25日に制定した（2016年4月1日施行）。駆け込み制定である
ものの，条例は詳細度が高く，解消法との距離もやや大きい。「県民と行政と
議会とがかかわり合ってつくった」県政史上初めての条例との評価もあった。[5]

　2010年9月15日，県議会定例会において次のような質問・答弁があった。高
橋福祉保健部長は，条例化について，障がい者制度改革推進会議の議論や法令
整備の動向を注意深く見守っていく必要があるものと考えていると発言した。

　土居昌弘議員「ありがとうございました。

135

第Ⅱ部　スピルオーバーによる抑制の証拠

　実は，千葉県や熊本県においては，障害者への差別を禁止する条例を制定しております。例えば，千葉県では，障害のある人もない人も共に暮らしやすい千葉県づくり条例です。このような条例の制定については，県としましてどのように考えているのか，お尋ねします」

　高橋福祉保健部長「障害者差別禁止法の動向でございますが，国は，去る六月二十九日の閣議で，障害者差別禁止法案，仮称でございますが，の平成二十五年通常国会提出を目指すことを決定いたしまして，障がい者制度改革推進会議において差別の定義や救済方法などを検討しているところでございます。

　県の考え方でございますが，県では，平成二十年十二月に制定をいたしました人権尊重社会づくり推進条例におきまして，障害などによる差別のない，人権が尊重される社会づくりを推進しております。

　議員ご指摘の条例化につきましては，この改革推進会議の議論でありますとか，法令整備の動向というものを注意深く見守っていく必要があるものと考えております。

　以上でございます」

　2011年12月7日，県議会定例会において次のような質問・答弁があった。永松福祉保健部長は国の動向を引き続き注意深く見守っていきたいと述べた。

　馬場林議員「また，千葉県，北海道，熊本県などでは，障害のある人もない人もともに安心して暮らせる社会づくりに関する条例が制定されています。本県においては，このような条例制定に関してどのような認識を持っているのか，お尋ねをいたします」

　永松福祉保健部長「条例制定に対する認識についてでございますが，国では，障がい者制度改革推進会議の差別禁止部会で，障害者差別禁止法案の考え方を来年夏までに取りまとめ，二十五年の国会提出を目指していますことから，その動向を引き続き注意深く見守ってまいりたいと考えております」

　2013年6月27日，県議会定例会において次のような質問・答弁があった。平原福祉保健部長は，県としては，「だれもが安心して暮らせる大分県条例をつ

第4章　議会会議録の分析

くる会」が条例素案を作成した等の状況を踏まえ，障害者差別の解消に向け，関係者や関係団体の意見をしっかり聞きながら，適時的確に対応していきたいと考えていると述べた。

　　土居昌弘議員「次に，障害者差別の禁止についてお伺いします。

　（中略）

　　都道府県条例としましては，既に五道県で制定されております。県議会の政策検討協議会も，だれもが安心して暮らせる大分県条例をつくる会から制定に向けた働きかけを受けています。

　　現在，県内では，障害のある人やその家族，支援者らで結成されただれもが安心して暮らせる大分県条例をつくる会が，障害者への偏見，差別をなくす条例の必要性を訴え，その制定に向けた取り組みを推進中です。

　　つくる会では，障害のある方々やその家族，また，周りの皆さんから，約千二百人を対象としたアンケートや聞き取りを通じて，現場の生の声を反映した独自の条例素案を策定しております。

　　一方，国でも，つい先日の六月十九日に，障害者権利条約批准に向けた法制整備の最後の柱として位置づけられておりました障害者差別解消推進法が可決，成立しました。

　　そこで伺います。

　　このような動きを踏まえ，県内の障害者やご家族の思いを実現するため，障害者の差別を禁止する条例の早期の制定が必要と考えますが，いかがでしょうか」

　　平原福祉保健部長「お答えをいたします。

　　障害者の差別についてでございますけれども，県ではこれまでも，人権尊重社会づくり推進条例に基づく基本方針に沿って，障害者を初めとした差別解消に取り組んでまいりました。

　　また，第三期の大分県障がい福祉計画において，差別，偏見により孤立しないよう，関係団体と連携しながら，地域社会の理解の促進に努めてきたところです。

　　こうした中，今国会で障害者差別解消推進法が成立し，平成二十八年四月の施行に向け，今後，差別解消を推進するための基本方針などが定められる

こととなっています。

　一方，県内では，だれもが安心して暮らせる大分県条例をつくる会が条例素案を作成し，その制定を目指して県議会へ働きかけていることを承知しております。

　<u>県といたしましては，こうした状況を踏まえ，障害者差別の解消に向け，関係者や関係団体のご意見をしっかり伺いながら，適時的確に対応していきたいと考えております。</u>

　以上でございます」

2014年3月10日，県議会定例会において，守永信幸議員が次のように質問した。つくる会の条例素案をめぐる状況がわかるものとなっているが，知事から条例についての明確な回答はなかった。

　守永信幸議員「障害者差別禁止条例については，県議会の政策検討協議会において議員提案条例としての検討項目に掲げられており，一月十五日には協議会のメンバーで千葉県とさいたま市へ調査にも出向きました。

　障害のある方々やその家族からは，「条例ができたおかげで，我慢しながら遠慮して暮らすのではなく，はっきりと社会に対して自分の意見が言えるようになった」といった声や，「どこに相談すればよいか迷わずに済むようになった」というお話を伺い，条例化を進めた自治体では，その効果がしっかりとあらわれているということを確認することができました。

　一方，本県でも，だれもが安心して暮らせる大分県条例をつくる会から，昨年十一月に条例制定に向けての請願が提出されており，付託を受けた福祉保健生活環境委員会では継続審査とされています。また，政策検討協議会においても，このつくる会の作成した条例案について，共同代表らから説明を受け，内部で検討を重ねているところでもあります。

　この条例が目指す理念は，県民が日々暮らしている社会の仕組みの中で，障害のある方々がいかに社会参加しづらい環境にあるのかを私たちに気づかせてくれるものでした。一段と高齢化も進む中，こうした弱い立場の方々は今後ますますふえていくことは避けられません。だれもが安心して暮らせるまちづくりの実現を目指すことは，まさに時代の要請とも言えると思いま

す。

　そこで，広瀬知事にお尋ねしたいのですが，再来年の四月には障害者差別
解消法の施行も控えています。今後，県として，障害者差別の解消と障害の
ある方々の社会参加をどのように進めていくのか，知事の思いをお聞かせい
ただきたいと思います」

2015年7月23日，県議会定例会において羽野武男議員の質問に広瀬勝貞知事
が答弁した。知事は「障がい者差別の解消に向けた条例を，今年度中に策定す
る」と明言した。

　広瀬勝貞知事「障がい者やその家族からは，「社会の中で生きづらさを感
じる」だとか，「願わくは，この子よりも一日でも長く生きたい」などの悲
痛な声もお聞きいたします。こうした思いに応えるため，障がい者に対する
県民の理解を深め，誰もが心豊かに暮らすことのできる共生社会の実現を目
指す，障がい者差別の解消に向けた条例を，今年度中に策定することとして
います」

○鹿児島県

　鹿児島県では，「障害のある人もない人も共に生きる鹿児島づくり条例」を
2014年3月26日に制定した（2014年10月1日に施行）。条例は詳細度が高く，解
消法との距離も大きい。

　2011年9月20日，県議会定例会において次のような質問・答弁があった。青
木寛議員の質問に対し，西中須保健福祉部長は，条例制定については国の法制
化の動きについても注視していきたいと考えていると述べた。

　なお，2012年2月23日にも青木議員が質問し，同趣旨の回答があった。青木
議員は「障害者差別禁止条例の制定についてでありますが，国の動向を注視し
ていくだけではなくて，地方分権の時代にふさわしい，国に先駆けて取り組ん
でいく気概を強く求めたいと思います」と発言した。

　青木寛議員「隣県熊本では本年七月一日に，障害者差別禁止条例である
「障害のある人もない人も共に生きる熊本づくり条例」が熊本県議会の全会

第Ⅱ部　スピルオーバーによる抑制の証拠

一致で可決しました。二〇〇五年十月に可決，翌年七月に施行の千葉県。二〇〇九年三月に「北海道障がい者及び障がい児の権利擁護並びに障がい者及び障がい児が暮らしやすい地域づくりの推進に関する条例」が，二〇一〇年十月に岩手県で「障がいのある人もない人も共に学び共に生きる岩手県づくり条例」が制定されています。熊本県は全国で四例目になり，九州では初めてであります。差別を禁止する条例としては千葉県に続いて全国二例目となり，特筆すべきことであります。

　今，愛知県や沖縄県で同条例の制定の動きがあります。我が鹿児島県でも，障害者差別を禁止する条例の制定に向けて取り組む必要があると思います。知事はマニフェストに，障害者の生活を地域全体で支える地域共助システムづくりに取り組むとともに，障害福祉サービスの提供体制の整備を進めることを掲げています。これらを県民全体として着実に進める体系としての障害者差別禁止条例の制定を目指すべきだと考えますが，知事の見解をお聞かせください」

　西中須保健福祉部長「障害者差別禁止条例の制定についてでございます。

　熊本県などの障害者差別禁止条例の内容は，障害者の権利擁護，県民の理解促進，差別事案の解決対応等が中心となっております。

　（中略）

　なお，国におきましては，障害者差別禁止法案を平成二十五年に提出することとしておりますことから，国の法制化の動きについても注視してまいりたいと考えております」

2012年6月1日，県議会定例会において，次のような質問・答弁があった。松田保健福祉部長は，2012年5月25日に「鹿児島県に障害者差別禁止条例をつくる会」の要望書を受け取ったことに言及し，障害者が受けている差別や生活する上で支障になっていることなどを把握した上で，国や他県の動向等も踏まえながら，どのような対応ができるのか検討していきたいと考えていると述べた。

　柳誠子「ところで，熊本県においては，蒲島知事の選挙の際のマニフェストの中に障害者差別禁止条例の制定が盛り込まれたことにより，昨年九月，

障がいのある人もない人も共に生きる熊本づくり条例制定に結びついたと伺っております。

今，鹿児島においても三十六もの障害者関係団体が，考え方の違いやその置かれた立場の違いを乗り越え，条例の制定に向けて立ち上がっておられます。これらの方々の活動や思いに対して，伊藤知事からエールを送っていただきたいのですが，いかがでしょうか」

松田保健福祉部長「障害者差別禁止条例の制定でございます。

五月二十五日に県内の三十六障害者関係団体等から成る鹿児島県に障害者差別禁止条例をつくる会から，障害のある人もない人も共に生きる鹿児島県づくり条例の制定を求める要望書をいただきました。

障害者施策については，現行の県障害者計画で，障害の有無にかかわらず，すべての人が相互に人格と個性を尊重し，支え合う共生社会を実現するという基本的な方向を示しており，具体的には，広報紙を発行して県民の理解促進を図るとともに相談窓口としての障害者一一〇番の設置，障害者の生活を地域全体で支える地域づくりに努めております。

一方，国においては，現在，障害者差別禁止法の制定へ向けた検討を進めており，来年の通常国会に法案を提出する予定であると聞いております。

県としては，すべての県民が暮らしやすい社会を実現するため，障害のある方が差別と感じたり，生活する上で支障になっていることなどを把握した上で，国や他県の動向等も踏まえながら，どのような対応ができるのか検討してまいりたいと考えております」

なお，2012年6月11日，県議会環境厚生委員会において「陳情第五〇一七号障害のある人もない人も共に生きる鹿児島県づくり条例—仮称—の制定について」が審査された。6月18日その結果が次のように報告された。

与力雄環境厚生委員長「次に，陳情第五〇一七号障害のある人もない人も共に生きる鹿児島県づくり条例—仮称—の制定についてにつきまして，委員からは，「現に差別的な取り扱いを受けている障害者がいるという事実を重く受けとめ，千葉県，熊本県などのように条例を制定して，障害者差別禁止法の制定を後押ししてもよいのではないか」と採択を求める意見がある一

第Ⅱ部　スピルオーバーによる抑制の証拠

方，「障害者が受ける不利益について課題等を検討したり，国の動向や他県の取り組みなどをさらに研究・検討することが望ましい」と継続審査を求める意見がありました。

　これらの意見に対し，執行部から，「障害者の方々への差別的取り扱いを是正する際には，例えば，車いすにも対応できるバスや学校などを整備したりするなど，事業者の方々に新たな負担が生じる場合もあるので，障害当事者の方々に加え，事業者を含めた県民の意見を聞くことが必要である。そのため，仮に条例をつくることになったとしても，障害のある方々が差別と感じたり，生活する上で支障になっていることなどについて陳情者の方々からも教えていただき，国や他県の動向も踏まえながら対応を検討したい」との答弁がありました。

　これらの議論を踏まえ，採択を求めた委員から，「障害者の方々から意見を聞くなど前向きに検討していただけるのであれば，継続審査に賛同する」との意見があり，全会一致で継続審査すべきものと決定いたしました」

2012年9月14日，県議会定例会において次のような質問・答弁があった。障害のある人もない人も共に生きる鹿児島づくり条例―仮称―の制定が伊藤祐一郎知事のマニフェストに盛り込まれたことを受けた質問に，知事は，国における障害者差別禁止法の制定状況を参考にするとともに，障害者や事業者等から幅広く意見を聞きながら，県民の幅広い理解のもとに差別の判断基準や差別事案を解決するための仕組みなどを盛り込んだ条例を制定していきたいと考えていると述べた。

　日高滋議員「次に，障害のある人もない人も共に生きる鹿児島づくり条例―仮称―について伺います。

　障害者差別に関する条項が盛り込まれている障害者の権利に関する条約が，国連において平成十八年十二月に採択され，平成二十年五月に発効されております。

　また，国におきましては，同条約の締結に向けた国内法の整備などを目的とした内閣総理大臣を本部長とする障がい者制度改革推進本部のもと障がい者制度改革推進会議が設置され，基本的な方向性の検討がなされた後，平成

二十二年十一月から同会議の差別禁止部会において，障害者差別禁止法の制
定に向けての検討がなされているところであります。

　今後，今月にも同法案に係る部会意見がまとまり，来年の通常国会に同法
案が提出される予定であると伺っております。

　また，他県において，これまで千葉県など四道県において障害を理由とす
る差別を禁止する条例が制定されており，他の自治体においても条例制定を
予定しているところがあるとのことであります。

　このような中，知事のマニフェストにおいて，障害を理由とした差別をな
くし，障害のある人もない人も一人一人の人格と個性が尊重され，社会を構
成する対等な一員として安心して暮らすことのできる社会を実現するため，
障害のある人もない人も共に生きる鹿児島づくり条例—仮称—の制定が盛り
込まれたところであります。

　そこでお尋ねいたします。

　第一点として，障害のある人もない人も共に生きる鹿児島づくり条例—仮
称—の制定に当たっての基本的な考え方についてお示しください。

　第二点として，条例制定に向けてどのように取り組むのか，スケジュール
等についてもお答えください」

　伊藤祐一郎知事「今回のマニフェストに示しました障害のある人もない人
も共に生きる鹿児島づくり条例—仮称—でありますが，制定についてのお尋
ねがございました。

　そのため，障害のある人に対する県民の理解を一層深め，障害のある人も
ない人も一人一人の人格と個性が尊重され，社会を構成する対等な一員とし
て安心して暮らすことのできる社会の実現を図りますため，障害のある人も
ない人も共に生きる鹿児島づくり条例—仮称—を制定することとし，マニ
フェストでお示ししたところであります。

　この条例の検討に当たりましては，御指摘もございましたが，<u>国における
障害者差別禁止法の制定状況を参考にいたしますとともに，障害のある方や
障害者に対する配慮を求められる事業者等からも幅広く意見を伺いながら，
県民の幅広い理解のもとに差別の判断基準や差別事案を解決するための仕組
みなどを盛り込んだ条例を制定してまいりたいと考えております</u>」

　松田保健福祉部長「障害のある人もない人も共に生きる鹿児島づくり条例

第Ⅱ部　スピルオーバーによる抑制の証拠

―仮称―制定に向けての取り組みについてでございます。

　条例の検討に当たりましては，障害のある方々の意見を反映させるとともに，障害のある方に対して配慮を求められる事業所などを含む県民の幅広い理解を得ながら進めていくことが重要であると考えております。

　このため，本年度は，県内において障害のある方が差別と感じたり，生活する上で支障を感じるような事例を調査して状況把握に努めますとともに，来年度にかけて障害者団体のほか，教育，雇用，商工，交通等の関係者などとの意見交換会等を通じて，できるだけ多くの方々の意見を聞くこととしております。

　<u>このような県民の幅広い御意見や国において検討されている障害者差別禁止法の内容等も踏まえながら，障害当事者や学識経験者などで構成する条例検討委員会で条例の枠組みを検討していただいた上で，県議会で御審議いただき，平成二十五年度の条例制定を目指したいと考えております」</u>

　なお，2012年9月26日，陳情「障害のある人もない人も共に生きる鹿児島県づくり条例（仮称）」は県議会環境厚生委員会において採択された。

　2012年12月11日，県議会定例会において次のような質問・答弁があった。障害者団体をはじめ各界各層から幅広く意見を聞くことの重要性が確認されている。条例検討委員会につきましては，2012年度中に設置し，2013年度中の条例制定に向けて検討を進めていく考えが示された。

　柳誠子議員「次は，障がい者差別禁止条例制定へ向けた工程表について伺います。

　障がい者差別禁止条例の制定については，さきの九月議会における我が会派の代表質問で，「平成二十五年度内を目指したい，遅くとも平成二十六年三月議会を考えている」との答弁がありました。一気に動き出した本県の条例制定に，当事者の方々はもちろんですが，御家族や関係団体等からも歓迎の声が上がっています。

　鹿児島県に障がい者差別禁止条例をつくる会の方々も，条例制定へ向けて県内各地でワークショップを開催し，さまざまな差別事例を聴取するなど活動を進めておられます。

第4章　議会会議録の分析

　県は，本年度から来年度にかけて，障害者団体を初め障害者に対する配慮
を求められる教育・雇用・商工・交通等の関係者などから意見を伺い，当事
者などで構成する条例検討委員会において検討していくとの考えを示されま
した。

　そこでお尋ねします。

　（中略）

　条例制定においては，障害者団体のほか，県内の各界各層の方々との意見
交換会等が最も重要なプロセスになってまいります。今後，どのようなスケ
ジュールで意見交換会を進めていかれるのか。また，条例検討委員会の委員
にはどのような方々を任命し，いつごろ設置されるおつもりか明らかにして
ください」

　松田保健福祉部長「条例制定へ向けたスケジュール等についてでございま
す。

　障がいのある人もない人も共に生きる鹿児島づくり条例―仮称―の検討に
当たりましては，障害のある方々の意見を反映させますとともに，障害のあ
る方に対して配慮を求められる事業者などを含む県民の幅広い理解を得なが
ら進めていくことが重要であると考えております。

　（中略）

　また，障害のある方の意見を把握するため，八月から九月にかけてアン
ケートを実施しましたほか，去る十一月七日には，鹿児島県に障がい者差別
禁止条例をつくる会の方々と意見交換を行ったところであり，来年度にかけ
て，引き続き障害者団体を初め各界各層の方々から幅広く御意見をお聞きす
ることといたしております。

　なお，条例検討委員会につきましては，本年度中に設置し，来年度中の条
例制定に向けて検討を進めてまいりたいと考えております」

　2014年2月27日，条例案が提案された県議会定例会において遠嶋春日児議員
が質問に立った。障害当事者の心境の一端が垣間見える内容であった。

　遠嶋春日児議員「今議会に提案されております障害のある人もない人も共
に生きる鹿児島づくり条例の制定は，障害当事者の方々にとって長年の悲願

145

でありました。鹿児島県に障害者差別禁止条例をつくる会の岩﨑義治会長を初め，条例制定に賛同され，ともにこれまで活動してこられた三十六団体の障害当事者，関係者の方々の思いがようやく県に届いたと本当に喜んでおられます。つくる会のメンバーはこれまで，一人でも多くの県民に障害への理解を得るために，講演会の開催や他県の条例についても学習を重ねてこられました。また，当事者の声を直接県に届けようと県内各地でワークショップを開催し，障害者が受けてきたさまざまな差別事件を拾い上げるなどの努力もしてこられました。

「あからさまに差別をされたり，差別をしているつもりはなくても配慮に欠けた何げない一言で傷つけられたり，また，ハード面においても，町の至るところでバリアフリー化が進んでおらず，命の危険にさらされたり，行きたいところへ行けなかったりと，数え上げれば切りがありません」とメンバーの方々はおっしゃいます。

国の障害者差別解消法の成立，国連の障害者権利条約の批准等，障害者施策の歴史が大きく動く中，障害のある人もない人も共に生きていくために，今回の条例はどのような意義を持つのか。また，県の責務である差別解消に必要な施策の策定及び実施の取り組みをどのように進めることになるのかお伺いいたします（後略）」

（2）第Ⅱ群の（抑制が強く作用したことが考えられる）自治体
○栃木県

栃木県では「栃木県障害者差別解消推進条例」を2016年3月24日に制定した（2016年4月1日施行）。条例の詳細度はやや低く解消法との距離もやや小さい。

2015年9月29日，県議会通常会議において次のような質問・答弁があった。福田富一知事は，2016年4月の施行を目指し，障害当事者や団体等から広く意見を聞きながら，障害者差別解消の推進に関する条例を制定する考えを示した。

阿部博美議員「昨年度，県が行った障害者を対象とする実態調査において，回答者全体の約三割が差別があると回答しており，とりわけ知的や精神の障害者では約五割の方，半数の方が差別があると回答している状況であり

ます。私は，障害者一人一人が社会を構成する一員としてその人権が尊重され，障害の有無にかかわらず県民誰もがともに支え合う共生する社会を実現するためには，地域においてより積極的に社会全体の意識を高めるとともに，障害及び障害者に対する理解を促進し，差別を解消することが重要であると考えています。

　地域における差別解消の取り組みについては，現在，十一道府県において条例が制定されております。また，本年二月に閣議決定された障害を理由とする差別の解消の推進に関する基本方針においても，障害者にとって身近な地域において，条例の制定も含めた障害者差別を解消する取り組みの推進が望まれるとされております。

　そこで，本県においても，制定された法律を円滑に施行するという視点のみならず，より主体的にオール栃木体制で，障害のある人たちが生活を送る上で支障となるさまざまな障壁を除去し，障害のある人もない人もともに生きるとちぎづくりの実現に向け条例を制定すべきと考えますが，知事のお考えをお伺いいたします」

　福田富一知事「何が差別に当たるかは具体的場面や状況に応じて異なり，多様かつ個別性の高いものでありますことから，不当な差別的取り扱いや合理的配慮について，本県の実態に即した基準を定め，県民全体で共有することで実効性を高めていくことが極めて重要であると考えております。

　このため，より主体的な差別解消の推進による共生社会とちぎの実現に向け，来年四月の施行を目指し，障害当事者や団体等から広くご意見をいただきながら，障害者差別解消の推進に関する条例を制定する考えであります。今後とも，障害のある人もない人もともに生きるとちぎづくりを積極的に進めてまいります」

2016年2月23日，条例案が提案された県議会通常会議において佐藤栄議員による質問と近藤保健福祉部長による答弁があった。条例の内容について議論が行われた。

〇埼玉県

　埼玉県では，「埼玉県障害のある人もない人も全ての人が安心して暮らして

第Ⅱ部　スピルオーバーによる抑制の証拠

いける共生社会づくり条例」を2016年3月15日に制定した（2016年4月1日施行）。条例は詳細度が低く法との距離は小さい。

2014年2月25日，県議会2月定例会で次のような質問・答弁があった。上田清司知事は，今後国で障害者差別解消法の運用のための基本方針や差別が行われた場合の対応方針を示す予定になっているため，県としてはそれらも踏まえて，引き続き障害者に対する差別のない社会というものはどういうものか，もう少し突っ込んだ研究をした上で条例等についても考えていきたいと述べた。

　　吉田芳朝議員「続いて，（二）ノーマライゼーション条例についてであります。

　　これも，手話通訳の問題に限ったことだけではありません。まだまだ障害者の方々への配慮が足らない実情があります。車椅子であるというだけで入学を断る学校はないでしょうか，仕事の能力を見ずに障害者というだけで面接を断っている企業はないでしょうか，車椅子というだけで入店を断るレストランはないでしょうか等々，県内でも障害者を取り巻く現状はまだまだ不十分だと思われます。

　　そこで，障害者への差別を禁止する基本的な指針のようなもの，例えば全ての県民が安心して生活が送れるような様々な合理的配慮を規定したり，計画を策定するといった条例の制定ができないでしょうか。全国的にも障害者の差別をなくす条例制定の動きがあるようですが，県としても県の姿勢を鮮明にするためにも条例，もしくはそれに近いような指針の制定ができないか，知事より御答弁をいただきたいと思います」

　　上田清司知事「次に，ノーマライゼーション条例についてでございます。

　　議員のお話のように，障害者の方への配慮がまだまだ十分でない部分があります。障害を理由とする差別の解消については，平成二十五年六月に障害者差別解消法が公布され，平成二十八年四月から施行されることになりました。この法律では，障害を理由とする差別の解消の推進に関する基本的事項や，国，地方公共団体，さらに民間事業者による障害を理由とする差別の禁止を定めています。

　　県においても第三期障害者支援計画に基づき，障害のある人もない人も分け隔てることなく活動できる共生社会の実現を目指して施策を進めていま

第4章　議会会議録の分析

す。また，障害者の方への配慮を推進するため，県有施設の障害者用駐車場
の青色塗装を進めるほか，障害者への差別や虐待の相談に対する権利擁護セ
ンターの充実などを図ってまいりました。

　今後，国では障害者差別解消法の運用のための基本方針や，差別が行われ
た場合の対応方針を示す予定になっています。県としてはそういうものも踏
まえて，引き続き障害者に対する差別のない社会というものはどういうもの
か，もう少し突っ込んだ研究をした上で条例等についても考えていきたいと
思います」

○山梨県

　山梨県では2015年12月17日に「山梨県障害者幸住条例」を改正した（2016年
4月1日改正）。条例は詳細度が低く解消法との距離は小さい。

　2015年9月28日，県議会9月定例会において次のような質問・答弁があっ
た。後藤斎（ひとし）知事は，アンケート調査などを通事，依然として日常生活のさま
ざまな場面で差別的な事例があることを再認識したと述べた。

　　遠藤浩議員「次に，障害者幸住条例の改正について伺います。
　　今回の条例改正においては，障害者差別の解消を大きな柱とすると伺って
　おります。
　　（中略）
　　県では，肢体，視覚，聴覚，知的，精神のさまざまな障害者団体の代表を
　委員とした検討会による審議のほか，障害当事者のアンケート調査，多数の
　障害者団体との意見交換会などにより，障害者が受けた差別的な取り扱いを
　中心に，当事者の生の声を精力的に酌み上げていただいたと聞いておりま
　す。
　　そこで，まず，これらの取り組みで把握できた本県の障害者からの差別に
　関する声は，どのようなものがあったのか，その状況についてお伺いいたし
　ます。
　　また，障害者のこうした声を踏まえた実効性ある差別解消の取り組みを期
　待いたしますが，条例にどのように反映させるのかお伺いします。
　　さらに，本県を障害者差別のない真の共生社会とするためには，県民の，

149

第Ⅱ部　スピルオーバーによる抑制の証拠

障害や障害者に関する知識，理解の不足，偏見を一掃する県を挙げての啓発活動が求められるのではないかと考えますが，県のお考えを伺います」

　後藤斎知事「次に，障害者幸住条例の改正についてであります。

　まず，アンケート調査などから把握した障害を理由とする差別的な取り扱いの状況につきましては，障害者施設を近所につくられては困ると反対された，精神障害者がアパートの入居を断られた，聴覚障害者が筆談を要請したところ，嫌な顔をされたなどの意見が寄せられ，依然として，日常生活のさまざまな場面で，差別的な事例があることを再認識したところでございます。

　そこで，現在，改正作業を進めている障害者幸住条例においては，障害のある方もない方も，互いに個性と人格を尊重し合いながら共生する社会の構築を目的に掲げております。

　また，日常生活における不当な差別的取り扱いの禁止や，障害者からの要望にできる限り必要な配慮を行う旨を規定し，差別的な事例があった場合には，気軽に相談ができるよう，障害者の身近なところに相談員などを配置するとともに，早期かつ的確に解決を図る機関につなげていける体制を整備してまいりたいと考えております。

　本県から障害者差別をなくしていくためには，全ての県民，事業者が障害や障害者への理解を深め，日ごろの行動に反映していくことが重要であります。

　このため，学校などにおいて，子供のころからさまざまな障害の特性や障害者への配慮について，理解が進むよう取り組むとともに，地域，事業者，関係団体等への広報や研修会等の啓発活動により，県全体で障害者差別解消の機運を盛り上げ，共生社会の実現を目指してまいります」

2015年12月8日，条例案が提案された県議会12月定例会において次のような質問があった。差別解消に向けた啓発活動や差別に関する相談体制が論じられた。

　高野剛議員「次に，障害者施策についてであります。

　まず，障害者幸住条例の改正について伺います。

本条例は，障害者施策の基本理念や方向性等を総合的に規定した条例の先駆けであり，施策でも，多数の県民が利用する建物への障害者用トイレの設置等を推進する福祉のまちづくりは，平成六年のハートビル法制定に先行するなど，平成五年の制定当時，大変先進的な条例として注目されました。

　条例制定からこれまでの間，障害者基本法の改正や障害者総合支援法，障害者差別解消法の制定等がなされましたが，これにより，我が国の障害者の定義や施策の方向が大きく転換しております。

　障害は，障害者自身の機能障害の問題ではなく，周囲の物理的，制度的な障壁に起因するものであり，これらを取り除く配慮をしないことも，差別に当たるとされ，今後は，全ての障害者が地域社会で平等に，他者と共生できる社会の実現を目指すとされております。

　今回の条例改正に当たっては，このような情勢の変化と，現行条例の評価を踏まえた上で，本県の障害者が幸せを感じながら暮らせる社会の実現に向け，基本理念や県の責務等を見直すことが重要であると考えます。そこで，まず，条例改正に当たっての基本的な考え方について伺います」

○岐阜県

　岐阜県では「岐阜県障害のある人もない人も共に生きる清流の国づくり条例を2016年3月24日に制定した（2016年4月1日施行）。詳細度は低く法との距離もやや小さい。

　2016年2月25日，条例案が提案された県議会2月定例会において，駒田誠議員が提出者を代表して内容の説明を行った。

　駒田誠議員「ただいま議題となりました県議第二号　岐阜県障害のある人もない人も共に生きる清流の国づくり条例につきまして，提出者を代表いたしまして提案理由を説明いたします。

　障がいのある人の社会参加が進む中，今なお，障がいを理由とする差別や社会的障壁が存在することも事実であり，障がいのある人に対する理解を深め，障がいを理由とする差別の解消を推進することに加え，一歩進んで，障がいのある人とない人が積極的に交流する機会を幼児期からふやす取り組みをさらに進めるべきだと考えています。

第Ⅱ部　スピルオーバーによる抑制の証拠

　こうしたことから，障がい者の差別解消に向けた施策を総合的に推進し，障がいのある人も障がいのない人も分け隔てなくともに安心して暮らせる社会の実現を図ることにより，県民の福祉の増進に寄与するため，岐阜県障害のある人もない人も共に生きる清流の国づくり条例を定めようとするものであります。

　なお，本条例の検討に際しましては，昨年十一月に，県政自民クラブ，県民クラブ，県議会公明党，日本共産党による検討会を設置し，議論を進めてまいりました。さらに，パブリックコメントを実施し，障がい者関係団体や県民の方から広く御意見を伺った上で，本日の提案とさせていただいております。

　この条例により，全ての県民のために，障がいを理由とする差別を解消するとともに，一人一人の違いを認め合い，かけがえのない個人として尊重し合い，障がいのある人もない人もともに生きる清流の国づくりが推進されることを心から希望し，提案説明といたします。どうか成立に向けまして，議員各位の御賛同を賜りますようお願い申し上げまして，提案説明とさせていただきます。どうかよろしくお願いいたします」

　なお，2016年3月18日，県議会厚生環境委員会において，森正弘委員，野島征夫委員，太田維久委員によるやり取りがあった。障がい者の差別解消に向けた交流検討会において十分議論がされているために質疑はない，すばらしい条例をこれからさらに磨き上げていく，という発言があった。

○愛知県

　愛知県では「障害者差別解消推進条例」を2015年12月18日に制定した（施行は2016年4月1日）。詳細度は低く法との距離はごく小さい。

　2007年9月26日，県議会9月定例会において次のような質問・答弁があった。条例制定について問われた小島健康福祉部長は，今後の国の動向を注視しつつ，必要があれば国に対し速やかに立法措置等を講じられるよう要望していかなければならないと考えていると述べた。

　　鈴木あきのり議員「最後に，障害者差別禁止条例制定についてお伺いをさ

152

せていただきます。

　我が国は，平成十三年に国連社会権規約委員会から差別禁止法の制定を勧告されました。これを受けて，日本弁護士連合会，DPI（障害者インターナショナル）日本会議などの関係団体は，国に対して働きを強めるとともに，独自の条文案を発表しています。さらに，昨年八月には，国連の特別委員会（アドホック委員会）において，障害者権利条約草案が基本合意に達し，国連総会で条約案が採択されております。

　既にアメリカ，イギリスなど世界の四十カ国以上で障害者差別禁止に関する法律が存在していますが，我が国では，前述のとおり，どのような状況が差別になるのかを具体的に規定したのは，国レベルでも自治体レベルでも千葉県の条例しかありません。

　（中略）

　そこで，最後にお伺いいたします。

　愛知県も障害者差別禁止条例の制定はもはや待ったなしであり，それに向けた具体的な行動を起こすべきと思いますが，県当局のお考えをお伺いいたします。

　以上で壇上での質問とさせていただきます」

　小島健康福祉部長「こうした状況の中，障害者差別禁止条例についてでございますが，平成十八年十月に千葉県が当該条例を制定した直後の平成十八年十二月に国連で障害者権利条約が採択されました。国における当該権利条約への対応につきましては，先週，厚生労働省で開催されました全国会議における情報でございますが，可能な限り早期に署名，締結することを目指して必要な検討を実施しているとのことでございました。このため，国が条約に署名し，批准後締結するということになれば，障害のあるすべての人の人権の保護，確保など条約の目的に則した立法措置等が講じられることが考えられますので，今後の国の動向を注視しつつ，必要があれば，国に対し速やかに立法措置等を講じられるよう要望していかなければならないと，かように考えているところでございます。

　以上でございます」

　2015年12月3日，条例案が提案されている県議会12月定例会において次のよ

153

うな質問・答弁があった。大村秀章知事が障害者差別の現状の認識と条例案の内容について答弁した。

　森井元志議員「次に，今議会に提案されております愛知県障害者差別解消推進条例についてお伺いします。

　ここ数年で，我が国の障害者を取り巻く法律，制度の整備状況は大きく前進をしました。二〇一一年の障害者基本法改正，二〇一三年四月の障害者総合支援法施行，さらに同年六月には，障害者差別解消法が成立いたしました。そして，これらの国内法整備をもって国連障害者権利条約が二〇一四年の一月に批准されたところです。

　この国連障害者権利条約は，これまで保護の客体であった障害者の立場を権利の主体へと転換し，障害のない人と実質的な平等を確保するための合理的配慮を社会の側に求めています。

　そして，障害者当事者自身がこの条約づくりに深くかかわった点で画期的な意義を持っています。Nothing about us, without us（私たち抜きに私たちのことを決めないで）は，障害者運動の世界共通の合い言葉になりました。

　本県においても，二〇〇八年に障害者関係団体が団結して結成され，現在では二十七団体が加盟している愛知障害フォーラムがこの権利条約の考えに基づく障害者差別禁止条例の制定を繰り返し愛知県及び愛知県議会に求めてきました。

　このたび，障害者差別解消法の来年四月の施行を前に，全国の都道府県では十二番目となる愛知県条例が提案されたことはまことに意義深く，この条例制定を求めてきた民主党愛知県議員団として高く評価したいと思います。

　しかも，この条例を理念条例や単に国の法律をなぞっただけのものにとどまらせず，差別を解消する実効性ある条例とするために，障害者団体との協議によって重要な幾つかの修正が加えられた点も，この条例案の価値をさらに高めたと思います。

　改めて知事にお伺いをいたします。

　まず，本県の障害者を取り巻く権利状況，障害者差別の現状についてどのように認識しておられるのかお伺いをいたします。

　次に，本県条例案は，国レベルの差別解消法につけ加えた愛知県の独自性

なども含め，どのような仕組みによって具体的な差別解消の効果を上げよう
としているのか，また，この条例を現状の県施策にどのように反映されてい
かれるのかをお伺いいたします」

大村秀章知事「次に，愛知県障害者差別解消推進条例案について御質問を
いただきました。

まず，本県の障害者を取り巻く現状についてでありますけれども，平成二
十四年度に本県が実施をいたしました人権に関する県民意識調査におきまし
て，障害のある人に関する人権上の問題について，現在特に問題となってい
るのはどのようなことだと思いますかとの質問に対しまして，収入が少なく
経済的に自立できないこと，また，就職や仕事の内容，待遇で不利な取り扱
いを受けることなどが多く挙げられております。障害のある人の自立や社会
参加の面で課題があるものと認識をしておるわけであります。

また，平成二十六年度に県内において障害者虐待防止法に基づき虐待と認
定をされました件数は，速報値で百四十三件に上るなど，あってはならない
人権問題も発生をいたしております。

一方，障害者差別につきましては，障害者団体二十七団体から成る愛知障
害フォーラムと定期的に意見交換の場を設けておりますが，差別の具体的事
例について情報提供をいただいていることから，少なからず障害者差別の実
態があるというふうにこれは認識をいたしております。

そこで，今回提案をしている条例案の前文でも，今なお障害のある人が障
害を理由とする不当な差別的取り扱いを受けている，また，障害のある人の
日常生活や社会生活における活動を制限し，社会への参加を制約している社
会的障壁も存在すると記載をし，こうした認識のもとで障害者差別の解消に
取り組んでいきたいと考えております（後略）」

4　第Ⅱ部のまとめ──スピルオーバーによる抑制の証拠の発見

本章では2014年から2016年の間に障害者差別解消条例を制定した16自治体の
議会会議録を分析した。

第1節では計量テキスト分析を行った。まず質疑応答の数を第Ⅰ群と第Ⅱ群
に分けてカウントしたところ，第Ⅰ群のほうが早くから質疑応答があり，その

第Ⅱ部　スピルオーバーによる抑制の証拠

結果としてその総数も多かった。また，質問・答弁の内容をキーワードが含まれている頻度を利用して分析したところ，第Ⅱ群のほうが相対的に「国」への言及が多かった。つまり条例制定時期・条例内容（第Ⅰ群／第Ⅱ群）と議会での質問・答弁に相関があるということである。また，外向性指標を作成し第Ⅰ群と第Ⅱ群を比較したところ，第Ⅱ群のほうが外向性指標が高い時期が多かった。もちろん，外向性の程度が高いから条例制定が駆け込み的になるのではなく，条例制定が駆け込み的になったので外向性の程度が高くなるという逆の因果関係も想定はできるが，第Ⅱ群の外向性指標が5年以上前から相対的に高いことは，その可能性を低めていると考える。

　第2節では定性的にテキストを記述した。13自治体における前述の質疑応答のテキストの一部を抜粋し検討することで第1節の分析を補強した。その結果，第Ⅱ群は明らかに質問・答弁が少ないこと，また2013年以降も国の動向を注視している自治体があることがわかった。第Ⅰ群も国の動向をみている時期はあったが，いずれかの時期に様子見は中断された。これは第1節の分析と整合的である[6]。

　これらのことから，外向性は抑制の先行条件としてその効果を強め政策の遅延・模倣を引き起こすという知見が得られた。外向性はここまでの分析においては国や他道府県の動向を注視する程度と理解できる。分析対象時期では，他主体の様子をうかがうほど戦略的遅延や先送りが生じると言い換えてもよい。

　これらの会議録分析は何を明らかにしているのだろうか。まず，質疑応答があるということは，条例制定を推進する議員の存在と，その背後に活動的な当事者団体が存在している可能性を示唆している。発言中に何に言及しているかという点は政策決定者の認知の一端を示している。第3章の事例研究もこの主張と親和的である。

　本書のフローに依拠してまとめると，内生条件と促進だけで説明できるかという問いについては，説明できないという答えを補強する分析結果となった。駆け込み制定をしており条例内容も解消法に近い自治体，すなわち第Ⅱ群に分類された自治体は議会での質疑応答数は少なくピークも遅かった。

　抑制は均一に作用しているかという問いに対しては，均一に作用していないとの答えが支持された。第Ⅱ群の外向性指標が高いとの結果が得られた。

第4章　議会会議録の分析

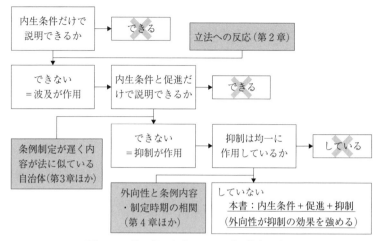

図4-9　第Ⅱ部におけるメカニズム特定の論理
出所：筆者作成。

第Ⅱ部全体のまとめ

　最後に，第Ⅱ部全体の分析結果を確認する。内生条件だけで説明できるか（第2章で扱った），内生条件と促進だけで説明できるか（第3章〔第2・4章でも〕で扱った），抑制は均一に作用しているか（第4章〔第3章でも〕で扱った）についての答えは全て「否」であった。

　国の立法に反応して多数の自治体が条例を制定した（垂直波及）ことから，内生条件だけでは説明できなかった。

　条例制定が遅く内容が解消法に似ている自治体があり，なおかつそれらの自治体に特有の政策形成プロセス（議会議録の分析より）があったと推定されることから，内生条件と促進だけでは説明できなかった。

　第Ⅱ群に外部の主体の動向を注視するような外向性が高い自治体が多かったことから，抑制は均一に作用していないと考えられた。

　以上を要約したのが図4-9である。

　ここまでみてきたように，障害者差別解消条例においてはリソース・フローが作用しているという証拠は見つかっていない。別の説明が必要である。本書は，障害者差別解消条例の波及において，スピルオーバーによる抑制メカニズムが作用し一部の政策イノベーションに影響があったと主張する。

157

第Ⅱ部　スピルオーバーによる抑制の証拠

　障害者差別解消条例では，法の制定後で施行前に抑制メカニズムが作用したといえる。法に関連する情報が懸念事項だったためであろう。

　　注
（1）　テキストマイニングという語がコンピュータやそれを用いた自然言語処理・統計解析の側面を強調しているとして，人間の判断の役割を重視する内容分析を継承する計量テキスト分析という用語を採用した文献として，樋口（2014）。
（2）　KH Coder 2.00f を使用。詳細は樋口（2004）を参照。
（3）　具体的なコーディングのルールは以下の通りである。「国」：国，「法」：法，「他県」：他県・他府県・千葉県・北海道・熊本県（※これら3自治体は先進自治体として言及されることが多い），「市町村」：市町村，「県民」：県民・府民・道民，「当事者」：当事者，障害者団体，障がい者団体。
（4）　なお，奈良県では，1997年3月に「奈良県あらゆる差別の撤廃及び人権の尊重に関する条例」を議員提案にて制定している（2009年9月29日の県議会9月定例会における川口正志議員の発言）。
（5）　2015年12月9日の県議会定例会における土居昌弘議員の発言。「このたびの条例案は，単に国の障害者差別解消法に基づいた条例ではありません」「県の責務のところでは，障がいのある人の性や恋愛，結婚，出産，子育てに親亡き後の問題まで取り上げて言及したものは，全国どこを見てもありません。画期的なものです」との表現もあった。
（6）　Xを独立変数，Yを従属変数，Mをメカニズム，Aを先行条件とし，
　　　　X（第2条件が満たされていないこと）→M（抑制）→Y（政策形成）
　　　　×
　　　　A（外向性）
とすると，議会答弁を外向性の指標の1つとしてみたことになる。Xは全自治体同じとすると，MおよびYの違いの一部がAに起因する可能性がある。

第Ⅲ部

リソース・フローによる抑制の証拠
──ホームレス支援政策──

第5章

歴史とデータ

——ホームレス支援政策と「福祉の磁石」の真偽——

第Ⅲ部ではリソース・フローによる抑制の証拠を発見するためにホームレス支援政策の事例を分析する。第Ⅰ部で述べた手順に沿って，抑制の証拠は見つかるかという問いを，(1)マクロレベル（第5章），(2)ミクロレベル（第6章），(3)議会会議録（第7章）の3つに区分し，順に検討する。

本章ではホームレス支援政策の概要とその性質について述べる。主要な分析対象時期は，主に1990年代後半から2009年までである。2009年は本書が注目する福岡市がホームレス自立支援事業を本格実施した年である。ただし，その実施の効果を検証する場合は生活困窮者自立支援法が施行され支援の全体像が変化する前年の2014年までとする。

1　ホームレス支援政策の歴史と性質

本節ではホームレス支援政策を主に定性的に分析する。第1項ではホームレス支援政策の簡単な歴史をふり返る。第2項では分析対象時期におけるホームレス支援政策の基盤について触れる。第3項ではホームレス支援政策の性質を考察する。

（1）ホームレス支援政策小史

ホームレスの実態について，あるいは行政・支援団体が行うべき支援内容については，豊富な研究蓄積が存在する。一方，ホームレス支援政策を行政活動全体の中に理論的に位置づける試みは多くない。後者の作業によって，なぜホームレス支援政策が停滞する場合があるのかを明らかにすることが可能になる。この点において，本書がホームレス支援の先行研究に貢献する可能性がある。

第Ⅲ部　リソース・フローによる抑制の証拠

　まず，ホームレス支援政策の歴史を簡潔にまとめる。本節の以下の記述は主に岩田（1997, 2007）に依拠している。

　日本においてもホームレスは新しい存在ではなく，無視されてきたわけでもない。彼ら彼女らはホームレスと呼ばれていなかっただけで，戦前や敗戦直後には貧困の主要なタイプであり，高度経済成長期やバブル経済期にも存在していた。1970年代のオイルショック直後には，釜ヶ崎や山谷などの「寄せ場」（日雇労働市場）周辺に野宿する日雇い労働者の増加が問題となった。当時，新宿駅周辺には常時100人前後のホームレスが存在しているといわれてきた。また，1980年代にも犯罪の加害者や被害者としてのホームレスがクローズ・アップされることもあった。[3]

　しかし，治安や犯罪との関わりではなく，貧困の一形態としてホームレスが社会の関心を引くようになったのは，バブルが崩壊した1990年代にその数が急増したことによるという。[4]

　ホームレスの数が一段と増加した1998年前後には，ホームレス問題への本格的な対応が検討され始め，全国的な概数把握もこの頃から始められた。ホームレスの数を計測するこれらの調査は，調査方法に批判がありうるだけでなく当初は時期や方法が各都市でバラバラであり，また全ての地域をカバーしていないが，参考までにその結果を見ると，1998年には約１万6000人だった数字は，1999年には約２万人，2001年には約２万4000人となった。国が統一的な概数調査を始めた2003年には約２万5000人という結果となっていた。

　現在のホームレス支援体制の基礎は，2002年８月に公布された「ホームレスの自立の支援等に関する特別措置法」（以下，「ホームレス自立支援法」）の制定・実施によって築かれたといってよいであろう。それ以前にもホームレス支援政策は存在していたものの，[5]国レベルで特にホームレスを対象とした制度が制定された意義は大きいと考えるからである。

　ホームレス問題に対する国の対応は，長らくきわめて消極的なものであった。[6]ホームレス問題については「自治体間の交流や中央政府レベルの発言はほとんどみられないのも大きな特色」（岩田 1997：12-13）であったという。同論文は後述する都区検討会の設置にも言及しているものの，1997年当時は必ずしも「自治体間の交流」とは捉えられていなかった可能性はある。[7]

　このような見解に変化の兆しが見られたのは，1999年５月に「ホームレス問

題連絡会議」が取りまとめた「ホームレス問題に対する当面の対応策について」（以下，「当面の対応策」）においてであると言われる。「ホームレス問題連絡会議」は，旧厚生省，旧労働省を中心とした関係する中央省庁と，6自治体（東京都，横浜市，川崎市，名古屋市，大阪市，新宿区）の関係者によって構成された「ホームレス問題について，関係行政機関が連携を図り，総合的な取組を一層推進するため」の会議である。「当面の対応策」は，ホームレスを3タイプに類型化し，それぞれに応じた対応を行うという点に批判が集まることが多い。一方，自治体のみによる対策の限界が明記され，国と地方が適切な役割分担の下で一体となって取り組む必要が宣言されたことも見逃せない。国が自治体に対して必要な助成を行うべきことも記された。なお，自治体による対策は「限られた地域で手厚い対策を行えば全国からその地域に集まってくるという問題を抱えている」とされ，広く「福祉の磁石」現象が認められていたことも特筆に値する。

「当面の対応策」を受けて，2000年度から「ホームレス自立支援事業」が実施された。

しかし，立法化を示唆する文言は見られず，ホームレス問題には現行法で対応できる，というのが国の立場であった。

かような情勢下においてもホームレス自立支援法が制定されたのは，ホームレス問題があまりに深刻化し，国が動かざるを得なくなったからであると一般には解説されており，この点を否定することはできないが，野党の役割も指摘できるだろう。

では，ホームレス自立支援法とはどのような内容の法律であるのか。また，現在のホームレス支援はどのような体制で行われているのだろうか。次項で述べる。

（2）現在のホームレス支援政策の基盤

本項では，現在のホームレス支援政策がどのような制度に支えられているかについて述べる。本項前半の記述は主に垣田（2011a）に依拠している。

分野全体を見渡せば，主に2つの制度によってホームレス支援が行われている。第1に前述のホームレス自立支援法である。同法が制定・実施された2002年8月以降，ホームレス自立支援事業が同法の下での支援の中核となって

第Ⅲ部　リソース・フローによる抑制の証拠

いる。[16][17]

　岩田（2006）は，ホームレス支援事業の特徴を4点に整理している。第1に，事業の目的がホームレスの就労（民間就職）による自立にあることである。第2に，その目的に向けて自立支援センターに宿泊させて相談・支援を行う「センター型自立支援」を中核においていることである。第3に，ホームレスの類型化（就労が可能，医療・福祉が必要，「社会的不適応」）を前提として支援や措置を行うことである。第4に，ホームレスの類型化と支援・措置の振り分け機能が地方自治体の福祉事務所にあることである。

　ホームレス支援事業は地方分権的に実施されており，たとえば後述するようにホームレス自立支援事業の中核とされる自立支援センターを複数設置している地域もあれば，センターを保持しない地域もある。

　第2に生活保護法である。ホームレス自立支援法の下で大都市部を中心にホームレスの数が減少していることは事実であろうが，野宿生活からの脱却に多大な役割を果したのは実は既存の生活保護であるという指摘もある（大阪就労福祉居住問題調査研究会 2007）。

　生活保護は，周知のように，国の法律で決められた制度でありながら各自治体で同一の運用がなされているわけではない。事実上，自治体の裁量の余地があるといえる。[18]

　ホームレス支援政策の実施状況には，大きな地域差がある。厚生労働省が2007年に発表した「自治体ホームレス対策状況」調査結果を分析した垣田（2011a）によれば，「ホームレス対策」を実施している自治体は四大都市（東京，横浜，名古屋，大阪）に集中していた。表5-1はこのような状況を示している。四大都市では約3分の2の自治体がホームレス対策を実施しているのに対し，それ以外の地域では実施していない自治体が9割を上回っていた。[19][20]

　また，公的な制度に基づいたものではなく，本書の定義では政策とはいえないものの，同様に重要な支援として民間支援団体によるホームレス支援活動がある。民間支援団体の活動は国，自治体のホームレス対策や社会福祉制度を補完する役割を担っている。むしろ，行政の活動に先んじて支援を行ってきたともいえる。にもかかわらず，民間支援団体によるホームレス支援については，国や自治体による関連事業の委託等も一部あるとはいえ，基本的には支援に必要な費用が助成されない。このことから，ホームレス支援活動においては，活

164

第5章　歴史とデータ

表5-1　地域分類別にみたホームレス対策の実施有無

		実施している	実施していない	合計
四大都市	自治体数 （%）	17 65.4	9 34.6	26 100.0
その他	自治体数 （%）	48 7.5	590 92.5	638 100.0
合計	自治体数 （%）	65 9.8	599 90.2	664 100.0

出所：垣田（2011a：242）を一部修正。

動の立ち上げ，維持，展開が非常に困難である。[21]

　民間支援団体のホームレス支援活動には地域差が大きい。前述の厚生労働省の「自治体ホームレス対策状況」調査によれば，ホームレスへ支援を行っているNPO，民間支援団体等は，77市区町村に153団体存在しているが，これらの団体も四大都市に偏っている。同調査の結果をまとめた垣田（2011a）の表を以下に引用する（表5-2）。これによれば，政令指定都市の約8割，地方都市の約9割についてホームレス支援団体が存在しないという。

　以上を要約すると，①ホームレス自立支援事業，②生活保護，③民間支援団体の支援活動と，前述した全ての面において，各地域で試行錯誤による多様なホームレス支援政策が生まれていた。

　本項の最後にホームレス自立支援法以後2014年頃までの国のホームレス支援政策について述べる。たとえば2004年の国の事業（案）を厚生労働省のホームページ[22]で見ると，基本的に自治体等のホームレス支援政策を補助する形となっている。[23]

　では，ホームレス支援政策の規模はどのように推移していったのであろうか。ホームレス問題を主に所管する厚生労働省のホームレス対策予算額を局ごとに示したのが図5-1である。参考までに，全国のホームレス概数の推移も図示してある。

　厚生労働省のホームレス対策予算総額は，2009年度に急増しているのがわかる。同予算額は，2002年度の約18億5000万円から2004年に30億円台へと増加した後，2008年度（正確には2009年度当初予算）まで30億円台のまま推移していたが，日本経済のリーマン・ショックからの回復が大きな課題となっていた麻生

165

第Ⅲ部　リソース・フローによる抑制の証拠

表5-2　地域分類別にみたホームレス支援を行う NPO・民間団体等の数

		0	1	2~5	6~10	合計
四大都市	自治体数 （%）	13 50.0	7 26.9	4 15.4	2 7.7	26 100.0
政令指定都市等	自治体数 （%）	35 79.5	1 2.3	6 13.6	2 4.5	44 100.0
地方都市	自治体数 （%）	538 90.6	36 6.1	20 3.4	0 0.0	594 100.0
合計	自治体数 （%）	586 88.3	44 6.6	30 4.5	4 0.6	664 100.0

出所：垣田（2011a：242）を一部修正。

政権下の2009年度第1次補正後予算では約58億円，民主党への政権交代後の同第2次補正予算では約70億円，2010年度補正予算額では100億円となっている[24]。「Ⅲ　自立支援事業等の実施」については，2009年第1次補正予算より緊急雇用創出事業臨時特例交付金（基金）が創設され，補助率が1/2から10/10に引き上げられて実施されている。

　このような国の動きに対し，自治体側では大都市を中心として支援が行われている。先に紹介した，厚生労働省の2007年の「自治体ホームレス対策状況」調査結果からもこの点は明らかである。大都市にホームレスが集中している以上，理解できる結果であるといえる。

　では，このようなホームレス支援体制の下で，ホームレス数はどのように増減していったのであろうか。以下，厚生労働省（旧厚生省）のいわゆる概数調査の結果を基に議論する[25]。

　全国のホームレス概数は，2003年（全国調査開始年）の2万5296人をピークに減少を続け，本論文の分析対象の末である2014年には7508人となった。景気の動向による影響の可能性，「常設型」のホームレスが把握困難な「移動型」に移行した可能性もあるが，1990年代のホームレス急増を受けて策定した政策が一定の効果を上げた結果ともいわれる。おおまかにいって，全国の自治体で同じような減少傾向であるといってよい。ただし，福岡市は例外である。政令指定都市におけるホームレス概数の推移を図5-2に示す。

　図の右側のグラフには，1998年時点の政令指定都市におけるホームレス概数の推移を示した。全体的に右肩下がりであること，2003年頃をピークとしてい

第5章 歴史とデータ

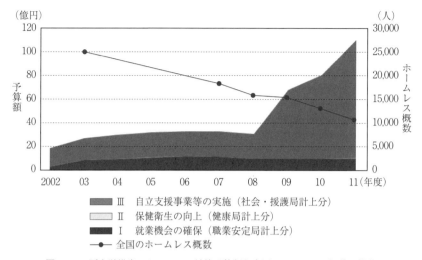

図 5-1 厚生労働省のホームレス対策予算額と全国のホームレス概数の推移

注：2002年度予算額のうち，「Ⅲ 自立支援事業等の実施」については補正予算額5億円を含む。
　　2009年度予算額のうち，「Ⅲ 自立支援事業等の実施」については当初予算の約21億円から第1次補正後予算額の約58億円に増加しているが，後者の補正後予算額を採用した。
出所：厚生労働省社会・援護局地域福祉課（2012）『ホームレス対策について』（「ホームレスの実態に関する全国調査検討会（平成24年1月調査）」第3回における参考資料2）より作成。

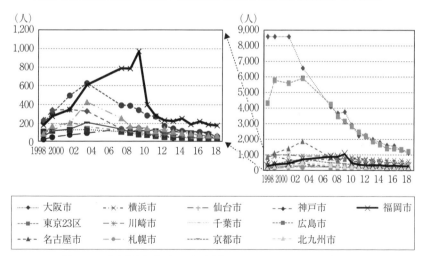

図 5-2 政令指定都市（1998年時点）におけるホームレス概数の推移
出所：厚生労働省「ホームレス概数調査」各年版より筆者作成。

る自治体が多いことが読み取れる。しかし，大阪市と東京23区のホームレス概数が飛び抜けて多かったことから，その他の自治体の推移は見づらくなっている。このグラフからホームレス概数の多い，いわゆる5大都市（大阪市，東京23区，名古屋市，横浜市，川崎市）を除き，拡大したものが，図5-2の左側のグラフである。福岡市のホームレス概数だけが2009年まで増加を続け，その後急落していることがわかる。

後述するように，福岡市では2009年度にホームレス自立支援事業を本格化させている。この背景には，国レベルの政策転換があると考えられる。[26]

福岡市では，前述のように2009年を境としてホームレス概数が急減していることから，自立支援事業の目覚ましい成功例であるといえそうである。[27]

しかし，「福祉の磁石」論によれば，高福祉は低所得者を引き寄せる。福岡市において，ホームレス自立支援事業の本格実施は何をもたらしたのか。福岡市は，単純な成功事例なのだろうか。福岡市で起きた事態を理解することは，「福祉の磁石」解明の一助となるのではないか。

（3）ホームレス支援政策の性質

ホームレス支援政策は「福祉の磁石」論で示唆されるように，政策の正の外部性が存在する政策である。[28]

さらに，「福祉の磁石」現象が当事者等に明確に認識されている点も強調しておきたい。上で見たように1999年5月に「ホームレス問題連絡会議」が取りまとめた「ホームレス問題に対する当面の対応策について」において，「福祉の磁石」現象によって自治体の対応に限界が生じていることが認識されていた。ギル（2004）も，中央政権の全国調整不足が各地域のホームレス対策に大きな差を生んでいることを指摘し，その差が結果として「『がんばっている都市』が『がんばっていない都市』の野宿者を吸い込んでホームレス人口を増やすという皮肉な結果につながっている」（前掲論文：72）と分析している。

問題が典型的に見られるのは大阪市である。行政学の教科書にも，生活保護制度によって大阪市西成区に全国各地から日雇い労働者が集まってくる傾向があるという「福祉の磁石」理論が紹介されている（真渕 2009）。「周辺自治体が『大阪市なら生活保護を受けやすい』と交通費を渡して，受給希望者を事実上『たらい回し』するケース」も報道されている。[29] これらの諸点は，筆者が大阪

市で2018年に実施したインタビュー調査とも符合する。ある支援者によれば，流入は「大阪ではつきもの」である。大阪市西成区のいわゆる釜ヶ崎は，周囲から長く「社会のごみ捨て場」として利用され，良くも悪くも「社会の安全弁」として機能してきたという。また，2015年度の大阪市の自立支援センター入所者の入所前の最終住所登録地は，市外が過半数を占めている。[31]

　大阪だけではなく，同様の傾向は名古屋市でも報道されており，また，エピソードとして聞くことは全国的にもさほど珍しいことではない。公園等からのホームレス追い出しのニュースもよくメディアに登場する。積極的に排除するインセンティブすらあるのではないかと推測される。

　ホームレス支援政策は，受益者であるホームレスの移動可能性が高いことから，リソース・フローによる抑制が理論的には作用しうると考えられる。

　しかし，実際にはホームレス支援政策は展開を見せ，ホームレスの数は2003年（全国調査開始年）から2015年までの10年強で1/4に減少したと報道された。[33]なぜホームレス支援政策は進展したのか。第Ⅲ部ではその手がかりを探る。

　本書は，ある地域の再分配政策によって他地域から低所得層が流入する「福祉の磁石」効果を検討する。低所得層として，ホームレス，生活保護受給者，生活困窮者を広く「困窮者」と定義し，分析の対象とする。ホームレス，生活保護受給者，生活困窮者は，行政の制度上は扱いが区分されているものの，1人の要支援者がそれらの状態を行き来することは珍しくなく，またグレーゾーンの事例もみられる。本章が困窮者の移住を対象とするのは，誰が移住しているのか厳密には判別しがたいという理由による。

　困窮者流入は，特定地域の歴史的経緯にのみ起因するものであろうか。あるいは，「福祉の磁石」論が主張するように，特定の政策によって誘発されうるのであろうか。

　「福祉の磁石」効果を実証するのは容易ではない。困窮者流入については公開されている情報が必ずしも多くない。グレーゾーンである「たらい回し」がありうるがゆえの調査のしにくさもある。また，実務上も，法律に困窮者流入の明文の定めは見当たらず，行政にも流入を所管する部署はない。

　方法論上の困難もある。政策の効果を明らかにする上で，他地域との比較は有効だが，主要な政策である生活保護は国の制度であり，その実施過程の地域

第Ⅲ部　リソース・フローによる抑制の証拠

差を明確にすることは簡単ではない。そのこともあってか，第1章で述べたように国内の研究はさほど進展していない。

　本書における分析対象時期はホームレス自立支援制度が形成され始めた2000年頃から生活困窮者自立支援制度が成立していった2014年頃であった。本書で定義する「ホームレス支援政策の波及」とは，ホームレス自立支援センターの定員と緊急一時宿泊施設の定員の合計が11名以上となることである。この理由は，第1にホームレス支援において施設の役割が大きいことである。第2に，2つの施設の運用に地域差があり（ギル 2004），どちらか片方を対象としただけでは実態を捉え損なう恐れがあるからである。第3に，ごく小規模なホームレス支援と本格的なホームレス支援を区別する意図がある。定員1名の借り上げシェルターを政策採用と評価するかどうかは悩ましい問題であるが，本書では定員11名で線を引いた。

　ホームレス支援政策には，負の外部性によって政策競争が生じるという先行研究が見当たらず，政策イノベーションの抑制を研究する事例としては適切である。

　図5-3はホームレス支援政策の普及曲線である。

　次に，縦軸にホームレス概数，横軸にホームレス支援政策の波及年をとり，散布図を描く（図5-4）。図中の点線は回帰直線である。やはりホームレス概数が多いほどホームレス支援政策の採用時期が早い傾向がある。

　他方，この傾向から外れた市もある。たとえば北九州市，堺市，仙台市はホームレス概数が相対的に少ないにもかかわらず採用年が早い。これらを第Ⅰ群とする。反対に，福岡市はホームレス概数が多いにもかかわらず採用年が遅い。福岡市を第Ⅱ群とする。第Ⅱ群は政策形成の遅延が推測できる区分である。

　しかし，これだけをもって福岡市でリソース・フローによる政策イノベーションの抑制が作用したとは言えない。次節では福岡市で何が起きたのかを分析していく。

　本節ではホームレス支援政策の歴史を簡潔にまとめ，現在の支援が立脚する基盤を概観した。本書全体にとって特に重要な点が2つあった。

　第1に，ホームレス支援政策の基本的な流れが，地域を中心とする取り組み，国の介入，ホームレス自立支援政策の波及の順であったことである。ホー

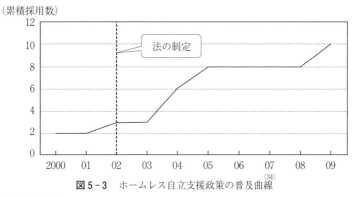

図5-3 ホームレス自立支援政策の普及曲線[34]

出所：筆者作成。

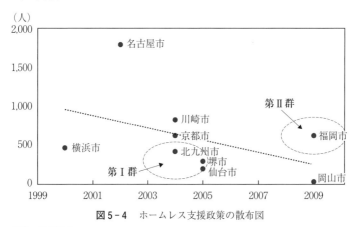

図5-4 ホームレス支援政策の散布図

出所：筆者作成。

ムレス自立支援政策の波及は国の介入が1つのきっかけとなっている。国庫補助の存在を考えればこの仮定は自然である。

第2に、ホームレス支援政策は「福祉の磁石」の議論と隣り合わせであったということである。実務においても研究においても、支援が招くホームレス流入を懸念する声があった。リソース・フローによる抑制が作用する前提の1つが満たされていることを確認できた。

2 　合成コントロール法による「福祉の磁石」効果の分析

　本節では「福祉の磁石」効果を検証する。第1章で述べたように，この問題についての実証研究は少ない。研究の進捗状況の悪さは，1つにはデータの少なさに起因している。低所得者の移住についての調査は乏しい。また，幸運にも手がかりとなるデータを入手できたとしても，一見同じような政策が貧困層を同じように誘引するかどうかが不明である。報道や口コミによる情報の差，周囲の自治体との支援の格差（生活保護の運用の厳格さ，民間支援団体の多寡，ホームレス支援政策の詳細）など，考慮すべき事項が多い。また，移住は相互作用そのものである。いわゆる SUTVA（Stable Unit Treatment Value Assumption)[35]違反が疑われ，効果の推定に大きな障害となっていると考えられる。したがって，全体の構造を一度に把握することが難しいために，個別の事例に着目した，内的妥当性の高い研究の積み上げが必要となるだろう。

　本節の目的は，「福祉の磁石」効果がありうるのかどうかについての手がかりを得ることである。より具体的には，福岡市のホームレス自立支援事業の本格実施によって同市の生活保護の被保護人員数がどの程度増加したのかを確かめることである。ホームレス自立支援事業はその直接的効果として生活保護受給者を増加させることが考えられるほか，ホームレス自立支援事業を一種のシグナルとして，自発的・強制的な困窮者流入が発生する可能性があるからである。いわば，「困窮者を何とかしてくれるまち」とのイメージが強まることがありうる。

　ホームレス自立支援事業によって，被保護人員数が増加したという結果が得られたとしても，ただちに「福祉の磁石」効果が検証されたとはいえない。ただし，その因果効果が，同事業によって路上のホームレスが生活保護に移行しうる規模より大きければ，「福祉の磁石」論が想定する市外からの流入を疑う根拠となる。他方，分析の結果，もし被保護人員数の増加がないと推定されるならば，「福祉の磁石」は作用していないと考えるべきであろう。

　「福祉の磁石」効果の検証方法としては，大別して，低所得者等の数や移住のデータから政策効果を検証するアプローチと，インタビュー等で移住の理由を聞き出すアプローチを区別できるが，一定数以上の困窮者と接触する手段が

限られていることから，本章は前者のアプローチを採用する。

　困窮者流入問題は，証拠がないことを論拠に対策が取れない，取らない構造になっており，自治体間の相互不信が生じている。アメリカの研究では，「福祉の磁石」が本当にあるのかどうかは不確かだけれども，州政府等が「福祉の磁石」を恐れて福祉を切り下げる動きがあることはかなり確かであるとされていた。問題はあるけれども，その正体がわからず対処ができないという深刻な状況であり，困窮者流入を定量的に把握する強いニーズが存在しているといえる。

（1）方法とデータ
　本項では合成コントロール法およびデータとその文脈について述べる。

○方　法
　本節では，合成コントロール法（synthetic control methods, Abadie and Gardeazabal 2003, Abadie, Diamond and Hainmueller 2010）を用いる。昨今普及しつつある反実仮想的アプローチにおいては，現実には観察できない潜在的な結果（たとえば処置〔treatment〕がなかった場合の結果）を推定するためのコントロール・グループをいかに選ぶかが重要となるが，合成コントロール法はコントロール・グループをデータに基づいて体系的に選定しようとする手法である（マッチングの一種として合成コントロール法を解説した日本語の文献として森田〔2014〕）。[36] 合成コントロールは，「ドナープール」（donor pool, 潜在的な比較ユニットの集合）中のユニットの加重平均として定義される。ユニットのウェイトを決定することは合成コントロールを決定することと等しい。たとえば，ユニットＡにおける処置が成果指標に与えた効果を推定したいとする。ドナープール内のユニットＢのウェイトが0.3，ユニットＣのウェイトが0.7と算出された場合，ユニットＢの成果指標に0.3を乗じた値とユニットＣの成果指標に0.7を乗じた値の和が，合成コントロールの成果指標となる。

　後述のように，処置前のデータを用いてウェイトは決定される。処置前のデータがなるべくフィットするように合成コントロールを作成することになる。そうすると，処置後のＡと合成コントロール（ＢとＣの混合）の成果指標の差が処置の因果効果であると解釈できる。

第Ⅲ部　リソース・フローによる抑制の証拠

　本章では，他自治体のデータからホームレス自立支援事業を実施していない
反実仮想的な合成福岡市を作成し，実際の福岡市と被保護人員数を比較する。
福岡市は人口動態や経済の面でも特徴的な都市であるが，たとえばカリフォル
ニア州のように特徴的なユニットでも，人工的に比較対象を作成してマッチン
グの手法を用いることができるとされている（Abadie, Diamond and Hainmueller
2010）。

　合成コントロール法は，単一の事例に適用しただけでは母集団全体（本章で
は日本の自治体）についての推論はできないが，特定の事例における特定ので
きごとの効果を検証する目的には適している。外的妥当性は低いものの内的妥
当性が高い手法であるといってもよい。詳細な事例研究を積み上げることで，
全体の傾向に迫ろうとするアプローチとは親和的である。比較政治分野では，
サンプル数の少ない定量的比較研究において，正確な定量的アプローチの可能
性を拓き，定量的アプローチと定性的アプローチを架橋しうる手法であるとの
議論もある（Abadie, Diamond and Hainmueller 2015）。また，コンセプトが比較
的わかりやすいことも長所の1つである。

　手法の概要は，以下の通りである。X_1を処置ユニットの処置前の特性を表
す（k×1）のベクトル，X_0をドナープール内ユニットの同じ変数を表す
（k×J）の行列とする。処置前の処置ユニットと合成コントロールの成果指
標（本章では被保護人員数）の差は，$X_1 - X_0W$ で示される。この量を最小化す
る W^* を選択することがこの手法の主要な目的となる。

　最適化は，次のように行われる。X_{1m}（$m = 1, \cdots, k$）が処置ユニットの m
番目の変数，X_{0m} がドナープール内のユニットの m 番目の変数の値が入って
いる（1×J）のベクトルとすると，以下の量を最小化するWの値 W^* を選択
する。

$$\sum_{m=1}^{k} v_m (X_{1m} - X_{0m}W)^2$$

　ここで，v_m は，X_1 と X_0W の差を最小化するときにm番目の変数に割り当
てる相対的重要性を表すウェイトである。

　本節では，2000年時点の政令指定都市・中核市のうち，対象期間内にホーム
レス自立支援事業を本格実施していない27自治体のプールから，福岡市におけ
るホームレス自立支援事業本格実施（2009年）前のデータを使用してウェイト

174

を決定し，合成福岡市を作成した。

　ウェイトを推定するにあたっては，成果指標のみを独立変数として用いる場合もあるが，他の独立変数を導入することも可能である。本章では，人口，社会増加数，有効求人倍率，高齢単身者世帯数，ホームレス概数を独立変数として採用した。

　合成コントロール法で移住を研究する場合でも，他自治体との相互作用が問題となる。同時期に他自治体で生じた処置の影響を受けることをなるべく避けることが望ましい。たとえば，2000年代初頭に大都市を中心に生じたホームレス自立支援事業の一斉採用の場合，政策効果を合成コントロール法で検証することには困難が伴う。その意味では，2009年に本格実施に踏み切った福岡市は本章の方法で分析するのに適していると考えられる。

○データおよびその文脈

　まず福岡市とドナープール内自治体の被保護人員数の推移を確認する。多くの自治体では，2008年のリーマン・ショックの頃を境に被保護人員数の増加率が上昇している。2009年（出所の表記は2008年度）の実数では，札幌市（5万4562人）が飛びぬけて多く，福岡市（2万8641人），広島市（1万9512人）が続き，他の自治体はやや離されている。

　本節の定量的分析で分析対象とする生活保護受給者に限定せず，困窮者の流入がどのように把握されてきたのかを探る。福岡市におけるホームレス支援に関する調査研究[40]はさほど多くはないが，ホームレスの存在は古くから認識されていた。1990年代末から2000年代初頭になると，旧博多駅（新駅ビルは2011年開業）の駅舎には，仕事のない人が夜になると数多く段ボールをしいて寝ていた。たとえば，消費者金融やヤミ金などの過酷な取り立てに追われ家を逃げ出して，「あそこにいけば寝られるよ」と聞いた人などである。夜の20：30〜22：00頃から，あるいは終電間際や終電後から，横になり始める。このほか，川辺，公園，橋の下などで過ごす人もいた[41]。

　2000年代前半，新聞はホームレス自立支援センターの設置に慎重な福岡市の姿勢を伝えている。

　02年5月に設立された福岡市のホームレス支援のNPO法人「福岡すまい

第Ⅲ部　リソース・フローによる抑制の証拠

の会」（代表・斎藤輝二東和大教授）は昨年12月，ホームレスが一時的に住居にする就労支援センターを開設した。同会は既に50人以上のホームレスの保証人を引き受け，現行の支援体制は限度に近づいているという。

　斎藤代表は「火災を起こして保険の限度額を超えたり，仕事先で何らかの事故を起こした場合は保証人が引き受けることになる」と支援者のリスクを指摘する。だが，福岡市は「公設の自立支援センターの設置は考えていない。ノウハウのある民間団体と連携して効果的な支援をしたい」と慎重な姿勢を崩さない。　　　　　　　　　　　　　　（『毎日新聞』2004年1月23日地方版／福岡）

　福岡市が策定しているホームレス自立支援実施計画を見ると，2009年までのホームレス概数の増加の要因の一つはホームレスあるいはホームレス予備軍の市外からの流入であると考えられているようである。2009年に策定された「福岡市ホームレス自立支援実施計画（第2次）」においては，同市におけるホームレスのいわゆる「生活実態調査」結果で，「路上生活をするすぐ前に住んでいた地域」は福岡市外が53.4％であり，同市には「以前住んでいたり仕事先があったので，なじみがある」との回答が41.3％であったことから，「職と生活の場を求めて市外から本市へ流入していると考えられる」としている。また，2014年に策定された「福岡市ホームレス自立支援実施計画（第3次）」でも，「路上生活をする直前に住んでいた地域」は福岡市外が61.3％と前回調査より7.9％増加していることを指摘しつつ，「職と生活の場を求めて市外から本市へ流入傾向にある」と同様の結論に至っている[42]。

　この流入傾向は，他自治体等によって強化されている可能性がある。ホームレスの「流し込み」は，しばしば例外的に悪質な事例として語られることもあるが，統計データは発見できないものの，量的に無視できない規模であることも考えられる。他自治体がホームレスに交通費だけ出して福岡市に送り出す，他県警察が炊き出しのあるところまでパトカーで連れてきて下ろすという事例もあったという。また，刑務所を出所した人が博多駅に着き，福岡市の窓口を訪れるという事例はある一方，支援が手厚いから来たという例はあまり聞かれないという[43]。流入の実情は，前述の実施計画にも示されていたように福岡市においても把握されているところであり，「流し込み」についても認識されている[44]。「流し込み」は，生活保護における現在地保護の原則からすると当然問題

第5章 歴史とデータ

表5-3 福岡市のホームレス自立支援のための施設の実績（2012年度まで）[45]

施設	事業開始	延べ入所者数	延べ退所者数	自立者数
就労自立支援センター	2009.11	371	310	221
福祉センター （一時保護自立支援事業）	2010.4	174	173	112
アセスメントセンター （自立支援事業）	2010.4	392	386	37
シェルター （緊急一時宿泊事業）	2010.7	407	387	346
松濤園 （要援護者支援事業）	2001	28	26	24

注：松濤園については2009年からの数字。
出所：「福岡市ホームレス自立支援実施計画（第3次）」の表を一部修正。

となる。

　なお，2010年以後の急減については，同市のホームレス自立支援事業の影響が大きいと理解されているようである。前述の第2次の実施計画には，2004年度から2007年度の施策の実施状況として，NPOとの共働事業で「就労自立支援事業」を実施したことなどが述べられている[46]。この他，厚労省による生活保護の運用改善のための諸通知の影響も考えられる。

　2008年のリーマン・ショックとその後のホームレス増加を受けて国のホームレス支援政策が拡大された2009年以降，福岡市のホームレス支援政策は大幅に強化される。福岡市においては，「複数の機能を有する核となる自立支援施設は，適当な候補地選定等が課題となり未設置」となっているが，市が設置した「就労自立支援センター」と，「一時保護自立支援事業」「自立支援事業」「緊急一時宿泊事業」などNPO団体が確保している支援アパートなどを活用した事業とで，分散立地型で自立支援施設の機能を代替している。「各施設の特色を活用することによりホームレス数の減少につながって」いるとの評価がなされている。表5-3は，これらの事業の2009年頃から2012年度までの実績を示したものである。

　このようなホームレス自立支援事業による困窮者流入は発生していたのだろうか。次項で考察する。

　使用したデータは表5-3の通りである。①被保護人員数（2001年），②被保

177

第Ⅲ部　リソース・フローによる抑制の証拠

護人員数（2004年），③被保護人員数（2007年），④人口（2001～2008年平均），⑤社会増加数（2001～2008年平均），⑥高齢単身世帯数（2005年），⑥有効求人倍率（都道府県データ，2001～2008年平均）⑦ホームレス概数（2003年，2007年，2008年平均）。被保護人員数の扱いについては，Abadie, Diamond and Hainmueller (2010) を参考にした。[47]

　期間が2001年から2014年である理由は，2000年の地方分権一括法施行と2015年の生活困窮者自立支援法施行に挟まれた制度の安定期であり，分析に不確定な要因が入り込みにくいと考えたためである。[48]

（2）分析結果──「福祉の磁石」は作用した

本項では分析結果を報告し，プラシーボ・テストを行う。

○結　果

　分析の結果推定されたウェイトは，札幌市が0.466，高松市が0.534となった。[49]各独立変数に付されたウェイトは（変数はウェイトの高い順），被保護人員数（2004年）（0.383），被保護人員数（2007年）（0.383），被保護人員数（2001年）（0.231），人口（0.001），高齢単身世帯数（0.001），社会増加数（0.001），有効求人倍率（0.001），ホームレス概数（0.001）である。

　次に参考までに，実際の福岡市，合成福岡市，コントロール・グループ内各市の加重平均（人口比）それぞれの各変数のデータを表5－4に示す。加重平均（人口比）は，各変数の各年の平均値に2008年のコントロール・グループ内人口比率をかけたものである。合成福岡市は実際の福岡市に似ていない部分もあるが，単純な加重平均（人口比）よりは福岡市に近いことが読み取れる。

　福岡市と合成福岡市の被保護人員数の推移はどうだろうか。両者を比較したのが図5－5である。黒い実線が福岡市，灰色の実線が合成福岡市である。福岡市の曲線は，観察されたデータに基づくものである。合成福岡市の曲線は，札幌市と高松市のデータにそれぞれ算出されたウェイトをかけて足し合わせた値を示している。前述のように，図の左側の区間（灰色で示された区間）のデータを用いて，ウェイトを推定している。右側の区間を見ると，2つの直線が乖離していっている。これはホームレス自立支援事業を実施していない合成福岡市よりも実際の福岡市の被保護人員数が多くなっていることを示している。図

178

表5-4 福岡市,合成福岡市,加重平均(人口比)の比較

	福岡市	合成福岡市	加重平均(人口比)
人口	1332783.88	1140547.20	710384.42
社会増加数	6749.25	3027.47	807.21
有効求人倍率	0.72	0.96	0.91
高齢単身者世帯数	45461	38067.19	23442.40
ホームレス概数	724.33	74.66	58.70
被保護人員数(2001年)	21174	20306.07	8675.68
被保護人員数(2004年)	24322	24398.55	10951.85
被保護人員数(2007年)	26483	27010.27	12617.60

出所:筆者作成。

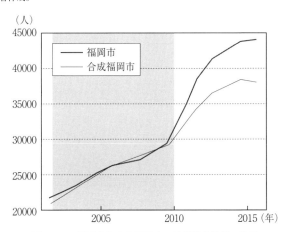

図5-5 福岡市と合成福岡市の被保護人員数の比較
出所:筆者作成。

5-2のように,ホームレス概数の減少が1000人未満であるのに対し,ギャップは最大で5000人以上に達している。もしその差をホームレス自立支援事業の因果効果と解釈できるとすると,ホームレス自立支援事業によって路上からホームレスが生活保護に移行したという以上の効果が生じていることとなり,市外から困窮者が流入した可能性が高いという「福祉の磁石」論と親和的な結果が得られたといえよう。

しかし,因果効果の推定には慎重になる必要があるという立場から,本節で

第Ⅲ部　リソース・フローによる抑制の証拠

は次にプラシーボ・テストを行う。

○プラシーボ・テスト

　プラシーボ・テスト（"placebo tests"）は，反証テスト（"falsification test"）等の名称でも先行研究に見られ，その目的は，得られた分析結果が全く偶然にもたらされたのかどうかを調べることである。大きな効果が推定されるはずのないセッティング（偽薬試験＝プラシーボ・テスト）で，もし福岡市の自立支援事業本格実施と同様の効果が推定されたとすれば，本章の分析結果は信頼性を疑われることになろう。

　以下に，福岡市と同様の設定で，コントロール・グループ内の各市に合成コントロール法を適用したプラシーボ・テストの結果を示す。いわば「空間のプラシーボ」（"in-space placebos"）である。図5-6に，合成コントロールの仮想的な値と実測値のギャップを図示している。福岡市ほど大きなギャップが生じている市はないことがわかる。この点では，十分な実証結果が得られている。図では，RMSPE（root mean squared prediction error，予測誤差〔実測値と合成コントロールの仮想的な値との乖離を示す指標〕）が福岡市の5倍以上である札幌市は除外してある。札幌市のRMSPEは，処置前・処置後とも圧倒的に大きな数値（処置前：31442.99，処置後41385.43）であり，実測値と合成コントロールの値がかけ離れている（適切な合成コントロールを作成できなかった）。

　次に，RMSPEの処置（ホームレス自立支援事業本格実施）前後比率を確認する。この値が低ければ，処置の前後で実測値と合成コントロールの仮想的な値のギャップが変わらないことが疑われる。福岡市の値は12.46であり，先行研究と比較しても遜色はない。[50]

　しかし，旭川市（49.93）のように，これ以上の値が得られている自治体もある（ただし旭川市ではマイナスの効果が推定されている）。この理由は，本章の事例選定と関係が深いと考えられる。福岡市の処置後RMSPEは4365.16と，コントロール・グループ内の最大値1945.58（旭川市）と比べても倍以上である。他方，福岡市の処置前のRMSPEは350.23であり，コントロール・グループ内でもこの値を超える自治体は千葉市（509.25）と高松市（402.40）のみである。福岡市の被保護人員数の大きさなどの都市の特殊性が影響して，他の自治体と比較したときに，分析対象に似た合成コントロールの作成が相対的に困難であっ

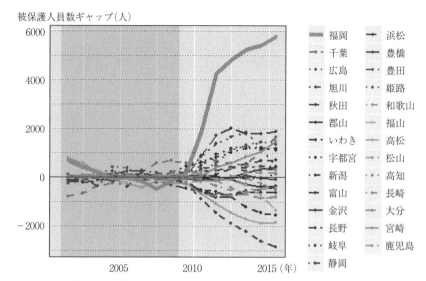

図 5-6 空間のプラシーボ・テストの結果（被保護人員数ギャップ）
出所：筆者作成。

たと考えられる。この点は本分析の限界であるが，実証結果としては十分であり，また，一部の大規模自治体が実施主体となっており，マッチングの相手を容易に見出しがたいというホームレス自立支援事業全体の制約を考慮すれば，本分析の意義は失われないと考える。

次に，時間のプラシーボ（"in-time placebos"）を実施する。実際の時期と異なる時期に処置があったと仮定して合成コントロールを作成し分析を行う。本章では，2005年にホームレス支援事業が実施されたと仮定するセッティングを適用した。このセッティングでも処置の年（この場合は2005年）を境目とする大きなギャップが生まれてしまえば，本分析の結果が単なる偶然で生まれた可能性が高まる。しかし，結果としては，そのようなギャップは生まれなかった（図5-7，ウェイトは2009年セッティングと似ており，札幌のウェイトが0.474，高松のウェイトが0.526）。

RMSPE の処置前後比率は10.81となり，2009年セッティングから低下している。時間のプラシーボにより，本分析の一定の信頼性が示されたと考えることができる。

第Ⅲ部 リソース・フローによる抑制の証拠

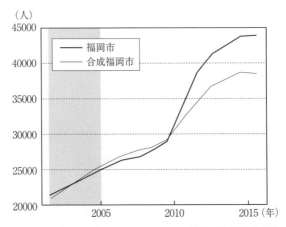

図 5-7 時間のプラシーボ・テストの結果（被保護人員数ギャップ）
出所：筆者作成。

3 議論──抑制を引き起こしうる「福祉の磁石」効果の確認

　本章ではマクロレベルでホームレス支援政策を概観し，その性質を論じた。リソース・フローの１つである「福祉の磁石」が作用していることが学術上も実務上も重要となっていることを確認した。

　政策波及論の観点から本章の内容を研究全体のプロセスに沿って総括すると，内生条件だけで説明できるかという点に対する答えは，説明できないということである。国の介入によってホームレス自立支援政策が波及した（垂直波及）ことを想起できる。

　また，本章では処置後の合成コントロールの値と実測値の差が大きいことから，福岡市においてホームレス自立支援事業が被保護人員数に大きな影響を与えたと考えられることを示した。推定された効果が大きかったことから，「福祉の磁石」論の通り，ホームレス自立支援事業の本格実施を機に流入・「流し込み」が増加したという可能性がある。

　本章の分析により，ホームレス支援政策においてリソース・フローによる抑制が生じている可能性が高まったといえる。

ただし，空間のプラシーボ・テストの結果を考慮すれば，分析には一定の限界がある。少なくとも，コントロール・グループと対比した場合の福岡市の特異性は指摘せざるをえない。

　本分析は一定の内的妥当性があるとは考えられるものの，外的妥当性について言えることは少ない。その他の事例の分析が求められる。パネルデータ分析や差分の差分法（Difference-in-Differences method）による，対象となる市全体の分析も必要であろう。ただし，他自治体の影響のモデル化が大きな障害となろう。また，分析対象がSUTVAを満たしているかどうかも問題となる。

　今後，福岡市とその周辺自治体で何が起きたのか，聞き取り等によって深く掘り下げて調べることも必要となろう。今回部分的にデータで比較した，福岡市と札幌市等のより詳細な比較も興味深い。

　流入があったとして，それが自発的な移住なのか，強制的な「流し込み」なのかも，今後検討する必要があろう。「流し込み」は伝統的な「福祉の磁石」論の枠組みではあまり捉えられてこなかった現象であるが，固有の解決策を必要としていると考えられる。流し込む側はその行為を基本的に認めないという。国も長期間にわたり本質的な対処はしていない。流入も「流し込み」も顕在化しない構造がある。あるいは，見えていても見えていないことにしているとも受け取れる。実態解明が求められる。

　注
（1）　ホームレス自立支援事業ではなく，「ホームレス支援政策」と分析対象を広く
　　　とるのは，政策イノベーションが起きるメカニズムに着目したいからである。
　　　2000年代の自立支援事業の波及は表面的には国の立法と事業がきっかけである。
　　　しかし，国を動かしたのはそれ以前の各地域の取り組みである。両者を連続的に
　　　捉えることは有益である。
（2）　ホームレスという用語は，比較的最近広まった言葉であり，かつ多義語であ
　　　る。岩田（1997）によれば，この言葉はその響きから予想されるように外来語で
　　　1970年代末頃から欧米で頻繁に使われだした。欧米諸国では，日本より早い，か
　　　つ日本より大規模な，「極貧層」の再出現という問題に直面した。そのような層
　　　は先進国としての富の蓄積と福祉国家の政策によるその分配によって消えたはず
　　　であったため，「ホームレスの登場」は社会に驚きと困惑を生み出したという。
　　　　そこで，ホームレスの定義が必要となる。ホームレスとは，通常「慣習的な居
　　　住に欠ける状況」（岩田1997：4）と定義される。この定義は一見簡潔で文句の

付けどころなく感じられるが，問題はそれほど単純ではない。

第1に，住居がある状況と住居がない状況は，現実には明確には分けられない場合がある。いくつかの調査によって，野宿をする者にも，ずっと野宿をしている者と，簡易宿泊所，飯場，ホテル，病院，施設等のなんらかの「住居」と路上を行き来する者がいることが示されている。たとえば後者の全容を把握することは，そう簡単なことではない。

第2に，路上で起居する形態も一様ではない。起居する場所が決まっている者（「常設型」等と分類されることが多い）と，決まっていない者（「移動型」等と分類されることが多い）に大別できる。前者は後者より把握されやすい。

このような実情から，ホームレスを「不安定な居住環境におかれている者」というように広く定義する場合もあるが，本書ではホームレスの自立の支援等に関する特別措置法に準拠して，「都市公園，河川，道路，駅舎その他の施設を故なく起居の場所とし，日常生活を営んでいる者」と狭く定義する。本書のホームレス支援政策の分析の目的が，なぜ特定の政策が実施されたかを明らかにすることだからである。もっとも，必要に応じて先に述べた意味で「広義のホームレス」という語を用いる。

（3）　歴史的経緯については，岩田（2007）に簡潔に述べられているほか，岩田（1995）が本格的な実証研究を行っている。

（4）　その兆候は，1992年の暮れから1993年の正月にかけて見られた。新宿区では「人道的支援」としてカップ麺等（その後乾パン等に変更）による応急援護である「生活相談」を実施していたが，その相談件数の動向を見れば問題の拡大傾向がよくわかる。1991年度頃までは3000人台で推移していた件数が，1994年度には4万人強，1995年度は約9万人，1997年度には10万人以上と急増している。同様の傾向は，東京都が山谷地区に設置している城北福祉センターの生活相談件数の統計にも見られる。

（5）　ホームレス自立支援法以前の支援体制の特徴を，岩田（1997）は4点にまとめている。第1に，「寄せ場」の延長としてホームレス問題に対処しており，新しい都市問題として見る視点が希薄である。第2に，労働，保健・衛生，住宅など総合的で部署を超えた対策ではなく，福祉対策が中心となっている。第3に，臨時・緊急対策と一般行政対応の中途半端な折衷である。第4に，一般社会の利益とホームレスの人権や生活保障を対立させがちである。

具体的には，生活保護法のいわゆる法内の対応と法外の対応が多くの自治体の主要な福祉対策であった。前者は一般行政での対応であり，後者は臨時対策・ホームレス向け対策ともいえる。わが国の生活保護法においては，現在貧困であること，他に活用すべき資産や能力がないことが証明できれば，住民票がなくとも利用できることになっている。しかし，「住所不定者」は生活保護の対象とはせず，施設保護を原則とする自治体もあり，運用にはばらつきがあった。また，

病気の場合に生活保護の医療扶助だけを路上からの通院に適用する，いわゆる医療単給という対応も1990年代後半に増加していたという。法外の対応としては，食料の支給，また特に冬場は臨時施設への収容等が行われている。

（6）　以下のような指摘がある。「1999年まで，日本政府の見解は憲法と生活保護法がある以上，非自発的なホームレスなどありえないというものだった。もし自分の経済能力で生活が出来なければ，生活保護を受ける権利があるから，ホームレスになる必要はない，ということである。

実際に多くの人々が路上でダンボール生活していることを指摘されれば，それは政府のせいではなく，（1）「好きだからやっている」・「プライドがあるから生活保護を申請したくない」（つまり野宿者自身の問題），または（2）「申請をしてもなんらかの理由で却下された」（つまりその決定をする市の行政または区の福祉事務所の問題である）――というような説明が使用された（ギル 2004：55）」。

（7）　東京都の自立支援センター構想についても，同論文では設置場所についての地元との調整等で暗礁に乗り上げていると述べられている。

（8）　具体的には，以下のメンバーである。中央省庁側は，内閣官房内閣内政審議室長，厚生省社会・援護局長，労働省職業安定局長，警察庁生活安全局長，建設省大臣官房総務審議官，自治省大臣官房総務審議官，内閣官房内閣内政審議室内閣審議官，厚生省社会・援護局地域福祉課長，労働省職業安定局高齢・障害者対策部企画課長，警察庁生活安全局生活安全企画課長，建設省大臣官房政策課長，自治省大臣官房企画室長。自治体側は，東京都副知事，横浜市助役，川崎市助役，名古屋市助役，大阪市助役，東京都新宿区長，東京都福祉局長，横浜市福祉局長，川崎市健康福祉局長，名古屋市民生局長，大阪市民生局長，東京都新宿区助役。

（9）　「ホームレス問題連絡会議開催要綱」より。

（10）　同対策が設定するホームレスの3類型とは，①就労意欲があり仕事がない者（TYPE 1），②医療，施設等の援護が必要な者（TYPE 2），③社会生活を拒否する者（TYPE 3）であり，同対策は①には就労による自立，②には福祉等の援護による自立，③へは社会的適応の促進を対応策として想定している。この中で，特に③への対応（施設管理者による退去指導，福祉事務所による巡回相談，施設管理者・自治体・警察の連携によるパトロール，警察による防犯指導）がホームレスを犯罪予備軍扱いしている等との批判を受けている。

（11）　後述する「福祉の磁石」的側面のほか，自治体が「一般的な相談，援助事業に加え，人道的，倫理的な立場から健康診断や越年対策事業，緊急一時宿泊事業などを実施しているが，これらは必ずしも根本的な解決のための対策となっておらず，その一方で財政的負担も大きくなっている」点が挙げられている。

（12）　事業内容は（1）宿所・食事提供，（2）健康管理，（3）生活相談等各種相

第Ⅲ部　リソース・フローによる抑制の証拠

談，（4）生活指導，（5）街頭相談，（6）職業相談・斡旋で，実施主体は市区町村（補助率1/2），全国8ヵ所において実施された（定員は全体で1300人）。ギル（2004）が厚生労働省の資料に基づいて整理した数字によれば，2000年度予算（旧厚生省）は9.72億円，2001年度予算は10.80億円であった。

(13)　笠井（2001）に従って当時の動向を追えば，1999年2月の「ホームレス問題連絡会議」の開催前後から，自治体レベルから国への要望としてホームレス立法制定要求の動きはあった。新宿区は生活保護の現在地主義を改める特例法が必要だと主張し，東京都，横浜市，大阪市などは仮小屋撤去の実効性ある法令の整備を求める（第2回連絡会議）など，各自治体は切実な主張を繰り返してきた。1999年4月には，東京都，新宿区，川崎市，名古屋市，大阪市，横浜市で構成される「ホームレス問題連絡会議関係都市会議」が，①国の責任の明確化と指針の明示，②相談体制の確立，③自立支援事業の位置付け，④公共施設の適正化を柱とする「特別立法」制定を当時の厚生省社会・援護局長に求めた。このような要望の存在を鑑みれば，2000年11月の「ホームレス自立支援事業実施要綱」の存在をどうみるかに議論の余地はあるとはいえ，1999年から2000年頃においても中央政府は立法化に消極的であったというしかない。

(14)　2001年6月には民主党案が提出されていたが，最終的には与野党5党による草案が提出され，可決された。

(15)　ただし，これら2つの制度に全てのホームレス支援政策が分類できるわけではない。たとえば野宿生活から一般住宅での生活へ移行する際に重要な役割を果していると言われている「中間施設」には多様な種類が存在する。主に根拠法ごとに大別すると，①ホームレス自立支援法に基づく施設として，自立支援センター，アセスメントセンター，公園等に設けられたシェルター，②生活保護法上の施設として，更生施設，救護施設，宿泊提供所，③主に寄せ場施策の経緯を持つ法外援護として，一時保護所，ケアセンター，一泊シェルター，④社会福祉法上の無料定額宿泊所，⑤民間施設・住宅として，病院などの医療機関やNPO等の民間支援団体が借り上げた住宅，支援者の個人宅である。

(16)　ホームレス自立支援法は10年間の時限法であり，2012年に期限を迎えたが，同年に5年間の延長が，そして2017年には10年間の延長が決められている。

(17)　ホームレス自立支援法は，国には全国実態調査を義務付け（第14条），各自治体には「必要があると認められるときは」「ホームレスの自立の支援等に関する基本方針」に即しホームレス問題の実情に応じた施策を実施するための計画（いわゆる「ホームレス自立支援実施計画」）の策定を義務付けている（第9条）。

(18)　たとえば，生活保護は野宿生活状態であっても申請できると定められているにもかかわらず，野宿生活状態のままでは申請を受理しない自治体や，申請を受理した後に野宿生活状態であることを理由として却下している自治体が少なくないという。2009年4月に実施された「ホームレス法的支援者交流会」によるアン

ケート調査によれば，このような生活保護の法や通知に反した不適切な運用を行っている自治体が約5割（正確には47.9％）に上るという。

(19)　同論文と同様の表を掲載している垣田（2011b）を見ると，以下で出てくる「四大都市」「政令指定都市等」「地方都市」の類型は，水内（2009）と同じものであると考えられる。

(20)　同論文では詳細な説明は省略されているが，表の数字は国庫補助事業以外で単独の事業を行っている市区町村についてのものであると推測される。

(21)　民間支援団体の支援活動の費用がどこからも支払われないことを背景に，多くの民間支援団体は生活保護受給者から支援の利用料を徴収せざるを得なくなっているという。支援に見合わない利用料を徴収して利益を得るいわゆる「貧困ビジネス」との境界が問題となりうる。

(22)　厚生労働省ホームページ：http://www.mhlw.go.jp/topics/2004/bukyoku/syakai/1-j2.html（2023年7月30日アクセス）。

(23)　具体的には，「Ⅰ　自立支援事業等の拡充」として「ホームレス総合相談推進事業」，「ホームレス自立支援事業」，「ホームレス緊急一時宿泊事業（シェルター事業)」「ホームレス能力活用推進事業」が，「Ⅱ　保健衛生の向上」として「ホームレス衛生改善事業」「ホームレス保健サービス支援事業」が，「Ⅲ　就業機会の確保」として「ホームレス自立支援職業相談員の配置」「ホームレス就業開拓推進員の配置」「日雇労働者等技能講習事業」「ホームレス等試行雇用事業」が挙げられている。

(24)　なお，元資料の表には，2010年度予算額の列の「Ⅲ　自立支援事業等の実施（社会・援護局計上分)」の欄に2009年度第2次補正予算額，同じく2011年度予算額の列の同項目の欄に2010年度補正予算額が記入されていると理解できる表記があるが，上図では元資料作成者の意図を尊重し，元資料の通り作図した。

(25)　ただし，ホームレス概数に関するグラフの増加局面を見る際には注意が必要な点がある。たとえば「調査対象自治体合計」（図5−2では示していない）が調査開始時から2003年にかけて急増している要因のひとつは，単純に調査対象自治体が増加したことであると考えられる。各自治体が調査を行った時期はバラバラながら，一般に1998年の調査として言及されることの多い第1回調査は，東京23区，政令指定都市，中核市，県庁所在地の比較的ホームレスが多く存在すると考えられた77市区を対象に行われたものである。同じく調査時期にバラつきはあるが，1999年と2001年の調査とされている第2回，第3回調査では，全国の都道府県に調査依頼は行っていたものの，全国すべての市区町村から報告があったわけではなく，報告があった市区町村数もそれぞれ異なっていた。1999年調査では132市区町，2001年調査では420市区町村からの報告があった。

(26)　前述のように，2009年度第1次補正予算より緊急雇用創出事業臨時特例交付金（基金）が創設され，自立支援事業の補助率が1/2から10/10に引き上げられた

第Ⅲ部　リソース・フローによる抑制の証拠

ことなどである。

(27)　概数調査についてはその正確性に対する批判もあるが，福岡市では「巡回ふく
おか」（団体名「福岡県社会福祉士会」，事業所名「巡回ふくおか」）がホームレ
ス概数を丁寧に調査しており，実態との乖離はさほど感じられないという。NPO
法人福岡すまいの会理事長・担当者インタビュー，2017年8月31日13：30〜14：
30。

(28)　なお，一部に異論はあろうが，「都市の限界」論においては再分配政策である
といえよう。

(29)　以下の聞き取り調査の結果が非常に興味深い。「大阪市が頭を悩ませているの
が，受給者の『たらい回し』問題だ。10年2月9日行われた『生活保護行政特別
調査プロジェクトチーム』の会合で明らかにされた聞き取り調査の結果による
と，09年12月に受給を申請した2816人のうち，半年以内に市外から転入してきた
人が1割近い274人もいたというのだ。（中略）さらに，そのうち27人は，一度他
の自治体の窓口で相談したにもかかわらず，『大阪市西成区なら申請が認められ
やすい』などと大阪市行きを勧められたのだという（下線引用者）。27人の内訳
は，府内自治体で勧められたのが12人で，九州や四国など府外の自治体が15人。
なかには，大阪までの片道の交通費を渡されたケースもあったという」。J-CAST
ニュース，2010年3月4日：https://www.j-cast.com/2010/03/04061600.html?p=
all（2023年7月30日アクセス）。

(30)　NPO法人釜ヶ崎支援機構理事長インタビュー，2018年1月31日14：00〜17：
00。覚醒剤常用者，精神疾患を抱える者，刑務所から出たばかりの者などが，
「知り合いから聞いた」等の理由で流入することがある。また，非自発的に「放
り出される」ケースもある。過去には，病院からパジャマ姿のまま出され，公園
に置き去りにされた例もあるという。このような場合，支援団体の層が厚く，敷
金・礼金不要のゼロゼロ物件も多い釜ヶ崎が居場所となることがある。55歳以上
の日雇労働者を雇用する釜ヶ崎の「高齢者特別清掃事業」（1994年から始まった
大阪府及び大阪市の事業，NPO等が委託を受けて実施）のように，就労機会の
提供を図る取り組みもある。流入が単純に悪いという見方は近視眼的であるだろ
う。

(31)　大阪市提供資料より。内訳は，市内45.6％，市内を除く府内9.8％，府外
44.6％となっている。

(32)　ホームレス流入の要因について推測している記載もある。「周辺自治体からの
流入も相次いでいるのだという。名古屋市が11月17日から11月27日にかけて，区
役所を通じて行った調査によると，市外から32人が『住む場所がない』などとし
て相談窓口を訪れている。内訳は三河地区からが10人，愛知県外からが20人，な
ど。32人のうち4人は，『地元市町村から交通費を支給された上で，名古屋市に
行くように案内された』のだという。つまり，一部の自治体は『自分のところで

は対応できないので，名古屋に行け』という対応を行っているということだ。受け入れ施設の運営費は名古屋市と国が折半する形でまかなわれているため，名古屋市の納税者からは『不公平だ』という声も上がりそうだ。

名古屋市の保護課では，このような状況に対して，『従来から県に改善の要望をしている』と話す。

『ホームレスの受け入れ施設は，県内には名古屋市にしかないので，ホームレスの流入が起こっている（下線引用者）。保険事務所から（市外からの流入）事案の報告があった場合には，県には事実確認をお願いした上で，事実だった場合には改善をお願いしている。具体的には，名古屋市以外の県内に受け入れ施設の建設を要望している』」。J-CAST ニュース，2008年12月10日：https://www.j-cast.com/2008/12/10031835.html?cx_recsOrder=1 &cx_recsWidget=articleBottom（2023年7月30日アクセス）。

(33) 『神戸新聞』2015年6月12日。

(34) 厚生労働省（2007）「ホームレス施策実施状況等」，厚生労働省（2012）「ホームレス対策事業運営状況調査（概要）（2011年度）」，エム・アール・アイ リサーチアソシエイツ株式会社（2014）「生活困窮者支援体系におけるホームレス緊急一時宿泊事業等に関する調査研究報告書」，各自治体ホームページ，各自治体のホームレス自立支援実施計画等を参照し，2000年から2014年までのホームレス支援施設定員（自立支援センター定員と緊急一時宿泊施設定員）を独自に調査した。なお，都道府県が設置している施設の定員を加算して11名を超えた自治体は数に含まない。

(35) Rubin（1986）は，SUTVA を，どんなメカニズムで処置 t がユニット u に割り当てられようと，どんな処置を他のユニットが受けようと，u が t を受けたときの Y の値が同じであるというアプリオリな仮定と定義している。ここでは，処置を受けるグループとコントロール・グループの間に相互干渉がなく，処置が一定であることという意味で用いている。

(36) 処置群のユニット1つ1つについて，それぞれ共変量が同じユニットをコントロール群から選び出して反事実（counterfactual）として採用し，観察されなかった潜在的結果を補完（impute）した上で比較を行う手法（森田 2014）。

(37) 阪神・淡路大震災が雇用に与えた影響を合成コントロール法を用いて推定した研究によれば，同手法は自然災害などの1回限りの事件の影響の検証に有用であるという（佐野・高岡・勇上 2015）。同論文がレビューしているように，合成コントロール法は震災の影響の検証にも採用されている。繰り返しのないできごとという点は，ホームレス自立支援事業の本格実施も同様である。

(38) 最適化の詳細については，Becker & Klößner（2018）が最新の展開をフォローしている。本章の分析では R（3.5.1）を使用し，合成コントロール作成のためのウェイト推定には同論文で解説されている MSCMT パッケージを利用し

第Ⅲ部　リソース・フローによる抑制の証拠

た。同論文で検証されているように，各ソフトウェアやパッケージの最適化の方法の詳細に違いはあるが，本章の場合，Stata で分析した場合と結果に大きな差がないことを確認している。

(39)　厚生労働省（2007）「ホームレス施策実施状況等」，厚生労働省（2012）「ホームレス対策事業運営状況調査（概要）（2011年度）」，エム・アール・アイ リサーチアソシエイツ株式会社（2014）「生活困窮者支援体系におけるホームレス緊急一時宿泊事業等に関する調査研究報告書」，各自治体ホームページ，各自治体のホームレス自立支援実施計画等を参照し，2000年から2014年までのホームレス支援施設定員（自立支援センター定員と緊急一時宿泊施設定員）を独自に調査し，定員が11名以上の年があった自治体をホームレス自立支援事業本格実施自治体として除外した。具体的には，仙台市，東京23区（ホームレス研究においては慣例的に１つのユニットとして扱う場合が多い），横浜市，川崎市，名古屋市，京都市，大阪市，神戸市，北九州市，堺市，岡山市，熊本市を除外している。なお，都道府県が設置している施設の定員を加算して11名を超えた自治体も念のため外している。

(40)　福岡すまいの会の代表であった齋藤輝二による一連の論文，また比較的新しいものとして福岡における「パーソナル・サポート・サービス」モデル事業を紹介する佐藤（2012）など。

(41)　NPO 法人福岡すまいの会理事長・担当者インタビュー，2017年８月31日13:30〜14:30。調査時点においては，市内の公園で地下を使った貯水システムが建設されたため，公園のテントなどは強制撤去されている。出来町公園や人参公園がその例である。ホームレスが最後に残っているのは，山王公園，須崎公園（テントも有），舞鶴公園，音羽公園，大濠公園，中比恵公園などである。

(42)　なお，この増加傾向は全国的にみられる。

(43)　NPO 法人福岡すまいの会理事長・担当者インタビュー，2017年８月31日13:30〜14:30。

(44)　福岡市保健福祉局総務部生活自立支援課担当者インタビュー，2017年９月１日（金）９:15〜10:00。事態の継続性のみならず，変質も把握されている。たとえば，リーマン・ショックの失業多発状況から，仕事がある状況への変化があり，誰が弾き出されているのかは異なってきている。

(45)　アセスメントセンターは，就労自立支援センターの初期アセスメントを行うという位置づけなので，基本的に就労自立支援センターにケース移管している。アセスメントセンターの自立というのは直接就労自立支援センターに行かずに自立したケースである（自立率が極端に低いということではない）。そのため，入所者としてはアセスメントセンターと就労自立支援センターでは二重計上することになる。

　　就労自立支援センターは全て，アセスメントセンターを経由してケース移管さ

第5章　歴史とデータ

れてくるので，アセスメントセンター退所者と就労自立支援センターの入所者は大半が同一ということになる。就労自立支援センターの自立者は生活保護のみで退所した人を含んでいない（NPO法人すまいの会担当者からのメールによる補足による）。

(46)　同事業では「ホームレスの就職指導を行い，就職が決定したホームレスをNPOが借り上げている住居（定員10人）に入居させ，自立の指導及び生活相談等を行いながら自立資金を貯蓄させ，住居を設定し自立支援を行っている」。実績としては，2004〜07年度で，延べ79人が同事業を利用し自立したという。ただし，就労自立支援事業はモデル事業であり，定員が少なく，同事業を活用した自立件数も年間20件程度であることから，支援の拡充が必要であるとされた。同計画では，より充実した支援体制の核として，複数の機能を有する自立支援施設の設置に言及している。

(47)　データは年度で取られているものと西暦で取られているものが混在しているため，西暦に統一した。たとえば2000年度のデータは，2001年とした。

(48)　より長期のデータを使用したほうがよいという立場も考えられる。今後の課題としたい。

(49)　他市のウェイトは0となった。

(50)　十分に明確な分析結果が得られたと考えられるAbadie, Diamond and Hainmueller（2015）において，約16と報告されている。

第6章

比較事例研究

——誰が「福祉の磁石」を警戒したか——

1　比較事例研究の概観

　本章では，先行研究の結果と第5章の分析によって示された，リソース・フローメカニズムが政策の遅延を生じさせるという説明を補強する。また，何がその効果を強めるのかを発見することを目指す。比較事例研究の方法は第3章と同じである。どのような事例を比較すればその目的が達せられると考えられるのかを示したのが表6-1である。X_1は独立変数，Aは先行条件を表す条件変数，X_2はコントロール変数のベクトル，Yは従属変数である。2つの事例で異なる値を持つAが見つかった場合，AがXの効果を強めYの値の差異をもたらした可能性が生じることになる。

　本章で選択した事例は福岡市と北九州市である。福岡市は第5章の分類によれば第II群，北九州市は第I群に属する。第5章第1節第3項でみたように，政策採用（公設のホームレス自立支援施設の開所）の時期が5年ずれている。この時期におけるホームレス問題への高さを考えればこの差は小さくない。まして福岡市におけるホームレス概数は北九州市よりも多かったにもかかわらず，ホームレス支援政策の本格導入が遅れたことは説明を要する課題である。両市において，X_1は第1条件が満たされているが第2条件が満たされていないことであるため同一である。主要なX_2は生活保護の住居のない者についての適用のあり方や地理的要因である。支援団体によるホームレス支援が先行したところも同じである。もちろん共変量は完全に同じではないし，2つの事例の相互作用もある。厳密な因果推論が可能な比較ではない。しかし，ホームレス支援政策については第I群と第II群の総数自体が少ないなか，2つの事例はホームレス概数を含め最も似通っていると考えられること，また本章の目的が厳密

第6章 比較事例研究

表6-1 本書における比較事例研究の方法(再掲)

	X₁	A	X₂	Y
事例A	1	?	0	1
事例B	1	?	0	0

出所:Gerring(2007:132)を参考に作成。

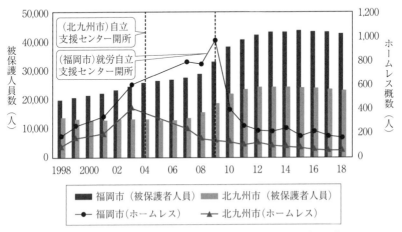

図6-1 福岡市と北九州市のホームレス概数および被保護人員数
出所:「ホームレスの実態に関する全国調査(概数調査)」,「福祉行政報告例」,「被保護者調査」各年度版より筆者作成。

な因果効果の推定ではなく抑制の証拠を探すことであることを考えれば,2つの事例の比較は十分に意味があるといえる。

　より詳細にみても,ホームレス問題が表面化していた期間やその深刻さには比較不可能なほどの差はないといえる。1992年には,「北九州越冬実行委員会」(4年前から救援活動を続けていた団体)は北九州市の野宿生活者が約80人,福岡市では約120人と把握していた。1996年にはこの数字は北九州市250人(北九州越冬実行委員会による),福岡市はJR博多駅内だけで約100人(福岡県警鉄道警察隊による)に急増した。1998年以降のホームレス概数は図6-1に示されている。2003年頃までは同じような上昇傾向を示している。同年,福岡市のホームレス概数は2001年の調査比78%増の607人に,北九州市は2倍強の421人に急増したと報じられた。大阪市や横浜市など他の大都市が人数を減らすなかで,九州の2政令市の大幅増が目立つこと,しかも九州・沖縄地区では大分市と宮崎

193

第Ⅲ部　リソース・フローによる抑制の証拠

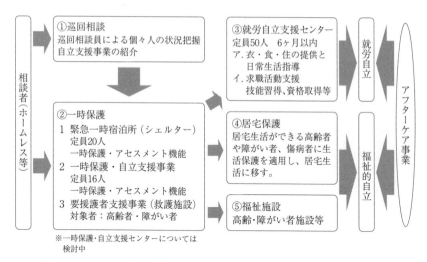

図6-2　ホームレス自立支援政策における生活保護の位置づけ（福岡市・2014年）
出所：「福岡市ホームレス自立支援実施計画（第3次）」。

市で3割以上，那覇市では1割以上ホームレスが減少しており福岡市・北九州市への集中がみられることが指摘されている[4]。

その後はそれぞれの市でホームレス支援が始まっていくなかで減少していったと考えられる。

他方，ホームレス支援政策の採用のタイミングは異なっていた。北九州市がホームレス自立支援センター（定員50人）を開所したのは2004年である。2003年をピークに，ホームレス概数は減少に転じている。他方，福岡市が就労自立支援センター（定員50人）を開所したのは2009年であった。福岡市におけるホームレス概数が2009年まで伸び続けたことを考えると，これは無視してよい差ではないといえるだろう。

なぜ2つの市におけるホームレス支援政策の本格導入時期に差が生じたのか。これが本章における問いである。

分析時期は1990年代から2018年頃までである。なお，障害者差別解消条例と同様に，事例選定はどちらかが良くどちらかが悪いという判断に基づくものでは全くない。

最後に，ホームレス支援政策と生活保護の関係について，本章の分析で必要な限りでまとめる。第5章で述べたように，ホームレス支援政策の法的基盤は

ホームレス自立支援法と生活保護法である。図6-2では，一時保護された相談者（ホームレス等）が③就労自立支援センター，④居宅保護，⑤福祉施設に振り分けられるフローがよくわかるが，④の居宅保護の場合に生活保護が適用されるとある。

　しかし，ホームレス自立支援と生活保護はいつも同一の方向に運用されるとは限らない。生活保護はホームレスのみを対象としているわけではもちろんない。ホームレス自立支援を強化しつつも，生活保護の「適正化」（あるいは「切り捨て[5]」）は維持するということはありうる。本章の分析からは，2000年代半ばの北九州市はそのような状態にあることが推測される。この点が本章の問いに回答する1つの鍵であると考えられる。

2　福岡市——時間がかかった政策形成

　福岡市は福岡県の県庁所在地であり，2020年1月時点の人口は約160万人の政令指定都市である[6]。分析対象時期の市長は桑原敬一（1986年12月7日～98年12月6日），山崎広太郎（1998年12月7日～2006年12月6日），吉田宏（2006年12月7日～2010年12月6日），高島宗一郎（2010年12月7日～）であった。

（1）ホームレス支援の一定の進展——ホームレス自立支援法施行前

　1993年1月，福岡市のJR博多駅の新幹線待合室に一夜を過ごす人が増えていることが報じられた。JR西日本は前年の12月から警備員による退去指導を始めたが，これに抗議して，ホームレスの生活を支援していた「福岡日雇労働組合」（大戸克委員長）は26日に同駅前で反対のビラ配りをし，同社福岡支社に対して追い出しをやめるよう申し入れた。同社によると，待合室で寝泊まりしているのは約30人であった[7]。同労組によると，福岡市内のホームレスは前年12月の中旬頃から急増し，例年の約2倍いたという。このうち，JR博多駅には約70人が野宿していた[8]。

　11月，福岡市は市内のホームレスの人数などを初めて調査し結果をまとめた。それによると市内には169人のホームレスがおり，最も多かったのはJR博多駅（75人）だった。ホームレスの日雇い労働者らでつくる福岡日雇労組は「福岡市内の野宿者は，少なくとも二百人は超える。市の調査は不十分」と反

発し，生活保護などの強化を求めた。市側は保護対策などは「検討中」とした。調査は福岡日雇労組側の要望で行った。[9]

　1995年8月の報道によれば，当時，博多駅構内にホームレスは平均40人から50人ほどいた（福岡県警鉄道警察隊による）。冬場は100人以上が集まったという。また，福岡日雇労働組合（山下直樹代表）は，福岡市内には300人を超えるホームレスがいるとみていた。年齢は50歳以上が大半で，この頃女性が増えているのが特徴であった。同組合は市に対して，宿泊施設の提供，市発注の建設工事の仕事に優先的にホームレスをあっせんするなど最低限の生活保障を求めていたが，交渉は進展しなかった。[10]

　1997年4月21日，ホームレスの人々のねぐらになっていたJR博多駅の2階新幹線広場が夜間立ち入り禁止になった。階段上り口をアコーディオンドアで深夜の11時半から翌早朝5時半にかけて閉め切って封鎖することとなった。広場を管理するJR西日本は「セキュリティーの向上のため」と説明した。関係者によると，当時博多駅で寝泊まりしていたホームレスは130人前後で，新幹線広場を利用しているのはその内の30人程度であった。吹きさらしで人通りがある1階と違い，2階の広場は静かで寒さを防げるため，大勢のホームレスが集まってきていた。[11]前日の20日には，駅前で福岡日雇労働組合のメンバーらが「5月に福岡で開かれるアジア開発銀行総会に向けた閉め出しで，許せない」とするビラを配った。[12]21日午後10時頃，新幹線広場にホームレスを支援する人たちが集まり，抗議行動をした。同日午後11時半過ぎから，JR職員らが2階にいるホームレスらを1階に誘導しようとしてもみ合いになった。職員ら約20人が2階へ上がる階段の入り口をアコーディオンドアで封鎖しようとしたが，ホームレスらが職員に体当たりして阻止しようとしたという。「駅長を出せ」「理由を説明しろ」などの怒声が飛び交い，広場は一時騒然となった。[13]22日未明まで混乱が続いた。[14]22日深夜もシャッターを閉めようとする駅員ら約30人とホームレスや支援者ら15人が小競り合いをした。23日午前0時すぎ，新幹線中央口のシャッターは閉め切ったが，東口では座り込みが続いた。[15]

　6月24日，福岡日雇労働組合（柴田一委員長，組合員約50人）は，JR西日本が4月からJR博多駅2階の新幹線広場を夜間閉鎖したことに対し，「ホームレスの寝場所を奪う人権侵害行為」として県弁護士会に人権救済の申し立てをした。26日夜に博多駅で閉鎖阻止行動をすると報じられた。[16]

1999年6月,「国は先月末,ホームレスの対応策を初めて打ち出した」との表現を含む記事は,福岡市が把握する市内のホームレスは公園で暮らす約170人と報じている。だが,県警の調査では,JR博多駅に200人以上のホームレスがいるという。また,ホームレス支援組織である「福岡おにぎりの会」が行う月に一度の炊き出しには150人から250人が集まった。同会のコース・マルセル代表は「一人ひとり,いろんな事情がある。役所の人は,もっと足を運んで実態を知ってほしい」と述べていた。

11月26日,福岡おにぎりの会が福岡市役所を訪れ,宿泊所の設置やパン券の支給,ふろや洗濯設備の提供,住居がなければ生活保護の対象としない市の姿勢の見直し—の4項目を求め,山崎広太郎市長あての要望書を提出した。同会は炊き出しや古着配布などホームレスの支援を1996年から続けており,「ホームレスが増え,ボランティアだけで問題の解決を図ることはもはや不可能」としていた。

2000年6月18日,7月8日の主要国首脳会議(沖縄サミット)福岡蔵相会合を控え,晩さん会会場の福岡市中央区の大濠公園などにいるホームレスの人々に対して福岡県が退去するよう指導を強化していることが明らかになった。ホームレスを支援している市民団体は,「その場しのぎの対応」として批判し,20日にも県に質問状を提出するとした。福岡おにぎりの会によると,大濠公園には約40人が生活していたが,20人ほどが公園管理事務所の職員から「外国からお客さんが来るので少しの間いなくなってほしい」などと説得されて,公園を退去したという。同公園を管理する福岡県公園街路課は「これまでも定期的に退去するよう説得している。サミットをにらんで説得の頻度を増やしたのは事実」などと説明している。

6月20日,主要国首脳会議(沖縄サミット)の蔵相会合を前に福岡県などが夕食会会場となる福岡市の大濠公園のホームレスに退去を要求している問題で,福岡おにぎりの会がホームレスを一方的に排除しないよう県に申し入れた。同会は,急増する野宿者に県が社会復帰への支援策を打ち出していないと指摘した。

この時期からすでにホームレスの他都市からの「流入」を警戒する声が聞かれていた。

第Ⅲ部　リソース・フローによる抑制の証拠

　福岡市の公園や路上で暮らすホームレスの増加が止まらない。８月の市の調査では300人を超え，５年前の８倍に達する勢いだ。市は全庁的な検討委員会を立ち上げ，来年度実施に向けて抜本的な対策を練り始めた。全国のホームレスは２万人を超え，大阪市や横浜市では自立支援のための施設整備の取り組みが始まった。一方で，手厚い施策はホームレス人口の流入を招くという声もあり，北九州市は排除の姿勢を明確にしている。九州最多のホームレス人口を抱える福岡市の対応が注目される。

　（中略）

　こうした全国の流れと異なる姿勢を貫くのが北九州市だ。６月には公園のホームレス小屋の撤去に行政代執行を初適用。８月には支援団体による市役所近くの広場での炊き出しを，２年間の黙認から一転して排除した。

　市側は「公園の公共性をかんがみた措置」と排除の正当性を主張。自立支援については「保健所で相談に乗っており，生活保護制度もある」。だが，同市の場合，住所のない人の生活保護は病院に搬送された場合に限られる。

　福岡市はホームレス問題に対する基本姿勢から検討を始めた。山崎広太郎市長は昨年暮れの市議会で，「（問題に）全庁的に取り組む」と答弁。４月から保護課に担当主査を置き，６月に検討連絡会議をつくった。年度内に総合的な施策を打ち出す方針だが，北九州市の対応もあり，施策の内容によってはホームレスの増加を招く可能性もある。

　野見山勤・保護課長は「宿泊施設の建設は地元の同意を得にくく，食券の配布は他都市からの流入につながる。妙案はないが，あくまで自立につながる施策を考えたい」と話している[22]（下線引用者）。

2001年３月３日，『朝日新聞』は福岡市が相談体制などのホームレス対策を強化することを伝えた。

福岡市がホームレス対策　相談体制の強化など　今秋から　【西部】

　全国で増え続けるホームレス対策として，福岡市は路上で生活する高齢者や病人を中心に医療や生活面の相談体制を強化し，結核対策や保健指導のための路上巡回検診を始める。厚生労働省によると，総合的なホームレス対策を打ち出すのは九州の都市では初めて。今秋実施を目指す。

市は昨年六月，ホームレス問題を考える検討連絡会議を庁内に設け，約一年かけて対策を練ってきた。救済の中心は高齢者や病人など，緊急保護を必要としている人たち。それぞれの状況に応じて対策を講じ，滞在施設を確保して生活保護適用に道を開くことも視野に入れる。

　路上生活者の結核対策は全国的な課題になっている。福岡市では年間延べ三百人近い路上生活者が病院に運ばれるが，うち十人前後が結核に感染しているという。市は保健婦らを巡回させ，結核の早期発見や保健・生活指導にあたる。

　路上生活者の相談窓口は中央福祉事務所にあったが，さらに保護第二課を新設，担当職員も五人から九人に増やす。

　働く意思や能力がある路上生活者の就労支援は，将来の検討課題としている。

　昨年十二月の市の調査では，市内の公園で暮らすホームレスは三百四十人。JR博多駅や県管理の公園も含めると市内に約五百人はいるとみられる。

　脇阪佳秀保健福祉局長は「公共の場の不法占有の問題と人道的観点から，行政として対策を講じる必要がある」と話している。

◇市が姿勢転換

〈解説〉　高齢者や病人など保護の必要性が高い人に当面限るとはいえ，福岡市が「住民票がない路上生活者は『市民』ではない」という従来の姿勢を変え，行政が取り組むべき課題ととらえて対策に乗り出すことは，一歩前進といえる。

　長引く不況や家族の崩壊で路上生活者の数は全国的に増え続けている。中でも九州最多の約五百人が駅や公園で暮らす福岡市では，人道的側面に加え，感染症対策や公共空間の占有による住民との摩擦など，深刻な都市問題になっている。

　国はホームレス問題で，就労を自立支援の最終目標に掲げている。施設で一時保護しても，そのあと路上に戻るケースが後を絶たないためだ。まず保護の必要性が高い人たちの救済を実現した後で，就労支援や居住場所の確保など，真の問題解決につながる取り組みを市に期待したい。[23]

第Ⅲ部　リソース・フローによる抑制の証拠

　2002年5月15日，ホームレスのためのシェルター（一時居住住居）を設置しようと，南区高宮の市女性センターで「ホームレス支援機構福岡すまいの会」が発足した。呼び掛け人で，ホームレスの聞き取り調査をしている東和大の斎藤輝二教授によると，市内には約500人の路上生活者がおり不景気で徐々に増加していた。一方，公的機関の支援は遅れており，現在は民間ボランティアが中心になってJR博多駅周辺などで食事や衣類の提供，パトロールなどの支援を続けているという。⁽²⁴⁾

　8月17日，「ホームレス自立支援法案」が衆院厚生労働委員会で可決された。法案は議員提案で，ホームレス問題では初の法整備であり，自立支援や発生防止のための施策を「国や地方自治体の責務」と明記し，雇用対策や住居確保などが柱となっていた。このニュースを伝える記事では福岡市の状況についての記述もあった。福岡市が把握する市内のホームレスは当時約340人（昨年12月調査）であった。市はこのうち高齢者や障害者，病人を救護施設に2～3週間保護し，生活保護を適用して野宿生活からの脱却を図っていた。今林映一・同市保護課長は「これまでは自治体の問題とされてきたが，法律で国の責務が明確になれば，国との連携がやりやすい。中でも就労問題は市だけで取り組むのは難しい面があった。今後は国や県と密接に連携しながら雇用に結びつけたい」と歓迎した。他方，福岡市中央区天神の公園で暮らして半年になる鹿児島市出身の元会社員男性（70）は「福岡の行政は何もしてくれていない。食事などの援助もボランティア頼み。法律ができたからといって何が変わるのか」と不信感をあらわにしたという。⁽²⁵⁾

（2）ホームレス支援政策の停滞

　2003年8月，福岡都市圏のホームレスの居住支援をしている「福岡すまいの会」が秋にNPO法人となると報道された。同会は前年6月に結成されていた。その年の10月から市内にホームレスを一時的に住ませるシェルターを設ける一方，アパートへの入居や生活保護などの申請を手伝う，就労支援をするなどしてきた。これまでに約40人のホームレスを支援した。しかし，入居や就労の際，会員個人が保証人になっていたため，支援対象が増えるにつれ，負担が過重になってきていた。そこで法人化することで，支援者全体で負担できるようにした。⁽²⁶⁾

10月の記事によればホームレスは急増していた。福岡市内のホームレス支援者の印象によると，「炊き出しに要るお米がここ2，3年で5倍に増えた」という。天神，博多地区などの公園や駅に600人余りが寝泊まりしている。出口の見えない不況のなか，社会復帰の道はなお険しい見通しであったという。自立対策を国や自治体の「責務」としたホームレス自立支援法施行から1年余りが経過していたが，福岡市の同年1月の調査によると，市内の公園や駅舎などで寝泊まりしている人は607人であった。2001年12月より30人ほど多く，50歳以上が78％を占めた。路上生活をするようになった理由は「倒産，失業，仕事の減少」が56％と最多だった。市保護課の高木三郎主査は「シェルター（緊急一時宿泊所）や自立支援センター建設は，周辺住民の理解が得にくい。炊き出しなどへの補助を求める支援団体もあるが，自立につながるかは議論もある」という。[(27)]

　これに対し，同じ頃，ホームレスらの住居を確保し，生活保護を受けられるようにする自立支援の動きが福岡県内でも活発化していた。「介護賃貸住宅NPOセンター」（三好京子理事長）は2003年4月から活動を本格化させ，約40人をアパートなどに入居させた。ホームレスが生活保護を申請しても，路上生活のままでは基本的に生活保護費は支給されない。住居を借りようとしても，連帯保証人などがいないため，断られることが多い。このため，センターでは市内にアパート1棟（8室），ビルの1フロア（10室，3食の賄い付き）を借り上げ，民間アパートも部屋単位で法人契約した。自立意識や就労意欲がある人を対象に，保証人や身元引受人になって転貸していた。6人が生活する同ビルでは，生活保護費から家賃3万6000円，食費3万6500円，光熱費6000円を受け取る仕組みであった。センターの江頭弘喜理事は「ホームレスは，ワーク（仕事）レス。不況で厳しいが，住居を足がかりにして自立や就職の手助けに力を入れたい」と話した。福岡市によると，同年1月現在のホームレスは50，60歳代を中心に607人であった。市保護課は「行政ができていない取り組みを，NPOが先行して実施している。そのノウハウを参考にさせてもらうとともに，NPOとも連携してやっていきたい」と評価していた。また，北九州市八幡東区でも，NPO法人「北九州ホームレス支援機構」が，民間のアパートを10室借り上げてホームレスを半年間住まわせ，自立を助ける独自の「自立支援センター」の取り組みを行っていることも新聞記事で紹介された。[(28)]

第Ⅲ部　リソース・フローによる抑制の証拠

2003年12月12日，NPO法人「福岡すまいの会」（理事長・斎藤輝二東和大教授）も博多区博多駅東に就労支援センターを開設した。就労支援センターはマンションの2部屋を借り上げたもので，7室に区切った個室に就職の決まったホームレスが一時的に住んだ。期間は3～4ヵ月で，その間にアパートなどの住居を探した。家賃は月2万5000円で，給料の出ない最初の1ヵ月間の家賃や生活費は会が貸した。酒やたばこは禁止とされた。風呂やトイレ，台所は共同で，個室には鍵がついていた。福岡すまいの会は2002年6月に設立され，2003年12月にNPO法人に認証された。これまでに約60人のホームレスに住居を世話してきたという。他に緊急時にホームレスを入れるシェルターも運営していた。同会によると，福岡市内のホームレスは当時約800人であり，斎藤理事長は「福岡市では年間約90人ずつホームレスが増えている。会の支援活動としては限界がきている。行政の責任でシェルターと就労支援センターを造ってほしい」と話していた。また，同会はホームレスが入居や就職する際に必要な保証人を募集していた。[29]

2004年2月，福岡市は自立支援センターを運営する民間団体に補助金を支出する方式を採用し，公営の自立支援センター設置を見送るとの記事が新聞に掲載された。

　　福岡市はホームレス支援策として，自立支援センターを運営する民間団体に補助金を支出する方針を固めた。市内の3団体を中心に総額約1000万円を援助する。公立の自立支援センターは設置せず，民間の支援団体への補助金交付という間接支援策をとる。
　　昨年1月の調査で市内で暮らすホームレスは607人。NPO・福岡すまいの会▽同・介護賃貸住宅支援センター▽福岡おにぎりの会－などが炊き出しや住宅・就職斡旋（あっせん）などの支援をしている。保証人を引き受けてアパートを借り上げてホームレスを入居させ，就職活動や生活保護の申請などを助けてきた。しかし，財政面での基盤が弱く，民間だけでは支援体制が限界に近づいていた。
　　計画では，民間団体と連携してアパートの部屋代などの補助をする。年間50～60人の支援を目指している。
　　東京や大阪など大都市では公営自立支援センターが設置されており，北九

州市は新年度，定員50人の自立支援センターをつくる予定だ。これに対し，福岡市は立地上の問題や自立への効果が見えないことなどを理由に公設センターの設置を見送った。ホームレス支援を続けている市議は「市が補助金を出すのは一歩前進。しかし，本来は市が自立支援センターを設置するべきだ」と話している(30)（下線引用者）。

　2004年7月，福岡おにぎりの会がNPO法人の資格を取得した。30日，福岡市中央区大名2丁目の大名カトリック教会で発足集会を開いた。福岡市内のホームレスは4年前の2倍に増えていることからも，組織を拡充して支援を強めていきたい考えを示していた(31)。

　10月，福岡市のホームレス支援の取り組みが新聞に取り上げられた。自治体とNPOが連携した保護施設の運営は全国でも珍しいとした。緊急に保護が必要なホームレスを救おうと，福岡市の「介護賃貸住宅NPOセンター」が市の協力を受け，賃貸アパートに一時保護施設を開設していることが紹介されている。施設は8月，市内のアパート（4室）を借り上げてオープン。自立支援が目的のため，入所期間は原則60日間とし，食事や布団などの生活用品を無料提供していた。年の家賃や生活費は，市の補助金約460万円，NPOの負担金約150万円の計610万円で賄っていた。ホームレスが生活保護を申請した場合，路上生活では基本的に支給されていなかったものの，住居が定まれば支給対象となりやすかった。施設では日中，NPO関係者が生活相談に応じており，申請手続きや次の住まい探し，就職活動を手助けしていた。センターは昨年4月から，生活保護申請を手助けし，賃貸住宅に住んでもらう活動を本格化した。市はその経験を評価し，施設の設置・運営に協力した。公園を見回って高齢者，障害者，妊娠中の女性ら保護が必要な人を見つけた場合，センターに紹介している(32)。

　2007年4月6日，厚生労働省は，公園などで野宿する全国のホームレスが4年前より6732人減り1万8564人になったと発表した。ただ，九州では，北九州市が421人から249人へ約4割減少する一方，福岡市は逆に607人から784人へ約3割増加し，名古屋市などを抜いて，東京23区と全国の政令市中の順位を6位から4位に上げた。背景には，不動産投資ラッシュに沸く福岡市の「好景気」に加え，両市当局によるホームレス対策の取り組みの違いがあるようだとの分

第Ⅲ部　リソース・フローによる抑制の証拠

析がされていた。福岡市中心部は投資資金の流入でマンションやオフィスビルなどの大型開発が相次いでいた。これに伴い，建設現場などの仕事も増加の一途であった。福岡すまいの会の後田直聖副理事長は「今は50代でも職がある。『福岡は食える』ということで他地域からホームレスが流入している」と話した。職を得てホームレス生活から脱する人がいる一方，それを上回る流入があるとされた[33]（下線引用者）。

（3）ホームレス自立支援政策の本格実施（2009年）

　2008年10月2日に発表された2009年度の市政運営の基本方針において，子育て支援，ホームレス自立支援のための施設整備など10項目が示された。全国で減少傾向にあるホームレスが同市では増加していることなどを受け，支援施設を開設するための経費が予算案に盛り込まれることとなった[34]。

　11月26日，当時福岡市内に782人とされたホームレスの支援策について協議してきた「市ホームレス自立支援推進協議会」（会長，星野裕志・九州大大学院教授）は「自立支援センター」の早期設置を盛り込んだ提案書を吉田宏市長に提出した。市長は「対策を急ぐ必要がある」と話し，早ければ翌年度にも設置する意向を示した。協議会はホームレスの支援を続けるNPOや自治協議会代表ら23人で構成し，前年8月から7回会合を重ねていた。当時，全国17の政令市で自立支援施設を設けているのは大阪，川崎，北九州市など9市であった[35]。提案では，自立支援センターを市内1カ所に設置し，民間のアパートなどを使った複数の小規模なサテライト施設を併設するよう求めた。運営の仕方として，センターに宿泊機能を備える「集中型」と，宿泊機能をサテライト施設に分散させる「分散型」の両論を併記した。集中型では，支援センターの宿泊定員を50人，建物を延べ600平方メートルの2階建てプレハブと想定した。このほか，それぞれ宿泊定員10人のサテライト施設を3カ所に造ることとなっていた。定員は計80人であった。分散型では，支援センターに宿泊機能はなく，建物はリースで延べ200平方メートルと想定されていた。サテライト施設を8カ所に造り，宿泊定員をそれぞれ10人，合計80人とした[36]。協議会の星野会長は「不景気の影響などでホームレスの数が減らず，当初ホームレス対策として『理想』と考えていたものが，今は『必要』なものに変わりつつある」との認識を示し，市に早急な対応を迫った。吉田市長は「今日からしっかりと目標に

向かって走りたい」と決意を述べた。[37]

2009年1月13日，福岡市は「派遣切り」などで仕事を失った人々に対し，NPO法人と共同で同市城南区の民間アパートの10室を無料で貸し出すと発表した。過去1年以内に離職し，入居後1ヵ月以内に退居できる見込みのある人が対象であった。約20人で利用してもらう計画であった。福岡すまいの会が部屋を借り上げ，家賃や光熱水費など運営費の4分の3を市が補助した。16日から提供を始め，当面は継続するとされた。[38]

2月，新聞は福岡市がホームレスの「積極支援」に動き出したことを伝えた。

福岡市が来年度から，ホームレスの人々の自立支援事業に本腰を入れる。従来の「受動的」な取り組み姿勢の転換が特徴で，昨年11月，学識者ら約20人で作る「ホームレス自立支援推進協議会」が提案した積極的な相談事業と自立支援センターの新設が大きな柱だ。

◆根強い偏見，理解どう得る

博多区役所2階にある「保護第3課」。市内で唯一，ホームレスの生活保護申請などを専門に取り扱う課だ。課の入り口には，細かく仕切られた面談ブースがずらりと並び，ぽつぽつと相談者が訪れる。

「雇用不安の影響でしょうか。雇用契約が解除された方を含め，昨年末以降，窓口を訪れる人が増えました」と担当者はつぶやく。

ここ数年，同課が取り扱う相談件数は年間約1,100件。ただ，ほとんどは困窮した人自身からの申し出や，緊急搬送先の病院などからの通報を受けて面談するもので，支援が受け身にならざるを得なかった。

市が協議会の提案をもとに来年度から着手する予定の新たな相談事業では，ホームレスの人々が多く集まる公園や駅へ相談員自らが出向き，どんな支援が必要かを直接聞き取る。チームを組み，6人程度でスタート。医師や弁護士らの助言も踏まえて，個々人が必要とする支援に結びつける方針だ。

相談事業で掘り起こした"ニーズ"をさらに前進させ，一般住宅への入居や就労につなげるための「自立支援センター」は，80人程度が1か所に入所できる「集中型」と，10〜30人程度の小規模施設を複数設置する「分散型」の2案で検討中。今後，ホームレスが多い地区の理解を得ながら，土地や建

第Ⅲ部　リソース・フローによる抑制の証拠

物の確保に努める。

（中略）

　2007年8月に発足した協議会は，専門部会を設けて東京都など全国各地の支援策を調査し，年間約300人の自立を目標に，二つの柱に基づく提案を行った。市と協働で就労相談などに取り組んでいるNPO「福岡すまいの会」の横溝高広理事長（51）は「センター新設で，今よりも効率的に情報が集約でき，迅速な支援につなげられる」と今後の前進に期待する。

　ただ，課題は多い。危険視されるなどホームレスへの偏見は根強く，特に，センターの設置場所については，地元住民の理解が得られるのかなど，ハードルは高そうだ。市の施設を改装して04年にセンターを開所した北九州市では，計画浮上時に約7,000人の署名が集まるなど反対運動が繰り広げられた。福岡市でも同様の事態は予測される。[39]

　2009年2月，福岡市博多区麦野で計画されていたホームレスの自立支援センターが「治安が心配」などとする地域住民の反対で実際に設立を断念したことが分かった。計画した社会福祉法人・グリーンコープ（福岡市）は「ホームレスは過酷な環境に置かれている」と，別の場所での建設を目指すとした。[40]

　同月，福岡市がホームレス支援のための設置や運営に関する費用約1億円を新年度予算案に盛り込んだことが報じられた。緊急に一時保護する「自立支援センター」と就職をあっせんする「就労自立支援センター」を今秋を目途に開設し，2009年度から本格的なホームレス支援に乗り出すとされた。詳細は次のように記述された。

　自立支援センターでは，高齢者や女性など緊急に援助を必要とするホームレスを短期間保護する。その間，それぞれの健康状態や就労意欲，生活能力に応じた自立支援プログラムをつくる。定員30人。

　就労支援センターは，ハローワークと連携，就労相談や資格取得の支援をする。入所期間は原則半年で，定員50人。

　市は両センターを併設する予定。場所は未定だが，既存の施設を活用するか，新築のプレハブを借りるという。いずれも個室を備え，食事をはじめ，下着や歯ブラシなど最低限の日用品を無料で提供。就職活動用の背広も支給

する。健康管理のため，医師も巡回する予定だ。施設の運営は民間に委託する。

　市はこのほか，ホームレスが寝泊まりしている公園や駅での巡回相談，自立後の訪問相談などの事業も，民間に委託して取り組む。(41)

この頃，新聞は流入の不安も報じている。

　NPOによると，不況が深刻化した昨秋以降，市内のホームレスが急増しているという。市は対策として自立支援センターの設置を進める。しかし，先進地を見ると不安もよぎる。

　05年にセンターを作った仙台市。施設関係者は「仙台に行けと電車の切符を渡す自治体もある」と周辺からの流入に苦悩する。センター設置による「呼び寄せ効果」にどう対応するのか。市が試される(42)（下線引用者）。

　3月9日，厚生労働省はホームレスの実態調査の結果（1月時点）を発表した。前年と比べ都道府県別で最も増えたのは福岡県で，なかでも福岡市は187人増と全国の政令市でも突出しており，県全体の数を押し上げた。専門家らは「派遣切りに遭った人たちが『九州一の都市で仕事を』と求めたり，ボランティアの炊き出し支援などが頻繁なことを知ったりして福岡市に集まっているのでは」と指摘した(43)（下線引用者）。

　前年より増えたのは全国で19県。増加数は福岡県が突出し，次いで神奈川県の84人増，愛知県の78人増など。政令市別でも福岡市の増加数が最多で，大阪市77人増，川崎市56人増と続いている。北九州市は149人で，前年より13人減った。

　「仕事を探しに，九州一円だけでなく関西や愛知方面からも集まっているのではないか」と福岡市保護課。前回の調査に比べ40歳代前半の層が目立ったことから，「派遣切りに遭い，職に困っている人も増えているようだ」とも推測した。

　福岡県保護・援護課の担当者は，北九州市での減少には市などが運営する自立支援センターの活動が貢献しているとみる。同県内の複数のホームレス

第Ⅲ部　リソース・フローによる抑制の証拠

　支援団体によると，同市のセンターは就労相談会や技能講習などに取り組み，対象は年間に100人。「民間団体の支援を合わせると年間約150人が自立している」と関係者は話す。
　一方，福岡市はNPO法人「福岡すまいの会」に自立支援事業を委託。仕事を見つけたホームレスに同会が確保するアパートの部屋を提供し，新居の入居資金を蓄えるよう促している。しかし，支援期間は半年で，対象は年間20人にとどまる。同会の安達一徳事務局長は「福岡市が障害者や高齢者への生活保護に手厚い点は評価できるが，もっと働く世代への支援を充実させてほしい」と話す（44）（下線引用者）。

　3月12日，不況などで仕事と住まいを失い，同月2～4日に福岡市に生活保護を集団申請した80人中70人に対し，市は支給を始めた。これまでは住所のないホームレスらの申請は窓口で断る例が多かったが運用を変えた。住所がなくても申請を受け付けると同時に，低賃料の物件を紹介し，住居の目途をつけてもらったうえで支給を認める新たな手法で生活再建を促すこととした。「最後のセーフティーネット」とされる生活保護をめぐっては，厚生労働省が「住所がないというだけで申請を断ってはならない」としているが，実際には全国の自治体で「安定した住居がなければ支給できない」と申請すら受理しない例が後を絶たなかった。福岡市でも，それまでは「住所がないと生活状況の確認ができない」との姿勢をとってきた。しかし，支援者らから「『最低限の生活を保障する』という生活保護の趣旨と反する」との批判が高まり，運用を変えた。（45）
　2009年6月1日，福岡市はホームレスを対象にした初の「巡回相談」を始めた。博多区など3区の公園や河川敷で暮らす人に健康状態などを聞いたところ，医療や年金から置き去りにされている実態が改めて浮き彫りになった。「なりたくてなる人はいない」といった悲痛な"叫び"に，市から事業を委託された県社会福祉士会のメンバー6人が，熱心に耳を傾けた。（46）
　7月2日，福岡県朝倉市教育委員会の職員が，市立体育館に寝泊まりしていたホームレスの男性（62）を福岡市博多区のホームレス支援団体の事務所前まで連れて行き，置き去りにするという事件が起きた。また，朝倉市の福祉事務所は，男性の生活保護申請を「住所がないと申請できない」と拒否していた

208

（下線引用者）。同市が13日に記者会見し，明らかにした。同市は，住所がない場合も生活保護申請を受け付ける，他の自治体への移動を勧めないとする厚生労働省の通知に違反していたことを認め，「職員への指導不足だった」と謝罪した。福岡すまいの会によると，今月1日，朝倉市教委職員から「ホームレスの相談に乗ってもらえないか」と連絡があった。同NPOは「朝倉市で対応すべきことだが，相談は受ける」と回答。翌2日にNPO職員が事務所に行くと，男性が1人で置き去りにされていたという。⁽⁴⁷⁾後日，所在不明となっていた男性が福岡市で生活保護を受けていることが分かった。福岡市保護課が14日に明らかにした。⁽⁴⁸⁾

　7月30日，福岡市はホームレスの就労自立支援センターを11月中旬に博多区に設置すると明らかにした。不況で職と家を失った人が，そこで宿泊しながら技能を学び，再就職を目指す。緊急保護用の「一時保護・自立支援センター」も併設予定だったが，広さが足りず，別の場所への設置を検討していた。就労自立支援センターは定員50人（男性46人，女性4人）で，入居期間は半年以内である。同様の施設は全国では9都市20カ所にあり，九州・山口では北九州市に続き2カ所目となる。運営はNPO法人や社会福祉法人などに委託する予定とされた。⁽⁴⁹⁾専門の相談員や指導員，看護師などを配置し，就労支援や生活指導などを行う。入所期間は6ヵ月以内である。センター設置期間は暫定的に2年間としているが，状況を見た上で延長や施設拡充も検討する。さらにホームレスの一時保護を目的とした別のセンターも今秋を目途に設置する方針であった。⁽⁵⁰⁾入所が予定された対象はその「一時保護・自立支援センター」（保護センター）の入所者で就労が可能な人である。保護センターの設置が遅れているため，当面は市がNPOと協力して実施している緊急居住支援事業（定員計38人）の対象者から受け入れるという。市の自立支援事業は，まず巡回相談で個人の状況を把握後，保護センターで最長1ヵ月間保護して，就労や生活保護，福祉施設入所などの自立方法を判断する。就労が可能な人は就労センターで最長6ヵ月間生活し，求職活動の支援を受ける仕組みである。⁽⁵¹⁾

　8月1日，九州最大のホームレス自立支援施設が福岡市東区に建設されることが報じられた。社会福祉法人「グリーンコープ」（同市）が計画を明らかにした。2010年5月完成予定で，定員は80人となる見込みであった。半年間，施設に滞在しながら就職を目指す。自立支援活動で全国的に知られるNPO法人

「北九州ホームレス支援機構」のスタッフが常駐し，就労や生活面の相談を受ける。建設地は東区多の津で，敷地は約3300平方メートルであった。全個室で，3階建ての施設の周囲には，地域住民と交流できる広場を設ける。総事業費は約5億円となっていた。北九州ホームレス支援機構によると，九州・山口では北九州市の施設が定員50人で最大であった。[52] 施設の名称は「抱樸館（ほうぼくかん）」である。職員は24時間常駐で，生活相談員8人，宿直2人など計18人の予定であった。入所者は当初は生活保護を受け，就職すれば収入から入所費を支払うが，家賃3万7000円，食費3万6000円などに抑え，退所後の生活に向けて収入の一部を貯蓄に回せるようにしている。運営費は年間8000万円で「ぎりぎり赤字が出ないレベル」という。[53]

11月20日，福岡市はホームレスの就労を支援する「就労自立支援センター」（博多区）を開所した。受け入れは24日からであった。「厚生労働省の全国実態調査（今年1月）によると，市内のホームレスは969人で東京，大阪に次ぎ全国3番目の多さだが，自立への支援体制が他都市に比べ遅れていた」と報道された。センターはJR博多駅近くのビルで，2フロアを借り上げた。定員は予定通り50人（男性46人，女性4人）で，衣食住を最長6ヵ月間無料で提供するものであった。運営はホームレス支援で実績のあった福岡すまいの会に委託した。当該年度の運営予算は約6000万円。入所対象は，60歳未満で就労意欲が高い路上生活者となった。博多区役所保護3課や巡回相談員，すまいの会が相談窓口となった。[54] 市側が面談を通じて就労意欲や健康状態などを確認してから入所を決めた。日中は5人前後のスタッフが常駐するとした。履歴書の書き方や面接での受け答えを指導するほか，就職先の紹介，住宅の物件案内などを行い，自立を促した。[55] 入所者は医師や看護師の訪問をはじめする充実した支援が受けられることとなった。[56]

（4）その後の展開

2009年12月29〜31日，福岡市は職を失って困っている人の相談にのる電話相談を設けた。前年にいわゆる「年越し派遣村」が出現したことが影響しているといえる。電話相談を市就労自立支援センターにつなげるようにしており，炊き出し情報や宿泊場所も案内した。[57]

同月30日，長引く不況のあおりを受け，九州，山口，沖縄の県庁所在地で生

活保護申請者が急増していることが報じられた。当該年度上半期の申請件数は前年度同期比で，宮崎市が2.2倍になったほか，福岡市2.0倍，山口市と大分市1.7倍，長崎，佐賀，熊本市1.4倍，鹿児島と那覇市が1.3倍となった。福岡市では11月までの8ヵ月間に申請されたのは6426件で，昨年度1年間の5605件をすでに上回っていた。一般的に申請者の9割近くが認められていた。[58]

2010年1月，センターへの入所が思ったほど進まないという記事が新聞に掲載された。定員50人に対し，当時の入所者数は20代〜40代の13人（男性12人，女性1人）にとどまる。集団生活や対人関係が苦手などを理由に入所を断る人も多いが，生活保護が急増しているという側面もある。前年3月に厚生労働省が自治体に出した通知では，自治体間で取り組みにバラツキがあった生活保護について，職や住まいを失った人への支援の徹底と，保護の申請から適用までの対応が明確に示された。福岡市でもこれを機に申請が急増した。後田直聖（なおまさ）センター長は「規律が厳しいセンターで生活するより，生活保護を受けた方が楽だと考えるのは自然。やすきに流れている」との見方を示した。逆に，センターは厳しいだけに入所している人の意識は高く，すでに4人が就職を決めたという。「若くて健康であれば，自分の力で自立することが大事だ。まずはチャレンジしてほしい」と話していた。[59]

2月，福岡市でホームレスの救援に取り組むNPO法人「美野島めぐみの家」（瀬戸紀子代表）が炊き出しに集まったホームレスらを対象に調査を行い，150人から回答を得たところ，「約8割は勤務先の倒産や解雇がきっかけ」「半数は生活保護の受給を希望していない」という結果が浮かんだ。福岡市が前年の春，ホームレスでも受給しやすいよう生活保護の受給条件を緩和したが，回答者の約半数が生活保護の受給を希望しなかった。受給したくない理由については「働いて自分で生きたい」（38人）が最も多かった。仕事が見つからない，仕事を探す意思がないという趣旨の回答も多かった。中には「税金をむやみに使いたくない」と答えた人もいた。[60]

5月1日，個室を備えた宿泊型ホームレス自立支援施設「抱樸館（ほうぼくかん）福岡」が福岡市東区多の津5にオープンした。定員81人で，厚生労働省によると，個室の同施設としては，九州・山口では最大規模という。鉄骨3階建て，約1700平方メートル。個室のほか，食堂や相談室などがある。「グリーンコープ生協」が作った社会福祉法人が建設して運営。NPO法人「北九州

第Ⅲ部　リソース・フローによる抑制の証拠

ホームレス支援機構」のスタッフが常駐し，入居者の年齢や健康状態に合わせ，職業訓練のプログラムを作り，就労を支援していく。対象は自立の意志がある路上生活者であった。入居は最長半年間で，18日から受け付けるとした。家賃や食費などの利用料（月額9万1000円）は，入居者の生活保護費を充てることにしている。(61) 生協が運営主体となる支援施設は全国でも珍しいという。(62) 2013年の新聞記事には，抱樸館福岡の青木康二館長（当時）の，開所の前には「北九州ホームレス支援機構」で活動していたが，北九州に比べて福岡市では支援態勢が乏しいと思っており，「なんとかせにゃいかん状況だった」と言葉が掲載されている。(63)

　6月7日，翌年3月の九州新幹線鹿児島ルートの全線開通と，新しいJR博多駅ビルの開業を前に，福岡市博多区の自治協議会や企業などは，光安力・市議会議長に対し，駅周辺のホームレス対策を求める要望書を提出した。9日には吉田宏市長にも提出するとした。要望したのは，各校区の自治協議会や博多駅商店連合会，JR九州，西鉄など14団体であった。「依然として多くのホームレスが滞留し，苦情や対策を要望する声が上がっている」とし，ホームレスを一時的に保護する施設の設置や自立支援に向けた取り組みを求めた。(64)

　7月13日，福岡市を中心にホームレス支援を続けているグリーンコープが，市内の不動産管理会社5社と連携し，生活困窮者に住まいを紹介し継続して地域での生活を支える「福岡自立支援居宅協力者の会」を発足したと発表した。協力者の会は，他にコムハウス，野仲不動産，プロズ，エム・コーポレーションが会員となり，住まいを探すことが困難な人への物件情報提供，不動産契約に関する相談などを担った。当面の対象は，同コープが運営する「抱樸館福岡」を出てアパートなどで生活を希望する元ホームレスの人らであった。年間160人以上にあっせんするため，5社は既にアパートのオーナーに協力を要請していた。入居者が家賃を滞納した場合は管理会社から抱樸館に連絡し，1ヵ月分に限ってNPO法人北九州ホームレス支援機構の保証人バンクから家賃を保証するほか，近所からのクレームなどにも対応する。(65)

　9月，福岡市が10月から「福岡絆プロジェクト」という新たな事業に乗り出すという新聞記事が出た。ホームレスや若年生活保護世帯の人たちが，自立後，再びホームレスになったり生活困窮状態に陥ったりするのを防ぐ目的であった。福岡県内で困窮者支援をしてきた約10団体が共同事業体を組織し市か

ら事業を受託した。利用者は就労後も支援員から継続的に生活全般の相談を受けることができる。生活困窮者をマンツーマンで支援する国の「パーソナル・サポート・サービス」の一環で，福岡市など5都市でモデル事業を実施した。期間は2011年度末までで国の交付金を使った。福岡市の場合，事業予算は計約1億6000万円であった。国は2012年度からは一般財源を利用しての本格実施を目指していた。参加団体の1つである北九州ホームレス支援機構によると，ホームレス状態の人が就労した後，1年以内に離職相談に訪れる人は半数近くに上るという[66]。

同月，福岡市がホームレス状態から自立する人の住宅探しをサポートする「適正住宅調査情報提供事業」を始めることが報じられた。困窮者を囲い込み，生活保護費を吸い上げる「貧困ビジネス」対策の一環であった。専門員2人を配置するための補正予算案約550万円を9月定例会に提案し，10月以降の開始を目指していた[67]。

2011年4月，直近1年間で新たにホームレスになった人は約1500人との試算が新聞に載った。生活保護受給者は過去最高の約2万8000世帯で，3年間で4割増えた。他方，福岡市によると，同市内のホームレスは現在300人を下回っているとみられた。2009年1月のピーク時（969人）の3分の1未満になった。住所がない人の生活保護申請も受理するように市が運用を改めたことに加え，入所型の支援施設が相次いで整備されたためだという[68]。

6月，生活保護を受けるホームレスが賃貸住宅に入居する際，敷金などの初期費用として支給される入居支援費をめぐり，福岡市内で不動産仲介業者による水増しや架空請求などが相次いでいることが市の調査で分かった。少なくとも約170件の不正請求の疑いがあり，市は不正を認めた業者1社から16件分，計107万円を返還させ，さらに10数社を対象に調査していた。一部については県警に被害届を提出した[69]。

2012年11月，流入してきた元ホームレスが市の生活保護費を受給しているという調査結果がニュースとなった。

福岡市に市外から流入してきた元ホームレスが市の生活保護費を受給している――。そんな実態が，同市による初めての調査で明らかになった。膨らむ負担に財政が圧迫されている福岡市は「都市間を流動的に動くホームレス

第Ⅲ部　リソース・フローによる抑制の証拠

については，国が全額支給すべきだ」と訴えている。

　市保護課によると，ホームレスには民間の支援施設や賃貸アパートなどの住居に入ることを条件に生活保護費の受給を認めており，7月までの2年間にホームレス状態から受給を始めた2,552人を対象に調査を実施。1か月以内に転入してきたかを尋ねたところ，約2割の535人が市外から転入したと回答。市周辺地域からが中心で，市では残り8割の多くも他都市からの転入者の可能性が高いとみている。

　転入理由は「求職のため」が58％と圧倒的に多く，続いて「親類・知人を頼って」が19％。「自立支援が充実している」「通過途中で金銭などに困って」などの理由もあった。

　1か月以内の転入者のうち，1週間以内に転入してきた人は半数の273人を占めており，同課は「転入後すぐに生活保護を申請し，一定の生活レベルを確保してから就職活動に臨む人が多い」と分析している。

　生活保護は最初に申請相談を受けた自治体による保護が原則だが，中には他の自治体から「病院が充実している」「物件が多く住居が探しやすい」と，福岡市での受給を暗に勧められたケースもあるという。

　こうした現状は，生活保護費の負担が都市に集中する実態を示している。福岡市の今年度の生活保護費は過去最多の783億円で，一般会計当初予算の約1割に達し，市の負担分は4分の1の約200億円。ホームレス状態からの受給者は全受給世帯の約1割を占めており，全て流入者と仮定すれば20億円程度が支出されている計算になる。

　福岡，大阪，名古屋市など20自治体でつくる「全国自治体ホームレス対策連絡協議会」は7月，厚生労働相に「財政負担を特定自治体が一手に負うのは不合理」として全額国庫負担を要望した。鹿毛尚美・市保護課長は「『大都市の責任』という意見もあるかもしれないが，社会全体で支える気持ちを共有するためにも，国が全額負担するのが正しい姿ではないか」と話している。(後略)（下線引用者）[70]

　2013年3月，福岡市がケースワーカーを28人増員することが報じられた。長引く不況の影響で増加を続ける生活保護世帯への対応を強化するためとのことであった。「市外から流入したホームレスの受給申請など大都市特有の課題も

抱える中，一人でも多く自立させる地道な取り組みが続」いた。[71]

2014年7月，福岡市で「移動型」のホームレスが増加していることが新聞に掲載された。市の調査によると，ホームレス全体の数も2014年1月時点で前年同月比13％増となり，5年ぶりに増加に転じた。段ボールなどを使った拠点に住む「定住型」は減ったが，インターネットカフェや屋外を転々とする「移動型」が増えたためとのことであった。この時期も市はホームレスを減らす対策に力を入れていた。2018年度を最終年度とする5カ年のホームレス自立支援実施計画（第3次）を4月に始めたところであり，市街地を巡回してホームレスのアパートなどへの入居や就労を手助けする担当者を昨年より2人多い12人に増員していた。前年12月には中央区で新たな支援センターを開設するなど支援を強化していた。ただ「移動型は従来のホームレスと異なり，生活形態を把握しづらく，支援が難しい」（保健福祉局）という。定住型の人は，調査員が見回りをする際に定期的に会話を交わすことも可能だが，移動型の人はこうした関係構築が簡単ではないこともあった。[72]

3　北九州市——スムーズだった政策形成

北九州市は福岡県にある政令指定都市であり，2020年1月の人口は約94万人である。[73]分析対象時期の市長は末吉興一（1987年2月20日～2007年2月19日），北橋健治（2007年2月20日～）である。

（1）排除か「適性化」か——ホームレス自立支援法施行前

1994年5月29日，市内で野宿労働者への支援活動を続ける「北九州越冬実行委員会」（守谷栄二代表）は，市内で開いた報告集会で「今年は不況の影響か，例年なら仕事が見つかって減るはずの春になっても，増加傾向が止まらない」と報告した。同委員会は市内のカトリック信徒やボランティアでつくるグループであった。1988年暮れから翌年3月までの週1回程度，夜間に市内の公園や橋の下，駅構内など計十数カ所をまわり，おにぎりや豚汁，医薬品や毛布を配布し，体調の悪い人を病院に連れて行くなどの援助活動を続けていた。報告によると，委員会が1回の巡回で出会う野宿労働者は30～40人程度であり，年末年始には60人近くに達することもあったが，建設現場の仕事が入り始める2，

第Ⅲ部　リソース・フローによる抑制の証拠

３月には減るのが一般的だったという。しかし，この年は春になっても減らず，３月18日には76人と巡回開始以来最多を記録した。委員会は同年は７月まで巡回を続けることにした。⁽⁷⁴⁾

1995年１月27日，北九州越冬実行委員会は，小倉北保健福祉センターに対し，臨時宿泊施設の設置や医療扶助の実施など六項目の要求書を提出した。⁽⁷⁵⁾

1996年１月の新聞記事では，支援者と行政の対立する見解が掲載された。実行委員会の奥田知志事務局長は「不況の影響で日雇いの仕事が少なくなり，野宿をせざるをえない人が増えている。行政による具体的な対策がないまま，常に死と向かい合っている状況だ。住所がない，という理由で生活保護の申請すら拒否する行政の姿勢は許せない」と話した。委員会は今後，市に対して医療や生活保護などの具体的な対策を求めていく方針だ。一方，市保健福祉局社会部保護課の伊藤正幸課長は「あくまでも生活保護法に基づいて，困っている人の援助をするのが我々の仕事。ホームレスだからといって特別視することはない。保護を求める前に自助努力をすることも必要だ。宿泊券や食事券の支給などにしても，市民の同意を得られるかどうか分からない」と話していた。⁽⁷⁶⁾

この時期，ホームレスは増加傾向にあった。北九州越冬実行委員会によれば，パトロールを始めた1988年冬は一晩で最大35人だったのが，1994年冬は105人，1995年冬は128人となった。⁽⁷⁷⁾1997年冬は一時減ったものの，1998年冬には一日に会うホームレスの数は約130人と再び増えていた。⁽⁷⁸⁾北九州越冬実行委員会は1988年冬から毎年，市内のホームレスのアンケート調査をしている。それによると，ホームレスの人数は加速度的に増えており，1998年末から1999年３月までに236人を確認した。その１年前に比べて倍近い数字だという。平均年齢も55.2歳と年々若年齢化しており，最年少は19歳，最も多いのが50代（33％）だった。⁽⁷⁹⁾

1999年７月２日，北九州越冬実行委員会は北九州市小倉北区の銭湯でホームレス約70人にお風呂を提供した。「わくわく温泉大作戦」名付けられたこの取り組みの第一の目的は就職活動がうまくいくように身支度を整え，自立を促すことであった。奥田事務局長は「民間では全国初の試みではないか」と話した。ホームレスからは好評で，実行委はこれからも続けたいとコメントした。⁽⁸⁰⁾

10月，北九州市内のホームレスの３人に１人が過去１年間に殴られたり石を投げつけられたりするなど襲撃の被害に遭っていることが北九州越冬実行委員

216

第6章　比較事例研究

会（奥田知志事務局長，会員20人）のアンケートでわかった。中には服に火をつけられたり段られて全治1ヵ月のけがを負ったりした人もいたという。中高生ら若者に襲われた，と答えた人が大半を占め，悪質な襲撃も目立った。北九州越冬実行委員会は翌月にも小中学校での人権教育を強化するよう市教委に申し入れる予定とした。[81]

1999年10月に大手新聞は，北九州市がホームレスを対象にした結核の集団検診を11月26日に初めて実施すると報じた。同年に入り市内のホームレスに患者が相次いだことから，ホームレスの支援団体が市に検診の実施を求めていた。[82]

2000年2月21日，北九州市立八幡病院が1月，救急車で搬送されたホームレスの男性の診療と入院を拒み，北九州越冬実行委員会のボランティアの抗議を受けて撤回していたことがわかった。男性は改めて診察を受け，栄養失調と慢性肝炎で20日間入院した。[83]同様の事件は翌月にも発生した。北九州市小倉北区の市立医療センターが，所持金や健康保険証がないことなどを理由に救急搬送されたホームレスの男性患者の診療を実質的に拒否していたことが28日に分かった。男性は近くの私立病院に転送され，糖尿病や肺炎などで1週間以上の入院が必要と診断された。[84]

3月8日，北九州市は市議会二月議会の一般質疑で，市内のホームレスが救急車で医療機関に運ばれることにより市が一般会計予算の生活保護費から支払った医療費が増え続けていることを明らかにした。1998年度は延べ504人に対して約6億500万円だった。[85]

5月23日，北九州市小倉北区の勝山公園にあるホームレスのテント小屋1軒が撤去に応じない問題で，同市は小屋を行政代執行法に基づいて強制撤去した。ホームレスに対する市の行政代執行は初めてであった。午前9時すぎ，市小倉北建設事務所の職員が小屋の撤去を宣言し，作業を開始した。解体には約1時間かかり，段ボールやベニヤ板などの資材はトラック1台分になった。布団や炊事道具は住んでいた男性が同日未明に運び出していた。公園内にはほかに37の小屋があった。現場周辺に支援団体のメンバーが抗議に駆けつけたが，混乱はなかった。同事務所は「市民からの苦情もあり，やむを得ない措置」とした。[86]都市公園法の占有許可違反と市公園条例の他人に迷惑を及ぼす禁止行為に当たるとして代行を決めたものであった。[87]市は22日に強制撤去を通告し，撤去費用10万7363円も請求した。[88]北九州越冬実行委員会の奥田知志事務局長は

217

第Ⅲ部　リソース・フローによる抑制の証拠

「これをきっかけに，市は公園全体の小屋を撤去しようとしているではない
か。これまでは話し合いで立ち退かせてきたのに，ホームレスを犯罪者扱いす
る態度は問題だ。ただ排除するだけでなく，社会復帰に向けた取り組みが必要
だ」と話した。⁽⁸⁹⁾

　6月7日，小倉北区自治総連合会（556町内会約7万世帯）の吉沢治由会長ら
役員5人が小倉北区の勝山公園に住み着いているホームレスについて「何らか
の対策をして欲しい」と末吉興一北九州市長あての要望書を市建設局に提出し
た。市公園管理課によると，同公園には現在，ホームレスのテントが38張りあ
り，約50人が住み着いていた。今後，関係部局で対策を検討するとした。⁽⁹⁰⁾

　6月20日の新聞報道では，北九州市議会の一般質問が取り上げられ，すでに
全庁的な会議を開いていた福岡市に対して北九州市の消極性が指摘されてい
る。

　　8日の北九州市議会一般質問で，白石康彦・建設局長は「今後も状況に
　よっては行政代執行による強制撤去を視野に入れる」と，強行姿勢で臨むこ
　とを明らかにした。しかし，ホームレスを減らす効果のある自立支援策につ
　いては「生活保護法や高齢者向けの現行の施策を適用する」（駒田英孝・保健
　福祉局長）と，述べるにとどまった。
　　厚生省などはホームレス対策として，自立支援事業を進めている。具体的
　には昨年5月，住宅を提供したうえで，健康診断を実施して相談にのり最終
　的には仕事に就いてもらう「自立支援センター」事業を打ち出した。建設費
　や運営費などの半分は国が補助する。東京都や大阪市，横浜市など全国20カ
　所で開設するのが目標で，今年度は8都市が設立の準備をしている。
　　6年前にホームレスの緊急一時宿泊所を作った横浜市は，厚生省のこの事
　業を利用して，今年度中に宿泊所の定員を倍の204人に増やす。簡易宿泊所
　を運営している名古屋市もセンター新設を検討中。<u>福岡市はホームレス対策
　について考える全庁的な会議を開き，具体的な施策を練っている。</u>
　　これに対し，<u>北九州市は「補助事業は東京や大阪など大都市圏が中心で，
　本市は対象外」とし，市議会一般質問でも駒田局長が「対象外」と答弁し
　た。ところが，厚生省地域福祉課は「都市規模で差別することはない」と市
　の解釈の誤りを指摘する</u>⁽⁹¹⁾（下線引用者）。

第6章　比較事例研究

　8月10日，北九州市はホームレスへの炊き出しに対し排除の方向性を明らかにした。北九州越冬実行委員会が，11日に同市小倉北区の市庁舎東側広場で予定している大がかりな炊き出しに対し，同市は10日，「無許可での広場使用は認められない」として入口を封鎖するなどして排除する方針を固めた。新聞は「行政がホームレス支援団体の活動排除に乗り出すのは異例」と表現した。実行委は過去2年にわたりこの広場で炊き出しをしてきたが，市はその場でホームレスの結核検診をするなど黙認していた。実行委の奥田事務局長は「ただ排除するだけでは，何も解決しない。ほかの公園でも行政によるホームレス追い出しが進んでいる。国が自立支援に腰を上げようとする中，北九州市の対応は時代に逆行している」と批判した。炊き出しは，11日夜，予定より1時間遅れて行われた。市が庁舎駐車場前で実行委の車を制止したことなどから，実行委と市職員が押し問答を繰り返す場面もあったが，結局，市が引き下がった。

　8月25日夜，北九州越冬実行委員会が市庁舎周辺で始めようとした炊き出しが，「無許可での広場使用は認められない」とする市側の説得で初めて中止された。集まった数十人のホームレスは日頃野宿している場所などに戻り，実行委のメンバーが手分けして弁当を配った。28日，「福岡おにぎりの会」（コース・マルセル代表）の会員ら8人が同市役所を訪れ，末吉興一市長にあてた抗議の申入書を出した。

　同月30日，北九州市が北九州越冬実行委員会による炊き出しを市庁舎わきの広場から排除した問題で，市は近くの勝山公園にある野外音楽堂の使用を有料で許可した。市は条例の規定を根拠にしているが，条例は公益的な活動に使用料の減免も認めていた。実行委の奥田知志事務局長は「いったん排除された炊き出しが許可されたことは一歩前進だが，料金徴収は人道的活動への妨害と同じ」と批判した。全国のホームレス支援団体のネットワーク組織「野宿者・人権資料センター」によると，ボランティア団体による支援活動が全国の大都市で続けられていた。公園での炊き出しは黙認されており，料金を取る自治体は聞いたことがないということであった。川崎市では市が食料を配っていた。

　この騒動のとき，冬場，路上生活を体験した男性が市職員に「おれたちが凍えているときに，あんたたちは何かしてくれたか。全部やってくれたのはこの人たちだ」と叫び，奥田事務局長ら支援者を指した。「誰もがシーンとなった」という。

219

第Ⅲ部　リソース・フローによる抑制の証拠

　この頃，JR小倉駅の西側公共通路で生活していたホームレス約30人が８月中旬からの通路の照明工事などを理由に締め出された。通路両側に柵を張り巡らせ，ホームレスへの警告も張り出された。北九州越冬実行委員会は「追い出しても問題の根本的な解決にはならない」と指摘した。[(98)]

　12月，「北九州ホームレス支援機構」（奥田知志代表，北九州越冬実行委員会が11月にNPO法人化したのを機に改称）がホームレスを一時保護して就労や生活保護受給の準備をする「シェルター」（避難所）の設置計画を持っていることが明らかになった。長引く不況で増え続ける北九州市のホームレスの自立を支援しようとするもので，民間のアパートを借り上げ，翌年度の開設を目指した。同様の施設は，厚生省が当該年度から大阪や東京で建設を進めていたが，九州・山口では公共，民間ともまだない。市はホームレス対策で排除の姿勢を打ち出しているが，北九州ホームレス支援機構は「早期実現には，行政の理解が必要」として市側に支援を求めた。機構によると，市内のホームレスは11月現在で約350人といい，９年間で約４倍になった。中高年が多く，女性や障害者も増えているという。生活困窮者の福祉には生活保護の制度があるが，支給は原則として居住地が必要であった。「住所不定」では就職も難しい。機構は1994年からホームレスのアパート入居を支援しており，６年間で56人が自立した。シェルターは，６年間の経験を基に，ホームレスの生活保護受給と就職を支援し，野宿生活からの自立を促すのが目的であった。同様の施設は東京や大阪などにあるが，大半は行政機関がNPOと連携して運営している。北九州市は今年に入り，公園での炊き出しを排除したり，使用料を取ったりするなど，「非協力的な姿勢が目立」っていた。運営費は年1000万円を見込んでおり，300万円が集まった段階で開設を予定していた。経費は全額，寄付に頼っており，機構では早期実現に向けてカンパを募った。[(99)] 奥田知志理事長は「北九州市にセンター設立を求めてきたが，市議会でその意思がないことを再三答弁しており，やむなく我々で取り組むことにした」と話した。[(100)]

　2001年５月18日，「シェルター」は実際に北九州市八幡東区に開設された。北九州ホームレス支援機構が市民からカンパを募り，住宅街にあるアパートの５部屋を借り上げた。ホームレスの支援施設は，九州・山口で初めてであった。シェルターは各部屋２Kでトイレ，風呂つきで，テレビや冷蔵庫もあった。入居者はここを住所として生活保護を受けながら，就職や低家賃の市営住

宅への転居を目指した。入居期間は3〜6ヵ月で，敷金は同機構が負担し，月2万8000円の家賃や生活費は生活保護費から支払った。[101]

6月，北九州ホームレス支援機構のアンケートの結果から，北九州市のホームレスの7割が失業をきっかけに野宿生活を送るようになり，9割が「自立したい」と考えていることがわかった。[102]

12月13日，北九州ホームレス支援機構は北九州市内のホームレスは過去最悪の313人を確認したと発表し，同時に深刻な不況などの影響で機構への市民カンパが激減して資金枯渇の危機にあるとして，市に緊急雇用対策や緊急避難施設の整備，支援活動への助成など6項目の対策などをまとめた提言書を末吉興一市長あてに提出した。[103]

2002年7月11日，北九州ホームレス支援機構は「犯罪被害ホームレス救援基金」を設立したと発表した。約20万円を原資に募金などによって賄った。市内で生活するホームレスを対象に，1件につき当面1万円を目途に治療費などの費用を負担した。警察に被害届を出すには医師の診断書（有料）を必要とする場合が多いため，基金の活用で被害届を出しやすい環境も整えた。[104]

（2）進むホームレス支援とほぼ維持された生活保護「適正化」

2002年8月，議員立法による「ホームレスの自立の支援等に関する特別措置法」が施行されたが，北九州市の対応は迅速ではなかった。同法は国の責務を明らかにし，雇用，住宅，医療などの施策を行うとするものであった。北九州市は，支援法の成立に先立つ前年6月に連絡会議を発足させ，増え続けるホームレス対策の検討を始めていた。しかし，「具体策はなく白紙の状態。広域的な連携も必要になる可能性があり，国が示す基本方針を待っている」（市保護課）という状況であった。[105]

また，北九州市の生活保護の窓口審査の厳しさは全国的にも顕著であった。長引く不況を背景に，全国で生活保護を受ける人は1995年度の88万2000人を底に増加に転じ，2002年9月には123万人，人口の0.97％になった。他の都道府県や市が保護率を上げているなか，北九州市は1995年度と比べて保護率が減っている唯一の政令指定都市であった。この背景には生活保護の「適正化」を目指した厳しいチェックがあるといわれていた。市議会では，何人かの議員が「保護の窓口の厳しさ」について質問している。田村貴昭市議は「保護率を下

げることが金科玉条になっている」と述べた。2001年度の保護窓口への相談件数8038件に対し，申請に結びついたのは1852件で23％である。ほとんどの政令市は40から50％で，北九州市は最も低かった。親族が扶養できないかどうか，医療費は他の制度で出ないか，働く能力を活用しているか，などを徹底的に審査されるためだという。北九州市立消費生活センターへの相談・苦情件数は，2001年度は「フリーローン・サラ金」が1201件で最も多く，1996年度の4倍以上であった。「生活保護の厳しさが，サラ金やヤミ金融につながっていないか」と，田村市議は心配していた。[106]

　2003年5月，北九州市立大・北九州産業社会研究所が，市に政策を提言する「ホームレス研究会」を発足させたことが報道された。ホームレスの自立支援特別措置法の施行を受け，各自治体が自立のための施策を検討するなか，路上生活者らの声を反映させながら，7月にも政策をまとめて市に提言する計画であった。研究会設立の発起人は産業社会研究所所長の山崎克明教授（行政学）であった。メンバーはほかに，同大の教授一人と，北九州ホームレス支援機構の奥田知志代表ら4人の計6人となっていた。特別措置法の施行を受け，北九州市が産業社会研究所に路上生活者の実態調査を委託したのを機に，「調査結果を独自に分析し，よりよい自立支援につなげたい」と立ち上がったものであった。同支援機構は働く意思のある人にアパートを提供することで，それまでに26人の就労に成功していた。[107]

　7月17日，北九州市は「ホームレス対策推進本部」を発足させた。市内にいるホームレスは増加が続き，当時421人となっていた。各局で連携して自立支援に取り組む体制を整えることが目指された。対策推進本部長は岡田光由助役で，保健福祉局や病院局などで構成された。雇用や住宅問題などの自立支援策を検討しながら，年度内に実施計画を策定する方針であった。市が同年1～2月に実施した調査によると，市内のホームレスは，2001年8月の前回調査（197人）の2倍以上になった。人口340万人の横浜市（47人）と並ぶ多さで，伸び率は政令指定都市の中で，最も大きかった。[108]

　10月の新聞記事には，北九州市がホームレス対策として「自立支援センター」の設置を検討していることが書かれている。北九州ホームレス支援機構は17日，ホームレスからの聞き取り調査に基づく要望書を市に提出した。入居後に就職活動が可能になるように「センター」での住民登録を可能とすること

など運用面も含めた努力を市に求めた。同機構は8月22日，小倉北区の勝山公園でホームレス約130人から聞き取り調査した。市側が「センター」を50人規模で考えているのに対し，ホームレスは市内のほぼ全員が利用できるよう400人規模を求めたという。また，プライバシー確保のため，個室の提供や，交流の場となる共有スペースの設置なども求めていた。運用面での要望は住所登録のほか，就職活動の支援などであった。[109]

11月4日夜，ホームレスの自立支援センターの早期実現を求める「市民協議会」が戸畑区汐井町のウェルとばたで開かれた。センターの早期設置に向けて活発に意見交換があった。協議会には路上生活者の実態調査などに携わる北九州市立大学産業社会研究所の山崎克明教授ら市民団体代表10人と，市から保健福祉局の日高義隆・生活福祉部長ら3人がオブザーバーとして参加した。会議で市側は，定員50人の自立支援センターを小倉北区内の市の空き施設を利用して設置する構想であること，しかし，住民から理解を得られず設置が遅れていることなどを報告した。市民団体にも協力を求めた。市民側からは「市内では路上生活者が2年足らずで倍増し，400人を数える。一刻も早い設置を望みたい。そのためには，住民の説得などにも協力したい」などの意見が出た。[110]

以下は後年（ホームレス自立支援センター開所後の2005年）の新聞記事である。市と北九州ホームレス支援機構の関係が対立から融和へと至った経緯が示されている。

開設に向けて大きな役割を担ったのが，同市八幡東区のNPO法人「北九州ホームレス支援機構」。奥田知志理事長らは16年間にわたり，炊き出しや相談，医療支援などに取り組み，施設の必要性を訴えてきた。

ただ，<u>4年前までNPOと市の間には「対立」ともいえる溝があった。00年8月，市役所周辺での炊き出しに対し，市は排除方針をとった。反発する奥田理事長は「逮捕されることも考えた」</u>と，当時の激しさを振り返る。

しかし，強行排除が実施されるとみられた日，市側の1人から電話があった。「肩書ではなく個人として話したい」と語り始め，市側も苦慮していることを伝えてきた。「同じ人間。だれしも，できればもめたくないはずだ」。本音を聞くことで硬かった気持ちも解けていった。

<u>02年，国のホームレス自立支援法が成立した。そして03年秋，市の担当課</u>

長がNPOの事務所を訪れた。「ホームレスの支援施設を作りたい。協力してほしい」

　諾否にあたり，奥田理事長は1枚の写真を課長に見せた。14年前，ホームレスの生活保護問題で福祉事務所に押しかけた際のものだった。抗議の最前列に奥田理事長，窓口のカウンターを挟んで，当時職員だったその課長がいた。かつて対立した相手と知って協力を求めているのか。知らないのであれば断ろうと思った。課長は「あのときのことは忘れませんよ」と答えた。

　「協働とは，自分たちが目指す目的を達成するための一つの手段に過ぎない。そこに人と人との信頼関係があれば，より目的が明確になる」。奥田理事長はそう語る(111)（下線引用者）。

また，次のような記事もある。

　同年（2001年：引用者），藤村修（おさむ）さん＝現門司区保健福祉担当部長＝が市保護課長に就任したことはホームレス支援に追い風となった。「藤村さんは一流の行政マン。誰と組めば行政の力が発揮できるか分かっていた」と奥田さん。自立支援住宅に入居した人たちに生活保護が適用され，全国でも初めてとなるNPOと市が「協働」するホームレス支援が始まった。

　04年9月，市が小倉北区大門の旧保所を使って50人入居できるホームレス自立支援センター北九州を設立，支援機構が運営するようになった。入居者は6カ月間，生活指導を受ける。

　藤村さんは振り返る。「私が赴任するまで行政と団体とが対立していたが，私もノウハウがないのでNPOに頼るしかなかった」。03年に市内のホームレスの調査を市とNPOとが共同で実施。「同じデータに基づいて意見を出し合い，事業が前に進むようになった(112)」

（3）ホームレス自立支援政策の本格実施（2004年）

　2004年1月，北九州市が同市小倉北区で予定している九州初の路上生活者の公設自立支援センター開設に，地元自治会が住民約3700人の署名を集め反対していることが報じられた。自治会側は「施設設置で児童，生徒に危険が及ぶ心配がある」「市中心部に低生産性施設はふさわしくない」としており，関係者

は「路上生活者に対する行き過ぎた誤解がある」と述べた。センターは市役所の約400メートル西にある同区大門の旧小倉北保健所を活用し，就労に向け6ヵ月単位で50人を収容する計画であった。「ホームレス自立支援法」に基づき国が設置費を半額負担することになっていた。市は改修・開設費を新年度予算に盛り込む予定であった。反対署名は，前年9月に市から計画を伝えられた地元の西小倉校区自治連合会（5120世帯）が同11月の陳情の際に提出した。「文教地区で，児童・生徒とのトラブルを父母が心配している」「高価な土地に生産性の低い施設を配置してほしくない」などとして，住宅地から離れた企業跡地などへの設置変更を求めた。[113]

　2月，北九州市は新年度から取り組むホームレス自立支援策の実施計画案を発表した。就労意欲のある人を対象とした自立支援センターの設置と，野宿生活者が生活する公園などの適正な利用を図ることが柱で，案に対する市民からの意見を募ったうえで，3月末に計画を決定するとした。実施計画の策定は，国の「ホームレスの自立支援に関する特別措置法」を受けた取り組みである。同市が前年1～2月にホームレス約400人を対象に聞き取り調査をしたところ，8割前後が「仕事に就いて自立したい」と答えたため，小倉北区大門の旧保健所を改修し，この夏に自立支援センターの開所を目指すことになった。[114]

　6月29日，ホームレスの自立支援を官民両方から支える調整組織「北九州市ホームレス自立支援推進協議会」が発足した。市，職業安定所，支援NPO，学者，自治会長，民生児童委員の8人で，こうした組織は全国初だという。山崎克明・市立大北九州産業社会研究所長を会長に選び，ホームレス自立支援センターを核にした支援策を話し合った。[115]

　9月5日，ホームレスの対策を考えるきっかけをつくることを目的とした「ホームレス問題市民セミナー」（小倉北区の北九州市立男女共同参画センター・ムーブにおいて北九州青年会議所が主催）において，北九州青年会議所が市民を対象に行ったアンケートの結果を報告し，ホームレスの支援施設の設置への「賛成」が63％であったことが明らかになった。アンケートは7～8月に同区の勝山公園で実施し，107人から回答を得た。ホームレスを「かわいそう」（38％）とする意見がある一方で，否定的な答えも目立った。市が9月下旬に同区内にホームレスの支援施設を開設することについては「賛成」（63％）が「反対」（9％）を大きく上回った。[116]

第Ⅲ部　リソース・フローによる抑制の証拠

　9月28日，ホームレス自立支援センターが北九州市小倉北区に開所した。九州・山口では初めての施設で，全国で初めて寝室はすべて個室となった。センターは鉄筋コンクリート3階建て，延べ1580平方メートルで，北九州市が約8000万円かけて旧保健所を改修した。医師が週1回，看護師が週3回訪れた。運営は市社会福祉協議会に委託したが，入所者の相談など主な業務はホームレス支援機構に委ねた。北九州市保護課の藤村修課長は「実績があり，ノウハウをいただけるのは心強い」と話した[117]。

　同日，センターで開所式が行われ，関係者が施設を見学した。翌月6日から順次，入所が始まることとなっていた。開所式には約80人が出席した。末吉興一市長が「ホームレス問題の解決のため，支援センターが十分な役割を果たせるようご協力をお願いします」とあいさつした[118]。

　同日，毎日社会福祉顕彰（毎日新聞社会事業団主催）の受賞式で東京を訪れた北九州ホームレス支援機構の奥田知志理事長は「我々は路上死を出さないことを目標に活動してきたが，新施設は就職ルートを開こうとすることに意義がある」と述べた。しかし，施設の役割が路上生活者には必ずしも伝わっていないとして「ホームレス対象の見学会も必要」と話した。さらに通所相談施設の機能も持たせるべきだと主張し，「その方が，支援できる対象者はぐっと増えるし，ホームレスに戻らせないアフターケアも容易になる」と提案した[119]。

（4）その後の展開

　2005年5月，北九州ホームレス支援機構は，同法人が運営する「自立支援センター」を経て仕事に就く人たちを対象に，住居を紹介し，入居費用の貸し付けを行うなど，自立生活をサポートする事業を始めたと報じられた。センターを出た後も支援を継続し，地域社会になじめるようにする取り組みで，全国的にも珍しかったという。市や宅建協会などの協力を得ながら，家賃の安い住居を探し，所有者との交渉に当たる。入居費の貸付金の予算は200万円で，1人当たり20万円が限度。返済期間は6ヵ月で，保証人はいらず，利息は取らない。すでに15人がアパートなどで生活しているという[120]。

　6月17日，ホームレスの自立を法的に支えようと，弁護士や司法書士といった専門家でつくる組織が北九州市で発足した。「ホームレス自立支援法律家の会」で，全国的にも珍しい取り組みであったという。同日午後4時から，北九

226

州ホームレス支援機構が運営する自立支援センター（小倉北区）で多重債務に関する法律セミナーを開催することを発表した。[(121)]

8月，北九州市は，市内のホームレスが7月末現在で321人になり，昨年7月末より113人減ったと発表した。「ホームレス自立支援センター北九州」（小倉北区）を開設した昨年9月以降，99人が入所した影響が大きいという。市保護課は「センターはホームレスの自立支援に成果を上げている。就職した人が再びホームレスに戻らないよう，退所後の相談事業などにも力を入れていく」と話した。[(122)]

2006年8月，北九州市ホームレス対策推進本部は，2007年度から65歳以上の高齢ホームレスの自立支援に乗り出す方針を明らかにした。就業年齢を超えた人が多いことから，職業あっせんではなく生活保護給付や施設入所による支援を検討するとのことであった。[(123)]

9月，北九州市の福祉事務所の職員が，生活保護の受給者に「辞退届」と呼ばれる念書を書かせ保護の廃止につなげているケースが相次いでいることが分かった。職員自らが「お手本」を書いて示し，文言を指導するケースもあり，保護費の短期支給の交換条件に使われる例が多かったという。受給者が内容を理解しないまま書くこともあり，問題視する声も出ていた。[(124)]

10月頃，北九州市を含む自治体の生活保護の「不適切な」運用がニュースとなった。経済的に困窮した人が福祉事務所へ相談に行っても，生活保護の申請を受け付けてもらえない，間違った説明で追い返される，といったケースが各地で相次いでいた。北九州市では2回の保護の申し出を拒まれた男性が栄養失調のまま孤独死した。末吉興一市長は「市の対応に何も問題はない。孤独死を防ぐために重要なのは，地域住民の協力体制だ」と述べた。記事には次のように背景を深掘りした部分もある。

■水際作戦

生活保護の受給者は1990年代末から急増し，全国で100万世帯を超えたが，北九州市だけは微減傾向が続く。保護費の今年度予算は9年前と同じ300億円。運用は全国一厳しいと言われる。

「相談の段階で様々な書類提出を求められる。申請書をもらうのは至難の業。自分で書いても受け取りを拒否されるし……」と，困窮者の相談に乗る

「八幡生活と健康を守る会」の吉田久子事務局長。

相談にとどめて申請させない手法は"水際作戦"と呼ばれる。相談に対する申請率，申請に対する保護開始率の年度目標を定めた文書も表面化した。厚生労働省の集計では，職権保護を除いた04年度の同市の申請率は16％弱。他の政令市（22〜72％）より低い。

かつて北九州市は炭鉱の閉山などの影響で人口比の保護率が全国一だった。暴力団員らの不正受給を契機に，市は70年代末から「適正化」を強化した。保護の開始と廃止の件数の差（開廃差）の目標を毎年度，各区に設定させた。窓口の相談は，係長級の「面接主査」だけが担当し，申請に来た市民に再考を説いた。

「5件開始したら5件以上を廃止する。ノルマに取り組まないと，人事評価に響く」と元ケースワーカー。

「真に必要な人への保護は漏らしていない」と市は強調するが，たとえばホームレス状態の場合，北九州市は救急車で入院した時に実質，限定している。厚労省は，路上からの保護申請やアパートに入る敷金支給も認めている。

（中略）

◆厳しい北九州市モデルに「適正化」ハードル上がる

■素人ワーカー

現に困窮していれば，原因を問わず，人間らしい生活を権利として保障するのが生活保護法だ。国の責任で無差別平等に行う必要がある。ただ，同法には「他の制度，能力，資産，親族の援助などあらゆるものを活用する」という要件もある。「補足性の原理」と呼ばれ，この解釈によって"入り口"の幅に差が生じている。現実に仕事がないのに働く能力の活用を過度に要求すれば，排除になる。

国は81年の「123号通知」で，申請時に資産や親族の徹底調査を求めた。

京都市で長くケースワーカーを務めた吉永純（あつし）・花園大助教授（公的扶助論）は「北九州市をモデルにした『適正化』で，申請の心理的な敷居を高くした。しかも大半の自治体のワーカーは数年で異動する行政職。福祉の素人が，保護を減らせと指導されて国の実施要領にも反する運用を広げ，無法地帯になった。バブル崩壊後の不況下に90年代半ばまで保護率が減った

のはそのためだ」と指摘する。

その後，北九州市は厳しい締め付けを続け，他都市は失業などによる生活困窮者をある程度，受け止めたと言えるが，保護の増え方が著しい大阪市も，運用は決して甘くはない。

「国も自治体も財政優先で生活保護を締め付ける傾向が強まった。適正化を言うなら，必要な人にきちんと適用すべきで，まず窓口での排除をなくすことだ。申請は本来，口頭でも有効だ」と吉永助教授は訴える。

厚労省社会・援護局指導監査室の話「相談は懇切丁寧に行い，制度の説明も必要だが，申請権の侵害はあってはならない。不正受給の防止は，申請後にしっかり調査すればよいことだ」[125]

2007年7月22日，九州でホームレス支援活動をしている民間10団体が福岡市中央区で会合を開き，連合会を結成した。一部団体が実施している貸付金制度や保証人制度を共同で活用できるようにし，国への施策提言にも取り組むこととした。将来は1つの組織にまとまることも検討する計画であった。参加するのは福岡おにぎりの会など福岡市の5団体や北九州ホームレス支援機構，久留米越冬活動の会と鹿児島市や熊本市，長崎市の団体であった。[126]

10月1日，北九州市で生活困窮者が相次ぎ孤独死した問題を受け，市が設置した第三者委員会（生活保護検証委員会）が中間報告を出し，これまでの市の生活保護行政を厳しく批判し，転換を促した。新聞には「ヤミの北九州方式と言われても仕方がない」「『強い者に弱く，弱い者に強い』と市民に評される市の生活保護行政」との表現が掲げられた。記事は，いびつな窓口対応の背景には，40年前に全国一の保護率を記録し，そこから脱しようとした対策があったとする。[127]

北九州市の保護行政の原点は，1967年までさかのぼる。石炭産業の斜陽化に伴い，人口1000人あたり67人と全国最高の保護率を記録して以降，「適正化」の取り組みが始まった。

暴力団による不正受給が相次いだ79年からは，専任面接員を配置したりケースワーカーを増員して窓口審査と自立指導を強化。各福祉事務所が保護開始・廃止見込み数を設定し，事実上，数値管理をした。保護率は06年度に

第Ⅲ部　リソース・フローによる抑制の証拠

12.8人になった。

　報告書はこうした歴史を「保護抑制の伝統が受け継がれてきた」と表現した。[128]

　11月，減少傾向にあった北九州市のホームレス数が増加に転じ，流入も増えたと考えられることが市ホームレス自立支援推進協議会（山崎克明会長）の調査で分かった。ホームレスは9月末現在で181人となり，3カ月前と比べて10人増えた。市外からの流入も増えており，同協議会は「生活保護行政の転換で，保護を受けやすいと見込んで移り住む人もいるようだ」と話した。新たに把握されたホームレスは34人で，14人（4割）が市外からの流入だった。前回調査時（6月）では，新たに把握された22人のうち，市外から入ってきたのは4人（2割）で，流入者の割合が増えた。流入の理由を聞いたところ，孤独死問題で同市の保護行政が転換を迫られるなか，保護を受けやすくなると見越して移り住んだり，JR博多駅（福岡市）の改築工事で，構内で過ごしづらくなって来たりした人が目立ったという。[129]

　12月11日，生活保護行政の見直しを進めている北九州市は，厚生労働省が実施した市への監査結果を公表した。同省は保護申請や辞退届への対応だけでなく，ホームレスへの保護についても不適切な事例があったと指摘していた。辞退届が本人意思に基づくかどうか，十分確認することなどを求めた。監査によると，市はホームレスへの保護について，住所地がないことを理由に「保護要件にあたらない」と誤った説明をしていた。厚労省は2003年7月に居住地がないことや稼働能力があることだけで保護要件に欠けるわけではない」と各自治体に通知している。このため，改めて適切運用を求めた。市によると監査でホームレス保護に関する指摘があったのは初めてだという。[130]

　2008年2月6日，生活保護行政の改善を進めていた北九州市は，ホームレスに対しても保護の申請があれば受け付け，申請権を保障すると発表した。具体的な運用方法は今後詰めるとした。[131]生活保護行政の是正改善策の一環としての発表であった。北九州市は改善策の中で，市民が申請する権利を保障し，相談者の立場に立った対応をするよう生活保護の相談マニュアルを1月に改訂したとし，生活保護の申請意思があるホームレスには申請書を交付することも盛り込んだ。改善策は厚労省には1月30日に報告した。同市の小林正己地域福祉部

長は「厚労省と緊密に連携して，新しい生活保護行政を模索していきたい」と述べた。[132]

　同月 8 日，2004年に開設された北九州市の「ホームレス自立支援センター」（小倉北区）を退所した289人のうち，昨年末現在で職に就いている人は129人で，全体の44.6％にとどまることが 8 日，分かった。退所時に仕事があった197人のうち，その後離職・失職した人は約 6 割に当たる118人にも上り，ホームレス経験者たちがいかに不安定な雇用状態にあるかが浮き彫りになった。[133]

　 4 月 4 日，北九州市は，2005〜07年に生活に困った市民 3 人が孤独死した問題を受け全面改訂した「生活保護事務手引書」を公表した。手引書の全面改訂は初めてであった。これまで保護対象外だったホームレスについての項目を新設した。暮らしている場所を所管する福祉事務所が責任を持って対応することを明記した。[134]

　2009年 1 月頃，ホームレス自立支援センター北九州（定員50人）は常にほぼ満員であった。九州唯一のセンターで，就労を希望するホームレスに半年を上限に無料で宿泊場所などを提供しているが，入所が決まってから 1 ヵ月程度の「入所待ち」を強いられる状態が続いているという。[135]

　 2 月 3 日までに，社会福祉法人グリーンコープ（福岡市）が，福岡市博多区に予定していたホームレス支援施設開設を近隣住民の反対で前年に断念していたことが分かった。景気低迷の影響で失職者が増え，ホームレスも増加傾向にあることから，グリーンコープは別の場所での開設を模索していた。施設は「抱樸館（ほうぼくかん）福岡」で，同区にある 3 階建ての建物を，グリーンコープが民間業者から賃貸して，開設することを検討していた。約40人が半年程度入所し，就職支援などを行う計画だったという。ところが2008年夏に近隣住民らを対象に開いた説明会で「近くに学校があり心配」などの反対意見が相次ぎ，開設断念を決定し，同年九月には施設の賃貸契約も解除したという。福岡市などによると市内のホームレスは2008年 1 月時点で782人で，「現在はこの不況下でさらに増えつつある」（同市保護課）状況であった。こうした状況に対応するため，グリーンコープはほかの場所での開設を目指す方針とした。

　 2 月12日，北九州ホームレス支援機構は，派遣切りなどで住まいを失った人や，ホームレス状態で生活保護を受給している人の一時的な住居「緊急シェルター抱樸館」を小倉北区内に開設する。支援機構は市と共同で，ホームレスの

第Ⅲ部　リソース・フローによる抑制の証拠

人が就労支援を受ける自立支援センター（小倉北区）を運営している。しかし，50人の定員に対し，約60人が入所待ちの状態。景気後退の影響で今後も住まいを確保できない人が増えるとみられることから，シェルター開設に乗り出した。ビル内の6LDKの部屋を借り上げ，6人を定員に受け入れる。入居期間は1ヵ月が目途で，入居者は，支援機構の巡回相談員がホームレスの人らに意思を確認するなどして決める。入居後は自立に向け，住宅確保や債務整理などの支援をする[136]。

　3月11日，北九州市が4月から取り組むホームレス自立支援の5カ年計画案が明らかになった。市の施設の入所者にボランティア活動をしてもらうとともに，知的障害がある人の人権を守るために成年後見制度を活用することを柱としていた。厚生労働省によると，北九州市の試みは全国的にも異例という。近く市議会に報告されることになっていた[137]。

　2009年3月頃，北九州市でこれまで減少傾向だったホームレスが増加に転じた。最少だった前年9月と比べ，2月末時点で，40人増の約190人となった。17日に開かれた市ホームレス自立支援推進協議会で報告された。北九州ホームレス支援機構は「景気後退の影響が出始めている」と指摘している。市保護課によると，市のホームレス数はピーク時の2004年に約430人だった。同市では，市の委託を受けた支援機構が市内を巡回しホームレスの実態を把握している[138]。

　3月20日，「北九州ホームレス支援機構」は，ホームレスを支援する複合施設「抱樸館北九州」を2010年春を目途に市内に建設すると発表した。従来の路上から“畳”までの支援ではなく，その後も継続して支援する施設にするという。支援機構は「人生を支援するもので，全国的にもないと思う」と述べた。複合施設は自立までをサポートすることに加え，高齢で1人で生活できなくなったホームレス経験者が晩年を過ごせる，ホームレスらが通所して相談をはじめ食事や入浴などの支援を受けられる，などの機能を有することが想定された。施設内には大型厨房や食堂，大浴場の生活用設備のほか，コンサート会場やギャラリーとなる多目的ホールなども備える計画であった。入所者数は40人規模を想定。建設予定地は支援機構事務所がある北九州市八幡東区周辺を計画していた。奥田知志理事長は「20年間の活動で培ったノウハウやニーズを体現できる施設にしたい」と話した[139]。

春頃，北九州市で困窮者の置き去りあるいは流し込みの事例が起きた。5月，「ホームレス自立支援センター北九州」（小倉北区）に3月から4月にかけて福岡市早良区のとび工事会社を解雇された日雇い従業員23人が相次いで保護を求めていたことがわかった。施設の近くまで車で連れてこられたケースが大半で，「北九州の施設に行けば仕事と住まいが確保できると言われ，置き去りにされた」と話しているという。市が28日開いたホームレス自立支援推進協議会の会議で報告された。[140]

北九州市で2005〜07年，生活保護を受けられずに3人の男性が孤独死した問題で，市の対応の改善度をチェックする市生活保護行政フォローアップ委員会は，「おおむね改善された」とする報告書を北橋健治市長に提出した。報告書は，今後の課題として〈1〉自立支援の拡充〈2〉地域住民との連携強化——を挙げ，北橋市長は「一層の努力を続けたい」と述べた。[141]

2012年1月25日，北九州ホームレス支援機構は，急増する若年層の生活保護受給者の生活を支えようと行政や企業と協力して新たな自立就労支援事業に乗り出したと発表した。市保護課によると，同市では，2008年のリーマン・ショック以降，39歳以下の受給者が急増。全受給者に占める割合は2006年7月の9％から，昨年7月には19.5％と倍以上になった。事業の対象は，働く意欲がある39歳以下の生活困窮者で，冠婚葬祭業「サンレー」（北九州市小倉北区），薬局チェーン「サンキュードラッグ」（同市門司区），生活協同組合「グリーンコープ連合」（福岡市博多区）の協力を得て，1日に4時間，清掃や商品の陳列などの実地研修を受ける。事業は厚生労働省の社会福祉推進事業に採択されており，今年度は補助金1350万円を活用して運営。すでに昨年12月から男性10人の支援を始めている。市役所で記者会見した機構の奥田知志理事長は「この支援モデルを成功させ，国の施策に反映させたい」と述べた。[142]

2011年3月23日，北九州市は東日本大震災の被災者支援へ向け「絆プロジェクト北九州」（仮称）を発足すると発表した。住宅の確保から就職・就学までワンパッケージ化し，被災者の生活再建を後押しする計画であった。北九州ホームレス支援機構などが市に提案したものという。市は住宅を確保し，就職・就学相談や地域行事への参加など日常生活の支援を市民と連携して進めるとした。[143]

2012年1月25日，北九州ホームレス支援機構が若年層を対象に生活保護から

第Ⅲ部　リソース・フローによる抑制の証拠

の脱却をサポートする「伴走型就労支援」を始めたことを，支援機構の奥田知志理事長が記者会見して発表した。生活保護受給者への就労支援は行政だけでは追いつかないことから，NPO がマンツーマンで支援する方式となった。厚生労働省が1350万円を補助し，３月まで試行するとした。事業に加わる北九州市立大の山崎克明名誉教授は「最先端の福祉になりうる」と話した。来年度以降の試行も，厚労省に申請する予定だったという[144]。

　2013年５月，生活保護法改正案と保護費の増大を背景に，生活保護における市の対応が元に戻っているのではないかとの懸念が新聞紙面に載った。市では以前，窓口で申請を拒否する「水際作戦」がとられたが，前述のように市は保護行政を見直していた。ケースワーカーや臨床心理士らも増員し，受給者の生活実態把握や自立支援を強めてきたという。市保護課の早崎寿宏課長は「過去と今では百八十度違う」と説明した。改正法では，自治体の保護行政への関与の度合いが強まるが，「間口を狭くすることはしない」。ただし，生活困窮者への相談などにあたっている「北九州・八幡生活と健康を守る会」によると，前年頃から窓口で申請用紙を渡されなかったり，生活保護ではなく社会福祉協議会の融資制度を利用するよう勧められたりといった相談が出てきたという。守る会の吉田文弘会長は「保護費が増大した影響ではないか。法改正で市の対応が，元に戻っていかないか」と懸念した[145]。

　９月14日，生活が困難な人々を支援する施設「抱樸館北九州」が，北九州市八幡東区に開所した。北九州ホームレス支援機構が建設・運営し，地域で一人暮らしができなくなった人に生活の場を提供したり，路上生活者の自立を後押ししたりするものであった。14日に開所式があり，福祉関係者ら約130人が参加した。抱樸館北九州は，鉄骨３階建てで延べ床面積は約920平方メートルであった。ホームレスの状態から自立できたものの，加齢などにより一人暮らしが出来なくなった人らを受け入れる部屋を25室備えている。このほか，ホームレスの人が自立できるまで半年間暮らせる部屋が５室ある。北九州ホームレス支援機構の支えで路上生活から自立しても，食事や地域とのコミュニケーションなどがうまくいかず，孤独死した人が相次いだ。こうした経緯を踏まえ，支援機構は2007年頃から構想を温め，抱樸館の設立準備を進めてきた。支援機構が抱樸館を運営するのは下関市に次いで２カ所目であった。「樸」は原木の意味で，「抱樸」という名称にはどんな人も受け入れる，との意志が込められて

234

いる。奥田知志理事長は開所式で「名前にふさわしい施設として歩んでいきたい」と抱負を語った[146]。

2014年7月5日，NPO法人「北九州ホームレス支援機構」が団体名を「抱撲（ほうぼく）」に変更することに伴い，改名報告を兼ね，前身団体の活動開始から25年になるのを記念して式典を開いた。当時，NPO職員95人のほか，約200人がボランティアに登録し活動を支援するまでに拡大していた[147]。

9月10日，北九州市は，生活困窮者自立支援法が翌年4月に施行されるのを前に，生活保護に至る前の困窮者を対象にした相談窓口を設置したり，就労を支援したりするモデル事業を10月1日から始めると発表した。自立に向けた支援を行うことで，失業や多重債務などの生活困窮状態から早期に脱却することを目指すとした。市いのちをつなぐネットワーク推進課によると，モデル事業は「自立相談」「就労準備」「家計相談」の3つであった。事業費は計約4200万円で，全額国から補助された。同課は「モデル事業を通し，困窮者にどんな支援が必要なのか考えていきたい」とした[148]。

2019年10月，NPO法人「抱撲」（八幡東区荒生田，奥田知志理事長）の活動開始30周年を記念する集会が戸畑区であった。住居や仕事の提供だけでなく困窮者に家族のように寄り添う「伴走型支援」の理念を掲げ，約3400人のホームレスの自立を実現してきた30年の節目を約600人が祝った。抱撲と協力して困窮者支援に当たる北九州市や中間市，県などの代表者も出席した。北九州市の北橋健治市長は祝辞で，市が2003年にホームレス自立支援センターを計画した際の地元による反対運動を振り返り，「牧師でもある奥田理事長が懸命になって人の道を説き，住民の不安を取り除いてくださった」と感謝した。また厚生労働省の鈴木俊彦事務次官も特別講演し，「伴走型支援」の理念が2013年成立の生活困窮者自立支援法に取り入れられたことを紹介した。奥田理事長は，高齢者や障害者らへと支援活動を広げてきた経緯を踏まえながら「人とのつながりこそが人を立ち直らせる。命に価値付けをする時代に抵抗を示していきたい」と話した[149]。

4　議論——抑制が強く作用する自治体とそうでない自治体

本章では，リソース・フローメカニズムによって政策の遅延が生じるという

第Ⅲ部　リソース・フローによる抑制の証拠

説明を補強し，また何がその効果を強めるのかを発見することを目指して，福岡市と北九州市のホームレス自立支援政策を比較した。

福岡市においては早期よりホームレス支援への取り組みがみられたが，住民の反対意見が表明された。また，困窮者流入を懸念する報道が出たり行政のコメントが報道されたりした。ホームレス就労自立支援センターの開所は2009年であった。

北九州市においては困窮者流入への懸念はほとんど報じられなかった。生活保護の厳しい「適正化」を行っていたこと，ホームレスを排除しているとの評価があったことなどはその一因ではないかと考えられる。ホームレス自立支援センターの開所は2004年であった。以下に関連年表を示す（表6-2）。

これらの事例をみる限り，政策イノベーションを遅らせた要因の一つは困窮者流入の懸念であった。この流入懸念は外向性の1類型であるといえる。福岡市は九州の中心的な都市であり，困窮者流入を懸念する材料は十分にあった。他方，北九州市は，福岡市と比べて都市の規模が相対的に小さかったことに加え，生活保護の「適正化」のようにむしろ困窮者流出を促すかのような方針を採用していた。事実，北九州市においては，ホームレス自立支援施設の開所前にはほぼ流入の言説や報道がみられなかった。

しかし，北九州市がホームレス支援を本格化させるにあたり，やはり困窮者流入の懸念がわき起こって抑制が作用してもおかしくないのではないか，という批判がありえるだろう。そうならなかった要因として2つを指摘できる。

第1に，市内におけるホームレス自立支援の実績が上がっていたことである。北九州ホームレス支援機構（当時）が市民からカンパを募って2001年5月にアパートを借り上げて「シェルター」を開設し，2年後の2003年5月までに26人の就労に成功していた。この取り組みが「福祉の磁石」を作動させ大量の困窮者が流入したという事実は少なくとも表面化はしなかった。この頃，行政と支援団体の関係は対立から融和に向かった。その背景にはホームレス自立支援法の施行があり，対処の必要に迫られたものの支援のノウハウを持たなかった市が支援団体に歩み寄ったという面があったという。

第2に，生活保護の「適正化」はホームレス自立支援センターの開設とは独立して続いていたと考えられることである。そのため，困窮者流入がただちに生じるという懸念は生じにくかったのではないかと思われる。他方，2007年，

236

表6-2 福岡市と北九州市のホームレス支援政策の関連年表

時期	福岡市	北九州市
1999年		
2000年	ホームレスの総合相談窓口設置	ホームレスのテント小屋の強制撤去，炊き出し排除
2001年	ホームレスの生活保護窓口をJR博多駅近くに設けようとするも住民の猛反対で断念	（NPOがアパート5室を借り上げシェルター開所）
2002年		
2003年	（NPOがアパート2室を借り上げ就労自立支援センターを開所）	
2004年	市とNPOが連携しアパート4室を借り上げ一時保護施設とする	ホームレス自立支援センター開所（定員50人）
2005年		
2006年		
2007年		（過度の生活保護「適正化」の報道）
2008年		ホームレスに対する生活保護申請権の保障を発表
2009年	就労自立支援センター開所（定員50人）	

出所：筆者作成。

実際に「適正化」がゆるむ予測が出ると困窮者流入の報道が出るようになった。リソース・フローによる抑制の影響が確認されたと考えられる。なお，両市ともホームレス自立支援施設を設置することによりホームレス数は減少している。その点ではリソース・フローによる抑制は克服不可能な障害ではない。ただ，その後の生活保護の被保護者数まで考えると，リソース・フローに起因する問題は完全な杞憂であったとは言えない。

　最後に，本書のフローにのっとってまとめると，内生条件と促進だけで説明できるかという問いの答えは，説明できない，となるだろう。繰り返しになるが，本章の分析によってリソース・フローによる抑制メカニズムが作用している可能性が高まったからである。

　注
（1）　同団体の調査によれば，北九州市内の冬季ホームレスは1988年29人だったが

第Ⅲ部　リソース・フローによる抑制の証拠

年々増加していた。『毎日新聞』1996年12月21日（西部夕刊）。

（2）　『朝日新聞』1992年2月07日（夕刊）。

（3）　『毎日新聞』1996年1月24日（西部夕刊）。

（4）　『日本経済新聞』2003年8月9日。

（5）　「適正化」については，北九州市の福祉事務所の元ケースワーカーと弁護士が生活保護の「ヤミの北九州方式」を克明に綴って分析した藤藪・尾藤（2007）がある。具体的には申請書を渡さない，面接拒否，辞退届の強要などの行為になって表れる。炭鉱閉山によって大量の労働者が生活保護を受給したことに端を発し，国の指導の下に北九州市が40年かけてそのシステムをつくり上げたのだという。詳細は同書に譲るが，生活保護費決算額の「300億円ルール」，職員の「数値目標」，国の監査に支配された福祉事務所の人事評価などによって同システムは維持されてきた。同書では生活困窮者の市外への追い出しについても記述されている。

（6）　2020年1月1日時点の推計人口は159万5674人。出典は福岡市ホームページ：https://www.city.fukuoka.lg.jp/data/open/cnt/3/13385/1/20200101suikei.pdf?20200805182759（2020年8月15日アクセス）。

（7）　『読売新聞』1993年1月26日（西部夕刊）。

（8）　『朝日新聞』1993年1月26日（夕刊）。

（9）　9月下旬から10月初めにかけ，市内のJRや私鉄駅，公園管理事務所などが協力し，市民生局でまとめた。聞き取り調査はしていない。『朝日新聞』1993年11月06日（夕刊）。

（10）　『日本経済新聞』1995年8月2日（西部朝刊）。

（11）　『朝日新聞』1997年4月20日（朝刊）。

（12）　『読売新聞』1997年4月21日（西部朝刊）。

（13）　『朝日新聞』1997年4月22日（朝刊）。

（14）　『日本経済新聞』1997年4月22日（西部夕刊）。

（15）　『毎日新聞』1997年4月23日（西部朝刊）。

（16）　『日本経済新聞』1997年6月25日（西部朝刊）。『毎日新聞』1997年6月25日（西部朝刊）。

（17）　同記事では，国の支援は「自立支援センターを建てて宿泊させながら，生活相談や仕事のあっせんをする。同時に，不法占拠に対する退去指導マニュアルの検討も含まれ，『働きたくない』とされる人には厳しい対応も示されている」ものと記述されている。

（18）　『朝日新聞』1999年6月21日（朝刊）。

（19）　『朝日新聞』1999年11月27日（朝刊）。

（20）　『日本経済新聞』2000年6月19日（西部朝刊）。

（21）　『日本経済新聞』2000年6月21日（西部朝刊）。

（22）　『朝日新聞』2000年 9 月22日（夕刊）。

（23）　『朝日新聞』2001年 3 月 3 日（朝刊）。

（24）　『毎日新聞』2002年 5 月17日（地方版／福岡）。

（25）　『毎日新聞』2002年 7 月18日（西部朝刊）。

（26）　『毎日新聞』2003年 8 月 5 日（地方版／福岡）。

（27）　『朝日新聞』2003年10月 5 日（朝刊）。

（28）　『読売新聞』2003年10月24日（西部夕刊）。

（29）　『毎日新聞』2003年12月13日（地方版／福岡）。

（30）　『毎日新聞』2004年 2 月17日（西部夕刊）。

（31）　『朝日新聞』2004年 7 月31日（朝刊／福岡）。

（32）　『読売新聞』2004年10月13日（西部朝刊）。

（33）　『毎日新聞』2007年 4 月 7 日（西部朝刊）。

（34）　『読売新聞』2008年10月 3 日（西部朝刊）。

（35）　『毎日新聞』2008年11月26日（西部夕刊）。

（36）　『朝日新聞』2008年11月27日（朝刊／福岡）。

（37）　『毎日新聞』2008年11月27日（地方版／福岡）。

（38）　『読売新聞』2009年 1 月13日（西部夕刊）。

（39）　『読売新聞』2009年 2 月 1 日（西部朝刊）。

（40）　『毎日新聞』2009年 2 月 3 日（西部朝刊）。

（41）　『朝日新聞』2009年 2 月16日（夕刊）。

（42）　『毎日新聞』2009年 2 月27日（地方版／福岡）。

（43）　『読売新聞』2009年 3 月10日（西部朝刊）。

（44）　『読売新聞』2009年 3 月10日（西部朝刊）。

（45）　『朝日新聞』2009年 3 月12日（夕刊）。

（46）　『毎日新聞』2009年 6 月 2 日（西部朝刊）。

（47）　『朝日新聞』2009年 7 月14日（朝刊）。

（48）　『毎日新聞』2009年 7 月15日（西部朝刊）。

（49）　『朝日新聞』2009年 7 月31日（朝刊）。

（50）　『読売新聞』2009年 7 月31日（朝刊）。

（51）　『毎日新聞』2009年 7 月31日（西部朝刊）。

（52）　同機構はこの施設や独自の自立支援施設で年間220人，入所者の94％を自立さ
　　　　せてきたという。『朝日新聞』2009年 8 月 1 日（夕刊）。

（53）　『朝日新聞』2009年 8 月 4 日（朝刊／福岡）。

（54）　『毎日新聞』2009年11月18日（地方版／福岡）。

（55）　『読売新聞』2009年11月19日（西部朝刊）。

（56）　センターは延べ983平方メートル。10人部屋が 3 （男性のみ），個室が20（男性
　　　　16，女性 4 ）あった。10人部屋は就職活動中の人が使い，就職が決まった人は勤

務時間が異なるため，個室を使う。浴室や食堂，娯楽室，医務室などを設けたほか，女性の居住空間は，スタッフが夜間もいる管理室や宿直室の近くにあって，男性の居住空間とは仕切られ，その中にトイレや浴室を備えている。食事や散髪は無料。面接用の背広も貸し出す。センターを住所にして住民登録もできる。医師が週１回，看護師が週５回訪れる。夜間は警備員と生活指導員の計２人が常駐する。2009年11月から翌年度末までの予算は家賃・敷金2200万円，運営費3800万円であった。入所希望は，博多区保健福祉センター保護第３課などで受けた。入所可能性がある人には「福岡すまいの会」の一時保護施設に入居してもらって健康診断を行い，集団生活が可能かどうか判断することになっていた。センターや市職員らによる判定会議を経て入所が決まった。申し出から入所まで１週間程度かかった。『朝日新聞』2009年11月21日（朝刊／福岡）。

(57) 『朝日新聞』2009年12月30日（朝刊）。

(58) 『読売新聞』2009年12月30日（西部朝刊）。

(59) センターでは家賃も食事もすべて無料だが，規律は厳しく，１日のスケジュールはきちんと管理されていて，決まり事も多かった。まず酒はトラブルの元として禁止で，外出先で飲むことも許されていなかった。所持金はセンターが管理し，週1000円程度の小遣いが支給された。下着などの日用品は支給され，就職活動に必要なリクルートスーツも貸し出された。就職が決まると大部屋から個室へ移り，貯蓄が30万円程度になればセンターを出て自立することを勧められるシステムだった。『朝日新聞』2010年１月18日（朝刊／福岡）。

(60) 『毎日新聞』2010年２月９日（西部夕刊）。

(61) 『読売新聞』2010年５月１日（西部夕刊）。

(62) 『毎日新聞』2010年５月２日（地方版／福岡）。

(63) 『朝日新聞』2013年８月30日（夕刊）。

(64) 『読売新聞』2010年６月８日（西部朝刊）。

(65) 『毎日新聞』2010日７月14日（地方版／福岡）。

(66) 『朝日新聞』2010年９月２日（夕刊）。

(67) 『毎日新聞』2010年９月８日（西部朝刊）。12月の報道によれば，福岡市は実際に「囲い屋」と呼ばれる業者（ホームレスをアパートに住ませて生活保護を申請させ，家賃や光熱費名目で大半を取り上げる業者）の実態調査を始めた。『読売新聞』2010年12月24日（西部朝刊）。

(68) 『朝日新聞』2011年４月７日（朝刊／福岡）。2009年３月から住居がない人にも生活保護を適用できるよう運用を改めた結果，同月だけで318人が生活保護を受け始めて路上生活から脱したという。また，「抱樸館福岡」では同年５月までに約200人が入所し，約50人がアパートを借りて新生活を始めた。青木康二館長によると「常に満室。現在も10人ほどが入所待ち」の状態だという。就職や金銭管理のセミナー，資格取得のための講義も行っていた。『読売新聞』2011年５月18

第 6 章　比較事例研究

　　日（西部夕刊）。

(69)　『読売新聞』2011年6月22日（西部朝刊）。最終の調査結果によれば，2009年3
　　月〜2011年4月に計500件，総額約4560万円の不正受給があり，市内などの8社
　　が関与した。『日本経済新聞』2013年9月20日（西部夕刊）。

(70)　『読売新聞』2012年11月5日（西部朝刊）。

(71)　『読売新聞』2013年3月5日（西部朝刊）。

(72)　『日本経済新聞』2014年7月25日（西部夕刊）。

(73)　2020年1月1日時点の推計人口は93万9450人。出典は北九州市HP：https://
　　www.city.kitakyushu.lg.jp/kikaku/01800279.html（2020年8月15日アクセス）。

(74)　『朝日新聞』1994年5月31日（朝刊／福岡）。

(75)　『朝日新聞』1995年1月28日（朝刊／福岡）。

(76)　『朝日新聞』1996年1月31日（朝刊／福岡）。

(77)　『朝日新聞』1996年2月26日（朝刊／福岡）。

(78)　『日本経済新聞』1998年2月2日。

(79)　『毎日新聞』1999年7月3日（西部夕刊）。

(80)　『毎日新聞』1999年7月3日（西部夕刊）。

(81)　同年の夏にホームレスが若者らに襲われて負傷する事件が相次いだことから，
　　被害の実態を調べた。北九州越冬実行委員会が把握している市内のホームレスは
　　同年2月現在で236人であった。9月に聞き取りをし，うち172人から回答を得
　　た。それによると，過去1年の間の襲撃被害について，36％が「ある」と答え
　　た。襲撃の方法は「所持品を持ち去る」（34％），「石や物を投げつける」
　　（32％），「殴るけるなど暴行を加える」（23％）の順に多く，持ち物や寝具に火を
　　つけられた人も5人いた。襲撃者の年齢は，19歳以上の若者が27％で最も多く，
　　中学生が21％，高校生19％で，青少年による襲撃が7割近くを占めた。警察に被
　　害を届け出た人は23％と大半は泣き寝入りしていたという。『朝日新聞』1999年
　　10月27日（夕刊）。

(82)　検診は北九州市小倉北区の市役所東側の公園で，北九州越冬実行委員会の炊き
　　出しに合わせ，午後7時半から1時間程度の予定であった。市保健所のレントゲ
　　ン車を出し，胸のX線写真を撮るほか，医師と保健師が健康相談を受け付け，無
　　料であった。ホームレスの集団検診は東京都のほか，政令指定都市では大阪，川
　　崎両市が実施していた。『朝日新聞』1999年10月28日（夕刊）。

(83)　『朝日新聞』2000年2月22日（朝刊）。

(84)　『朝日新聞』2000年3月29日（朝刊）。

(85)　市生活福祉部保護課によると，救急車で医療機関に搬送されたホームレスは
　　（結果的に応急措置で済んだとしても）生活保護法第4条にある「急迫保護」の
　　ケースに当たり，医療機関に生活保護法を適用して市が医療費を支払っている。
　　『読売新聞』2000年3月9日（西部朝刊）。

241

第Ⅲ部　リソース・フローによる抑制の証拠

(86)　『朝日新聞』2000年 5 月23日（夕刊）。

(87)　テント小屋は，男性が昨年10月頃，公園内にある近代箏曲の開祖・八橋検校<ruby>頌徳碑<rt>しょうとくひ</rt></ruby>のそばに建てた。毎年 5 月，同市の八橋邦楽会が碑前祭を催しており，今年は28日に開かれるため，同会が市に撤去を要請していた。市の撤去指導に対し，男性は「他の場所を市が紹介するか，移転費用を出せ」などと言って応じなかったことから市は代執行を決めた。『読売新聞』2000年 5 月23日（西部朝刊）。

(88)　『毎日新聞』2000年 5 月23日（西部夕刊）。

(89)　『朝日新聞』2000年 5 月23日（朝刊）。

(90)　要望書や吉沢会長によると，1981年頃から，公園近くの高速道路の高架下にホームレスが目立つようになり，当時，公園内の野外ステージ周辺や万葉の庭，市中央図書館周辺の植え込みの中などに広くホームレスが住み着いていた。フェンスや木々の間にロープを張って洗濯物を干したり，枯れ枝を燃やして煮炊きをしたりし，中には昼間から酒を飲んでいる人もいたという。『読売新聞』2000年 6 月08日（西部朝刊）。

(91)　『毎日新聞』2000年 6 月10日（西部夕刊）。

(92)　『朝日新聞』2000年 8 月11日（朝刊）。

(93)　『朝日新聞』2000年 8 月12日（朝刊）。

(94)　『朝日新聞』2000年 8 月26日（朝刊）。

(95)　『朝日新聞』2000年 8 月29日（朝刊／福岡）。

(96)　『朝日新聞』2000年 8 月31日（朝刊）。

(97)　『毎日新聞』2014年 3 月30日（地方版／福岡）。

(98)　『読売新聞』2000年 9 月 8 日（西部朝刊）。

(99)　高齢者や女性，障害者のホームレスを一時保護して福祉施設を紹介したり，低家賃の住宅への転居を準備したりするなどの機能も担う，次のような構想であった。10〜15人が入居できるアパートを機構が借り上げて，住居と食料を提供する。入居は 3 ヵ月を単位とし，年間40〜60人の自立を目指す。シェルター内では，ヘルパー資格やコンピュータ技術などの職業訓練を行う。スタッフが入居者の相談に乗ったり，元ホームレスの連絡組織をつくったりするなど，精神面の支援も長期的に行う。『朝日新聞』2000年12月15日（朝刊）。

(100)　『毎日新聞』2000年12月15日（西部朝刊）。

(101)　『朝日新聞』2001年 5 月19日（朝刊）。

(102)　4 月下旬から 5 月上旬に聞き取りで調査し，男性207人，女性15人の計222人から回答を得た。ホームレスになった理由は，「失業」が67％で圧倒的に多かった。失業の理由は病気・けがが28％，リストラが19％，倒産が12％などであった。3 年前の生活状況を尋ねると，41％が「常勤のサラリーマン」と答え，「ホームレス」は31％だった。「今の生活をやめたいか」という問いには，95％が「やめたい」と回答した。これらの人に「自立に何が必要か」と複数回答で聞く

と，「仕事」が70％でトップ。「生活保護」が23％，「住所」が４％と続いた。仕事を探しているが職に就けない人は66％に上り，高齢や住所不定を理由に断られるという答えが目立った。『朝日新聞』2001年06月17日（朝刊）。

(103)　提言書によると，11月23日にJR小倉駅や戸畑駅など市内４カ所での給食支援を受けたホームレスは，前年（255人）を上回る313人であった。総数増加に伴い，救急車で搬送される人も既に前年の1.5倍の343人に上っていた。このため(1)市は公共用地からの「追い出し策」をやめ，自立支援の政策によるホームレス削減，(2)「住居があって65歳以上」という生活保護の条件の見直し，(3)街頭相談の実施——など６項目を提言した。活動費不足も深刻であった。炊き出しと，ホームレスの自立支援のためにアパート９部屋を借りており，１年で約1100万円が必要であった。全額個人・団体カンパで賄われるが「テロの発生で分散したのか，年間700万円あった個人カンパが400万円しか集まらず，今月中に貯金が尽きる」と危機的状況にあった。『毎日新聞』2001年12月14日（地方版／福岡）。

(104)　『朝日新聞』2002年７月12日（朝刊）。

(105)　『読売新聞』2002年10月７日（西部朝刊）。

(106)　『朝日新聞』2003年２月12日（朝刊）。

(107)　『読売新聞』2003年５月14日（西部朝刊）。

(108)　『読売新聞』2003年７月17日（西部朝刊）。

(109)　『毎日新聞』2003年10月18日（地方版）。

(110)　『毎日新聞』2003年11月６日（地方版／福岡）。

(111)　『朝日新聞』2005年１月06日（朝刊）。

(112)　『毎日新聞』2014年３月30日（地方版／福岡）。

(113)　岩崎会長らによると，設置反対は42町内会の会長や婦人会代表など約70人で構成する合同会議で決めた。同会長は「彼らの支援には賛成だが，場所が悪い。石を投げた小学生が追いかけられたとの風聞もあり，児童，生徒に危険が及ぶ心配がある。自治会には地域の子どもを守る責任がある」と言う。これに対し，同市保健福祉局は「地域の理解なしに施設の運営は難しい」とし，関係者への説明会を重ねたが，連合会側の反対姿勢は崩れなかった。市は29日夜，「開設後も地域の意見を聞きながら運営する」と最終的に伝えたが，連合会側から「殺傷事件が起きたら市が補償するのか」などの声が出たという。『毎日新聞』2004年１月30日（西部朝刊）。

(114)　計画の詳細は以下の通りであった。同センターは，職員12人体制で運営し，食事の世話や健康・生活相談も行う。６ヵ月の入所期間中，パソコンなどの講習を行い，公共職業安定所の求人情報も提供する。定員は50人で，北九州ホームレス支援機構のメンバーらが面接したうえで，就労意欲のある人を優先して入所させる。また，公園などの管理については，指導員を市職員OBに委嘱し，強制的な排除はせず，支援センターと連携しながら対応を決める。『読売新聞』2004年２

第Ⅲ部　リソース・フローによる抑制の証拠

月21日（西部朝刊）。

(115)　『毎日新聞』2004年6月30日（地方版／福岡）。

(116)　『読売新聞』2004年9月6日（西部朝刊）。

(117)　『朝日新聞』2004年9月28日（夕刊）。

(118)　前述のように，プライバシーを確保するため全国で初めて寝室を個室（約4平方メートル）にした。浴室や理髪室，洗濯室，保健室，談話コーナーなども備えた。食事や散髪は無料。下着や靴などをはじめ，面接用の背広が支給される。支援センターを住所として住民登録できるため，住所がないことを理由に就職を希望する会社に不採用とされる心配がなくなるとした。資格や免許も無料で取れた。職員は15人で，そのうち生活相談を受ける生活相談指導員5人は北九州ホームレス支援機構のメンバーであった。職業相談員2人はハローワークから派遣されていた。医師1人，看護師1人が入所者の健康管理にあたった。市とホームレス支援機構による会議で入所者を決め，就労意欲の高い人から順番に入ってもらうことにしていた。『朝日新聞』2004年9月29日（朝刊）。

(119)　『毎日新聞』2004年9月29日（地方版／福岡）。

(120)　『読売新聞』2005年5月21日（西部朝刊）。

(121)　『読売新聞』2005年6月11日（西部朝刊）。

(122)　『読売新聞』2005年8月31日（西部朝刊）。

(123)　『毎日新聞』2006年8月31日（地方版／福岡）。

(124)　市内の元ホームレスの50代の男性は2005年4月，腎臓の病気で入院して保護を申請した。5月下旬に退院する際，ケースワーカーが病院に来て4，5月分の保護費を支給した。その際に辞退届を求められ，男性は言われるがままに「生活保護を辞退します」と書いた。その後，保護は廃止された。男性は「ケースワーカーが言うことなので従った」と話した。男性は後に保護を再申請し，取材当時は保護を受けていた。『朝日新聞』2006年9月1日（朝刊）。

(125)　『読売新聞』2006年10月8日（大阪朝刊）。

(126)　『毎日新聞』2007年7月22日（西部朝刊）。

(127)　『毎日新聞』2007年10月2日（西部朝刊）。

(128)　『毎日新聞』2007年10月2日（西部朝刊）。

(129)　『読売新聞』2007年11月23日（西部朝刊）。

(130)　『毎日新聞』2007年12月11日（西部夕刊）。

(131)　『朝日新聞』2008年2月6日（夕刊）。

(132)　『日本経済新聞』2008年2月6日（西部夕刊）。

(133)　『毎日新聞』2008年2月9日（地方版／福岡）。

(134)　『毎日新聞』2008年4月4日（西部夕刊）。

(135)　『朝日新聞』2009年1月5日（朝刊）。

(136)　『読売新聞』2009年2月7日（西部朝刊）。

第6章　比較事例研究

(137)　『毎日新聞』2009年3月12日（西部朝刊）。

(138)　『読売新聞』2009年3月19日（西部朝刊）。

(139)　『毎日新聞』2009年3月21日（西部朝刊）。

(140)　『朝日新聞』2009年5月28日（夕刊）。

(141)　『読売新聞』2009年8月1日（西部夕刊）。

(142)　実地研修の間，機構から毎月約8万円の手当も支給する。さらに機構職員が「パーソナル・サポーター」（PS）として相談に乗るほか，毎月，研修先やハローワークの担当者，PSらと話し合い，就職活動につなげる。就職後も，完全自立が果たせるまで支援を続ける。『読売新聞』2012年1月26日（西部夕刊）。

(143)　『日本経済新聞』2011年3月24日（西部朝刊）。

(144)　詳細は次の通りであった。対象者は原則として，生活保護を受給する39歳以下の人である。支援機構の職員が，マンツーマンで就労を支援する。さらに，市福祉事務所，ハローワーク，対象者を研修に受け入れる企業などの担当者が毎月，集まって話し合い，それぞれの対象者の就労をフォローする。また，就労後も社会的に孤立しないように，ボランティア団体や民生委員など地域とのつながりについても支援する。奥田理事長は「社会と関係が途切れ，ひとりぼっちの若年層に対する手当てを含めて活動したい」と話している。北九州市によると，39歳以下の受給者は2006年に1113人だったが，11年には4527人に増加。受給世帯の仕事を含む相談は，市福祉事務所のケースワーカーが担当する。しかし，80世帯に1人の割合でしかケースワーカーがいないため，就労支援までは手が回らないのが実情だ。『朝日新聞』2012年1月26日（朝刊／北九）。

(145)　『朝日新聞』2013年5月18日（朝刊）。

(146)　建設費は約1億8000万円で，うち約6000万円は募金活動などを通じて集めた寄付金で賄った。すでに当該の月の初めから運営を始めており，当時26人が入所していた。1ヵ月暮らすために支払う料金は4万6500円（食費別）で，デイサービスやレストランのランチは一般にも開放されていた。『朝日新聞』2013年9月15日（朝刊）。

(147)　『朝日新聞』2014年7月4日（朝刊）。

(148)　詳細は次の通りであった。自立相談は小倉北区役所に窓口を設ける。市社会福祉協議会の相談支援員ら3人が対応し，困窮者が抱える課題を把握する。一人ひとりの状況に応じて支援計画を作成し，ハローワークや就労準備，家計相談などにつなげる。就労準備は，生活習慣の改善やコミュニケーション力をつける研修，履歴書の書き方支援など，就労に向けた準備を行う事業で，NPO法人「抱樸」に委託する。家計の見直しが必要な人には，家計相談で収支改善指導や貸し付けのあっせんなどを行う。この業務は生活協同組合グリーンコープに委託する。『読売新聞』2014年9月11日（西部朝刊）。

(149)　『毎日新聞』2019年10月17日（地方版／福岡）。

245

第7章
議会会議録の分析
—— 「福祉の磁石」はいかに議論されたか ——

　本章では，前章までの発見が全国的な傾向にも妥当するかどうかを確かめ，先行条件に関する本書の主張を裏付けるため，議会会議録の分析を行う。第1項で計量テキスト分析，第2項で定性的な検討を実施する。

1　計量テキスト分析——抑制が強く作用した自治体は外向性が高いか

　計量テキスト分析の概要は第4章第1節と同様である。各市議会（第Ⅰ群〔仙台市・堺市・北九州市〕と第Ⅱ群〔福岡市〕）の会議録検索システムで，「ホームレス」とホームレス支援のための施設を表す語（「施設」「センター」「シェルター」「宿泊所」）を含む質疑（質問と答弁を1セットとする）を検索し，該当するものを閲覧して，全く別のことを話題にしているもの・部分を除外し，集計した。検索する期間は，原則1997年から当該自治体の「波及年」の前年までである[1]。対象は，本会議と各委員会である。データ検索可能期間に限る。データ検索可能期間とは，全ての常任委員会および特別委員会の会議録が検索可能になった期間であり，途中からの年度は除外する[2]。「国」「法」「都道府県」「他市」「市民」「NPO等」「流入」のそれぞれに相当する語をどれだけ用いているかをカウントした[3]。結果を図7-1に示す。

　「国」の登場回数が多いほか，他市への言及も一定してみられることがわかる。2002年から2005年にかけてキーワードの登場回数が多い。また，流入への言及もみられる。

　次に，これらを質問と答弁に分けて集計したのが図7-2である。

　波及前には答弁において国への言及が多い。波及集中期には市民への言及が多い。質問において，波及集中期にNPO等への言及が増加している。

　次に，第Ⅰ群と第Ⅱ群に分けて同様の集計を行う。まずは第Ⅰ群の結果を図

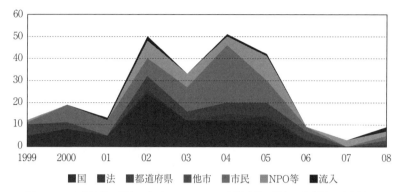

図7-1 4自治体の議会におけるホームレス支援政策に関する会議録の分析結果

出所：筆者作成。

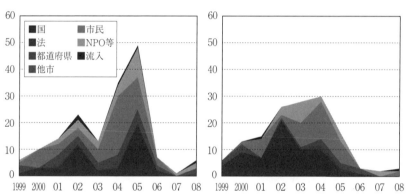

図7-2 4自治体の議会におけるホームレス支援政策に関する会議録の分析結果（質問・答弁別）

注：左が質問，右が答弁。
出所：筆者作成。

7-3に示す。

質問よりも答弁に国への言及が多いことがわかる。また，3市とも流入への言及はない。

次に，第Ⅱ群の結果を図示する（図7-4）。

キーワードの登場回数は2005年にピークを迎える。また，分析対象時期を通じて流入への言及があることが重要である。

次に，障害者差別解消条例と同様に外向性の指標化を試みる。上記のキー

第Ⅲ部　リソース・フローによる抑制の証拠

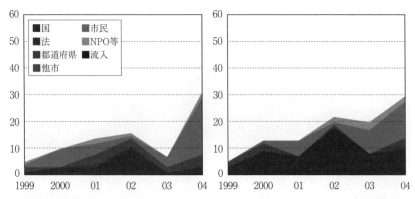

図7-3　第Ⅰ群（仙台市＋堺市＋北九州市）の議会会議録の計量テキスト分析の結果
注：左が質問，右が答弁。
出所：筆者作成。

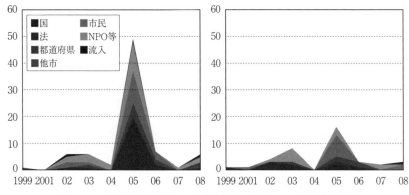

図7-4　第Ⅱ群（福岡市）の議会会議録の計量テキスト分析の結果
注：左が質問，右が答弁。
出所：筆者作成。

ワードのうち，リソース・フローに関係する「他市」についての言及を「外部言及」とし，それ以外の「市民」「NPO等」を「内部言及」とする。「外部言及」と「内部言及」の合計に占める「外部言及」の割合が「外向性指標」である（図7-5）。

第Ⅰ群（仙台市＋堺市＋北九州市）と第Ⅱ群（福岡市）に明らかな差はない。考えられる原因として，傾向を把握するのに十分なサンプル数が確保できないことがある。これを確認するため，外向性指標をキーワード言及数全体と一緒に

第7章　議会会議録の分析

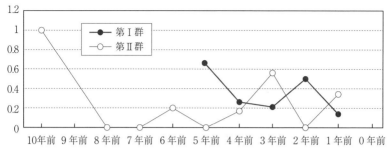

図7-5　第Ⅰ群と第Ⅱ群の政策採用前期間別の外向性指標
出所：筆者作成。

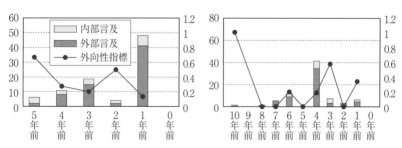

図7-6　第Ⅰ群と第Ⅱ群の政策採用前期間別のキーワード言及数と外向性指標
注：左が第Ⅰ群，右が第Ⅱ群。
出所：筆者作成。

図示しておく（図7-6）。

キーワード言及数が少ない年に外向性指標が大きく振れてしまっていることがわかる。

それでは，直接的に流入への言及に焦点を当てて分析を行うのはどうだろうか。「ホームレス」と「流入」もしくは「集ま」で同時期の議会会議録を検索し，無関係なものを除外した。参考までに川崎市，京都市，岡山市も追加した。発言1つを度数1とカウントしている。その分析結果を示したのが図7-7である。

抑制の可能性が疑われる福岡市において，特に流入に関する発言が多いことがわかる。具体的にはどのようなことが議論されていたのだろうか。次節では，福岡市の議会会議録を定性的に検討する。

249

第Ⅲ部　リソース・フローによる抑制の証拠

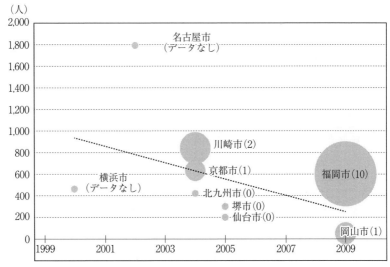

図7-7　会議録におけるホームレス流入への言及回数の分析
出所：筆者作成。

2　定性的な検討——抑制が強く作用したと考えられる自治体での議論

　本節では，福岡市議会の会議録のうち，流入に関連するものの一部を提示する。収集したテキストの一部を抜粋し記述することで福岡市議会において本当に流入が懸念されていたのかどうかを確かめる。なお，本節の下線は全て引用者によるものである。
　2000年11月20日，市議会決算特別委員会第2分科会において次のような質疑・意見と答弁があった。

［質疑・意見］
　具体的な施策を行い，問題点を検討していくことが11年5月の提言である。本市は5大市には入っていないがもっと積極的な対策を出してもらいたい。机で相談を待つのではなく，現場に出向いて総合相談を行う必要があるのではないか。

250

［答弁］

　ホームレスの85％が５大市に集中している。このため，５大市は過去から
の経験やノウハウを積み重ねてきている。本市は経験がなく，施策を実施す
ることでホームレスが集まってくることもある。喜ばれるような施策がなけ
れば相談にも応じられない。整理を急ぎたい。

2002年９月17日，市議会定例会で以下のような質問があった。

　川口浩議員「まずホームレス対策ですが，問題の重大さ，緊急性などを認
識いただいて国の打ち出す方針や施策をまつまでもなく，もっと積極的に努
力ができると思いますので，しっかり頑張っていただきたいと思います。
　市長におかれましては，このホームレス問題に苦慮するほかの大都市の首
長と連携して国に何回も陳情に事あるごとに行くとか，働きかけるくらいの
熱意を持って取り組んでいただきたい。でないと，本市だけでは解決できな
い部分が多うございます。福岡市でたくさんのことをすると全国から来たり
とかですね。それでは福岡市だけでは持ちこたえ切れない。やはり全国そう
いう問題を抱えるところが一緒になって国と力を合わせて解決，雇用創造や
いろんな自立，特に自立策を考えていかにゃいかんのじゃないかなと。ぜひ
その熱意が出るように国にも働きかけていただきたい」

2005年３月17日，条例予算特別委員会第２分科会において保健福祉局は次の
ように答弁した。

［答弁］

　ホームレス対策は他都市でも努力している問題である。相談窓口について
は，他都市からのホームレスの流入問題もあるので，全国的なホームレス対
策を念頭に，あり方を検討していきたい。市民からの相談も寄せられている
ので，窓口をはっきりわかりやすくしたい。

2008年12月12日，市議会定例会において，次のような質問があった。

第Ⅲ部　リソース・フローによる抑制の証拠

　熊谷敦子議員「次に，ホームレスの問題についてです。

　局長は，大都市だから周辺から集まってきているなどという答弁をされましたが，そんな問題ではありません。この5年間で，東京23区は58％に，大阪市は55％に半減しており，大都市のほとんどでホームレスは減っているではありませんか。このことを見れば，本市の対策の不十分さは明らかです。（後略）」

　全体として，議会会議録の分析結果は，第Ⅱ群に分類した福岡市においてリソース・フローによる抑制が作用したとする理論と親和的であったといえる。

3　第Ⅲ部のまとめ——リソース・フローによる抑制の証拠の発見

　本章では，仙台市・堺市・北九州市・福岡市を中心に議会会議録を分析した。

　第1節では計量テキスト分析を行った。サンプル数が少ないこともあり結果の解釈には慎重になるべきであるが，興味深い結果であったのは，第Ⅱ群に分類された福岡市で「流入」への言及がみられた反面，第Ⅰ群の自治体ではみられなかったことである。川崎市・京都市・仙台市・堺市・北九州市・岡山市と比較しても，福岡市における「流入」への言及数は相対的に多かった。

　第2節ではその「流入」に着目して定性的にテキストを記述した。福岡市議会での議論の一端を垣間見ることができたといえる。第1節の分析結果とも整合的であるといえる。

　「流入」への関心を外向性の1つの表れと解釈するならば，外向性は抑制の先行条件としてその効果を強め政策の遅延を引き起こす可能性があるという知見が得られた。

　本書のフローに即してまとめると，抑制は均一に作用しているかという問いに対しては，均一に作用していないと答えるべきであろう。第Ⅱ群の外向性が高いとの解釈が得られたためである。[4]

第Ⅲ部全体のまとめ

　最後に，第Ⅲ部全体の分析結果を確認する。内生条件だけで説明できるか

第7章　議会会議録の分析

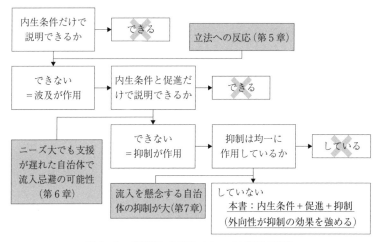

図7-8　第Ⅲ部におけるメカニズム特定の論理
出所：筆者作成。

(第5章で扱った)，内生条件と促進だけで説明できるか (第6章〔第7章でも〕で扱った)，抑制は均一に作用しているか (第7章〔第6章でも〕で扱った) の問いには全て否定的に回答することとなった。

国の立法に反応して多数の自治体がホームレス自立支援政策を導入した (垂直波及) ことから，内生条件だけでは説明できなかった。

ホームレス自立支援政策の採用が相対的に遅い自治体があり，その自治体で実際に「福祉の磁石」が作用していたことが示され，なおかつ当該自治体の議会を含む政策過程において「流入」についての言及が多かったことから，内生条件と促進だけでは説明できなかった。

また，第Ⅱ群の自治体では「流入」に関心が集まるという意味で外向性が高いと考えられたことから，抑制は均一に作用していないと考えられた。

以上を要約したのが図7-8である。

リソース・フローによる抑制が作用していたことも十分に推定できると考える。本書が提案した手法の潜在的な可能性を一部示すことができたといえるのではないだろうか。

第Ⅲ部の分析結果は全体として「福祉の磁石」論を支持するものであった。ただし，政策に誘発された移住があったからといって，先行研究が主張するよ

253

第Ⅲ部 リソース・フローによる抑制の証拠

うに「都市の限界」があるとはただちにはいえないし，ましてや自治体が再分配政策を担いえないとは結論づけられない。自発的流入に対する財政調整，「流し込み」に対する受け入れ側の自治体の抗議や自治体間連携などの対処法により「限界」が克服される可能性があるからである。国による調整も期待される。必ずしも可視化されない貧困の増加が指摘されるように，困窮者のあり方，そして困窮者流入のあり方も変化している。実態の正確な把握に基づいて，現代的貧困を克服するための連携を模索することが求められよう。

大阪府や静岡県にみられるような広域支援も選択肢となるだろう。大阪府では，2003年7月に「大阪府・市町村ホームレス自立支援推進協議会」が設置され，国，府と市で事業費を負担し共同でホームレス支援を実施した。緊急雇用創出事業臨時特例基金事業（住まい対策拡充等支援事業分）が創設されてからは，同事業の交付金を活用して実施してきた。その後，国の制度が改正され自治体負担が増加しても，広域支援は継続しているという。人口規模，これまでのホームレス概数，均等割などの基準により費用が分担されている。現在，府域は3ブロック（北大阪〔豊能三島・北河内〕，大阪市，南大阪〔中南河内，泉北泉南〕）に分かれており，ブロック内の市町村が協働し事業実施している。なお，大阪市は独自に事業を実施している。市町村の役割は「対策の根幹となる対人福祉サービスの実施主体として，地域の実情に応じ，効果的に対策を推進」すること，府の役割は「ホームレス対策事業の効率的かつ円滑な実施を総合的に支援」することである。[5]

府の担当者のインタビュー調査において得られた発見として，もし「流し込み」があるとしても，自治体が財政負担や事務負担を嫌って「流し込み」をしているとは限らないという点がある。困窮者が何を求めているのかわからず，対処に困って大都市への誘導を行ってしまうケースもあるのではないかと認識されている。また，流入してきた人が就労できないとも限らない。[6]「流し込み」元に対する抗議等とは別のアプローチも検討する必要があるだろう。

ただし，大阪地域において，広域支援が完全に流入・「流し込み」問題を解決しているとはいえない。いわゆる「片道切符」の事例があると言われていることは大阪市の担当課も知っている。[7]

ホームレス支援政策では，法の制定後にもリソース・フローによる抑制メカニズムが生じていたと考えられる。ホームレスの流入が懸念事項だったからで

254

あるといえる。

　注
（１）　北九州市はデータ検索可能期間の関係から1999年〜。
（２）　大阪市においては1992年以降をデータ検索可能期間としたが，この時期に検索
　　　可能なのは決算特別委員会のみで，全特別委員会の会議録が検索可能となるのは
　　　2001年度からである。このため，比較対象としての限界はある。北九州市も，委
　　　員会については，予算・決算特別委員会の市長質疑記録（平成11年度決算特別委
　　　員会以降）のみ。
（３）　具体的なコーディング・ルールは，「国」：国，「法」：法，「都道府県」：県・
　　　府，「他市」：他市・他都市・政令市・東京・横浜・名古屋（この３市は先進自治
　　　体として言及されることあり），「市民」：市民・住民，「NPO等」：NPO・民間，
　　　「流入」：流入・集まる，である。「流入」に関しては，識別が難しいので，最終
　　　的にホームレス流入と無関係なものは除外した。
（４）　障害者差別解消条例と同様に，
　　　　　X（第２条件が満たされていないこと）→M（抑制）→Y（政策形成）
　　　　　×
　　　　　A（外向性）
　　　とすると，議会答弁を外向性の指標の１つとしてみたことになる。Xは全自治体
　　　同じとすると，MおよびYの違いの一部がAに起因する可能性がある。
（５）　大阪府提供資料，および大阪府福祉部地域福祉推進室社会援護課担当者インタ
　　　ビュー，2018年２月21日14：00〜15：30。
（６）　大阪府福祉部地域福祉推進室社会援護課担当者インタビュー，2018年２月21日
　　　14：00〜15：30。
（７）　大阪市福祉局生活福祉部自立支援課担当者インタビュー，2018年２月19日14：
　　　00〜15：00。

終　章
それは誰のための抑制か

　終章では，第1節で本書のまとめと貢献を述べ，第2節で残された課題を挙げ，第3節で現実社会への示唆を提示する。

1　本書のまとめ——「負の政策波及」は作用した

　政策イノベーションは政府間関係により抑制されうるか。これが本書が取り組むリサーチ・クエスチョンであった。

　本書は，政策イノベーションの抑制という日本ではこれまで見落とされてきたメカニズムを，定量的手法を含む多様な手法による事例研究で詳細に分析した。

　第Ⅰ部では，日本の政策波及論がほとんどの場合に採用してきた動的相互依存モデルに依拠するという方法以外の選択肢がありうることを示した。具体的には，政策波及メカニズム研究と異時点間選択研究から政策波及を再解釈した政策波及の「近未来予測モデル」を提示し，政策波及メカニズムの3つの複雑性（①政策波及メカニズムの複雑性，②国の介入の効果の複雑性，③先行条件の複雑性）を理論的に整理した。また，政策イノベーションの抑制メカニズムの実証研究が不足していることを指摘し，先行研究からスピルオーバーとリソース・フローの2つの抑制メカニズムを理論的に措定した。

　第Ⅱ部では障害者差別解消条例の波及においてスピルオーバーによる抑制メカニズムが作用した証拠を探った。いま政策採用する純便益が近未来のそれより低いことによって，政策の遅延・模倣が起きる。また，内生条件よりも波及を重視する自治体を外向性が高いと定義すると，同じ条件にさらされていても外向性が高い自治体ほど戦略的遅延や先送りをしやすいと考えられた。

　第2章では，日本における障害者差別解消条例の波及をマクロな観点から記述し，同じ時期に同じような情報に浴していても各自治体が全て戦略的遅延や

257

先送りをしたわけではないことを主張した。

第3章では比較事例研究を行い，外向性という先行条件が自治体間の対応のバリエーションを説明する鍵となるという知見を導き出した。

第4章では議会会議録の分析を行い，本書の理論が分析対象である15自治体全体にも妥当することを確かめた。

第Ⅱ部全体として，障害者差別解消条例の波及において抑制メカニズムが作用していたという証拠が得られたといえる。

第Ⅲ部では，ホームレス自立支援政策の波及においてリソース・フローによる抑制メカニズムが作用した証拠を探求した。いま政策採用する純便益が近未来のそれより低いことは，ホームレスが支援の手厚い自治体に流入するという「福祉の磁石」効果への懸念として政策採用を遅延させうる。また，流入を気にする外向性の高い自治体ほど抑制メカニズムの強い影響を受けるという仮説が得られた。

第5章では，ホームレス支援政策を歴史的に記述しその性質を抽出した。また，合成コントロール法による「福祉の磁石」効果の検証を行った。少なくとも福岡市ではホームレス自立支援政策によって生活保護制度の被保護者数が単純な事業効果を超えて増加したという分析結果が得られ，県外からの困窮者の流入が示唆された。

第6章では，比較事例研究を通じて，困窮者流入を懸念する自治体においてホームレス支援政策の本格導入が遅かったことを示した。

第7章では議会会議録の分析を実施し，「流入」について言及する自治体はホームレス自立支援政策を採用するのが相対的に遅かったことを発見した。

第Ⅲ部全体として，ホームレス自立支援政策の波及においてリソース・フローによる抑制が作用した証拠が発見できたと考える。

本書の貢献を，序章で述べたことに加えて短く3つ挙げる。第1に，政策波及論に対して，新しいモデルと，スピルオーバーとリソース・フローによる抑制のメカニズムを提示し，それらが作用している証拠を示した。外向性が抑制メカニズムを強化するという主張も行った。

特にスピルオーバーによる抑制メカニズムの研究で十分な実証結果が得られたものは海外のものを含め管見の限り見当たらなかったため，重要な貢献となりうる。障害者差別解消条例の波及において，都道府県議会では，法制定の途

258

上であることを理由に，国の動向を注視していくという答弁も多くみられた。

　他方，宮崎県の事例からは，合意形成のタイミングを図るという政治的な考慮が働いており，単純な負担回避ではない可能性が示唆された。抑制期間の慎重な調整があったからこそ最終的に政策イノベーションが生じたことが考えられる。

　第2に，日本の障害者差別解消条例やホームレス自立支援政策の波及過程の体系的な研究を初めて行った。ともすれば散逸しがちな経験や資料を事例研究にまとめたことで障害者政策やホームレス支援政策の研究に資することが期待される。DPI日本会議による「モデル条例」など，これまで公開されてこなかった資料を採用したことの貢献はあると考える。

　第3に，筆者の知る限りで初めて議会会議録の分析による政策イノベーションの抑制の研究を行った。このほかにも多様な研究手法を併用した。政策イノベーションの抑制研究は手法がいまのところ限られており，それが研究の乏しさにつながっていると考えられるため，方法論的な貢献にも意味があるといえよう。

　なお，国の介入が自治体の政策イノベーションを抑制するのかあるいは促進するのかという議論については，「はい」か「いいえ」で答えられるほど現実は単純ではないことを指摘できるだろう。第1章で主張したように，介入の効果はタイミングによって異なるのではないだろうか。スピルオーバーによる抑制メカニズムが作用したと考えられる障害者差別解消条例では，法の制定後で施行前に抑制メカニズムが作用したといえる。法に関連する情報が懸念事項だったためであろう。ホームレス支援政策では，法の制定後にもリソース・フローによる抑制メカニズムが生じていたと考えられた。ホームレスの流入が懸念事項だったからであるといえる。スピルオーバーとリソース・フローの差異も考慮すべきであるかもしれない。2事例しか分析していない現状でいえることは多くはないが一定の貢献はできたと考えられる。

政策波及の再解釈可能性

　最後に，本書によって政策波及全体を再解釈できる可能性について述べる。本書では，「近未来予測モデル」をあくまで抑制メカニズムとの関連で議論し，促進についての考察は行わなかった。

しかし，このモデルによって，先行研究では説明しきれなかった現象が説明できるようになる可能性がある。先行研究においては，政策の外部性が正である場合，つまりある自治体の政策採用が他の自治体に良い影響を与える場合にフリーライド（本書では抑制による戦略的遅延）が，逆に政策の外部性が負である場合に政策採用競争（competitive race，本書では促進）が生じるとされた（Pacheco 2017）。政策過程論の教科書にも，外部性の正負によってフリーライドが生じるか政策採用競争が生じるかが切り替わる趣旨の記述がある（Berry and Berry 2018）。しかし実際には，政策の外部性が正であっても政策採用競争は生じるし（たとえば日本の環境基本条例，伊藤（2002）参照），負であってもフリーライドは生じる（たとえば日本の環境アセスメント）。これらの現象は国際行政学の理論でも説明困難である。あるいは，場当たり的に「つぎはぎの（patchy）」メカニズム（Blatter et al. 2022）で説明するしかない。

「近未来予測モデル」においても確かに外部性は重要な要因であるが，将来に行動したときの結果の予測という主観的な要素が決定的であると考える。この仮定は，政策波及論を異時点間選択研究と接続し，第2条件を加えたことにより導かれた。複雑であった政策波及メカニズムは，「近未来予測モデル」でシンプルに理解できる可能性がある。

その場合，「政策波及全体に第2条件が関わるのに戦略的遅延や先送りが頻回に観察されていないのではないか」「そうだとするとそれはなぜか」が問われうる。1つの回答は，首長や地方議員は選挙で選ばれるため，有権者にアピールできる政策採用を遅延させる動機が弱いというものである。政治行政は企業より時間的視野が短い可能性もある。また，政策採用の最終的な意思決定をするのが政治家であるのに対し，政策形成の費用を主に支払うのは行政職員であるという説明も可能であろう。とはいえ，これらの点も今後の研究課題である。

2　残された課題

以上が本書のまとめと貢献であるが，残された課題も多い。第1に，抑制の測定の改善を行うことである。本書では，たとえば障害者差別解消条例の波及において，解消法の施行時に駆け込み制定を行い，かつ制定した条例の内容が

終章　それは誰のための抑制か

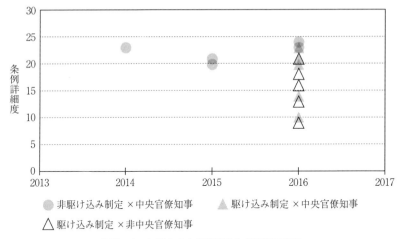

図終‐1　知事の中央官僚経験と条例制定動向

出所：筆者作成。

詳細ではなく解消法に似ていることをもって抑制が作用したことの指標とした。これは近接する主体間での政策アウトプットの関係性を分析する先行研究よりは多面的な測定方法であり，本書では十分な実証結果が得られたと考えられるものの，広く適用可能な手段であるのかどうかは定かではない。本書でも個々の事例について抑制が作用したか否か断定できたわけでもない。今後，一層の測定方法の探索が望まれる。

第2に，外向性以外の先行条件を探ることである。たとえば知事の属性は関係があるだろうか。大ざっぱな考察ではあるが，条例制定年と条例詳細度で散布図を作成し，中央官僚知事／非中央官僚知事の変数(1)でマーカーを色分けした。結果を図終‐1に示す。

非駆け込み制定は黒のマーカーで示された中央官僚知事が行う傾向が強いことが読み取れる。また，全体として，中央官僚知事の下では詳細度の高い条例が制定されるようである。なお，5つの非駆け込み制定自治体は全て中央官僚知事を擁しており，非駆け込み制定×非中央官僚知事のマーカーはない。中央官僚知事は，少なくとも国の動向に沿う限りでは，勤勉に働く可能性が示唆されているが，さらなる検討が必要である。なお，これより前に条例を制定した6自治体では，非中央官僚知事がいた自治体のほうが詳細度の高い条例を制定

261

している傾向が明確であった。[(2)] 中央官僚知事はイノベーターあるいは早期採用者には向いていない一方で，「優秀なフォロワー」になれるのかもしれない。細分化した知事の属性による政策イノベーションへの影響を検証することは興味深い。

第3に，他の領域での事例研究を増やすことである。障害者差別解消条例もホームレス支援政策も福祉政策である。「福祉の磁石」は日本でも蓄積が一定程度あるテーマではあるが，当然に研究対象は福祉政策である。日本における他の分野で政策イノベーションの抑制がみられるのかどうかは重要な論点である。

3 現実社会への示唆──「仕事」ではなく市民と向き合う

最後に，「抑制は悪なのか」という問いをめぐる問題を検討する。まず，自治体を単位として考えると，第1章でみたように，合理的な計算に基づく戦略的遅延と，潜在的な負の影響に気づいていながらも結局遅れが発生してしまう先送りに区分できる。異時点間選択研究や本書のモデルからは，現在における政策形成の広義の費用を過大評価してしまうことが先送りの原因になると考えられる。もちろん，現実には自治体には多数の個人が住んでおり，それぞれの得失を考える必要があるのだが，やむを得ない遅延と不必要な遅延があるという視点は議論の出発点として重要である。

悪しき先送りの克服のためには，何が必要だろうか。伊藤（2002）は，国の介入が自治体の政策イノベーションを萎縮させうることを指摘し，初めから自治体の責任であることを明定しておくこと，すなわち国の介入を制限するという主張を行った。しかし，本書からも明らかなように，国の立法が自治体の政策イノベーションを促す場合もある。また，集合行為論の伝統的な考えに従えば，国の介入はフリーライド問題を軽減する可能性がある。

先送りの克服策として最も本質的だと考えられるのは，問題に直面している市民の声をしっかりと聴くことである。これは外向性を下げることに相当する。直接対面して話を聴くことに限られない。障害者差別解消条例においては，差別事例を集めることから障害者や各種団体の意見を聴くことまで，多種多様な機会があった。ホームレス支援政策においては，増え続けるホームレス

が置かれた状況を懸念すべきか，ホームレス流入を懸念すべきかという葛藤があった。誰のほうを向いて政策をつくるのかが問われている。

　もう1つ，本書から得られた示唆として，抑制に関する知識によって問題が緩和される可能性を強調したい。第3章で取り上げた宮崎県と茨城県はともに早期から草の根の運動が起きた事例であったが，もし解消法施行以後にたとえば県主導で比較的容易に条例制定ができたとして，同じような関係者間のつながりや周囲の共感は得られただろうか。後から他主体の貢献にフリーライドすることで生じる機会損失は大きいのかもしれない。ただ乗りはおそらく高くつくのである。

注

（1）　中央官僚知事とは，知事就任までに中央官僚を経験した知事である（2013年時点，出典は「全国知事・市町村長ファイル」）。

（2）　列挙すると以下の通りである。千葉県（2006年制定，堂本暁子知事，非中央官僚知事，詳細度27），北海道（2009年制定，高橋はるみ知事，中央官僚知事，詳細度18），岩手県（2010年制定，増田寛也知事，中央官僚知事，詳細度14），熊本県（2011年制定，蒲島郁夫知事，非中央官僚知事，詳細度24），長崎県（2013年制定，中村法道知事，非中央官僚知事，詳細度27）沖縄県（2013年制定，仲井眞弘多知事，中央官僚知事，詳細度23）

参考文献

秋月謙吾（1988）「非ルーティン型政策と政府間関係――関西国際空港計画をめぐる政治と行政（1）～（5）」『法学論叢』123（3）-（6），124（2）。

秋庭裕・川端亮（2004）『霊能のリアリティへ――社会学，真如苑に入る』新曜社。

足立泰美・齊藤仁（2016）「妊婦健診公費負担額における相互参照行動」『神戸国際大学紀要』（90）。

阿部昌樹（2001）「住宅政策における自治体の役割」原田純孝編『日本の都市法Ⅱ――諸相と動態』東京大学出版会。

飯尾潤（2013）『現代日本の政策体系――政策の模倣から創造へ』ちくま新書。

磯村英一・一番ケ瀬康子・原田伴彦編（1986）『講座　差別と人権5　心身障害者』雄山閣。

井出嘉憲（1972）『地方自治の政治学』東京大学出版会。

伊藤修一郎（1999）「自治体の政策決定要因――情報公開条例の視点から」『年報行政研究』34。

伊藤修一郎（2002）『自治体政策過程の動態――政策イノベーションと波及』慶應義塾大学出版会。

伊藤修一郎（2006）『自治体発の政策革新――景観条例から景観法へ』木鐸社。

今村都南雄（1990）「日本における政府間関係論の形成」『法学新報』96（11・12）。

今村都南雄（1992）「本格化した日本の政府間関係論――村松理論の検討を中心に」『法学新報』98（11・12）。

岩田正美（1997）「ホームレス問題と行政の対応」『都市問題』88（10）。

岩田正美（2006）「福祉政策の中の就労支援――貧困への福祉対応をめぐって」『社会政策学会誌』16。

岩田正美（2007）『現代の貧困――ワーキングプア／ホームレス／生活保護』ちくま新書。

大阪就労福祉居住問題調査研究会（2007）「もう一つの全国ホームレス調査――ホームレス自立支援法中間年見直しを」（）

大阪障害者センター（2015）「自治体が定める障害者差別解消条例の比較――2015年時点」『月刊障害者問題情報』391-393。

大阪市立大学公共データ解析プロジェクトチーム（2017）「大阪市の地域福祉等の向上のための有効性実証検証報告」：https://www.city.osaka.lg.jp/ictsenryakushitsu/cmsfiles/contents/0000414/414802/seiho_bigdata_analysis.pdf（2020年8月15日アクセス）

大杉覚（2011）「地域発自治創造に向けた自治体経営の変革――勇気と希望を地域で

「かたち」にする（11）現場主義と自治体経営（2）」『月刊自治フォーラム』617。

沖村多賀典・徳山性友（2015）「スポーツ振興基本計画が都道府県のスポーツ振興計画に与えた影響について」『名古屋学院大学論集　医学・健康科学・スポーツ科学篇』。

小田勇樹・大山耕輔（2018）「生物多様性地域戦略策定要因の分析——市町村における政策波及モデルの検証」『公共政策研究』18。

垣田裕介（2011a）「日本のホームレス支援資源と政策枠組み——所得・居住・ケア」『大分大学経済論集』62（5）。

垣田裕介（2011b）『地方都市のホームレス——実態と支援策』法律文化社。

金子匡良（2016）「障害者差別禁止条例の意義と可能性」『神奈川大学法学部50周年記念論文集』。

鎌田健司（2010）「地方自治体における少子化対策の政策過程——『次世代育成支援対策に関する自治体調査』を用いた政策出力タイミングの計量分析」『政経論叢』78（3・4）。

川崎雅史（2013）「政策波及による政策革新の過程の分析」東京大学公共政策大学院に提出された修士論文。

川島佑介（2015）「生活保護行政と福祉マグネット」『季刊行政管理研究』151。

川名秀之（1996）「わが国の環境アセスメント制度の歴史」『環境情報科学』25（4）。

北山俊哉（2000）「比較の中の日本の地方政府——ソフトな予算制約下での地方政府の利益」水口憲人・北原鉄也・秋月謙吾編『変化をどう説明するか：地方自治篇』。

北山俊哉（2007）「書評　政治学の景観を一変させる可能性をもつ「相互参照」伊藤修一郎著『自治体発の政策革新——景観条例から景観法へ』」『レヴァイアサン』40。

金宗郁（2009）『地方分権時代の自治体官僚』木鐸社。

ギル，トム（2004）「シェルター文化の誕生——ホームレス自立支援法から2年間」『研究所年報』7。

佐藤満（2000）「地方分権と福祉政策——「融合型」中央地方関係の意義」水口憲人・北原鉄也・秋月謙吾編『変化をどう説明するか：地方自治篇』木鐸社。

佐藤佳美（2012）「福岡絆プロジェクトの取組みについて」『ホームレスと社会』7。

佐野晋平・高岡智子・勇上和史（2015）「阪神・淡路大震災が雇用に与えた影響——事業所・企業統計調査を用いた検証」『国民経済雑誌』212（3）。

澤俊晴・小林伸行（2019）「手話言語条例の継受」『山陽論叢』25。

芝村篤樹（1982）「戦後形成期の大阪府公害行政について」『大阪の歴史』6。

障害者差別解消法解説編集委員会編著（2014）『概説　障害者差別解消法』法律文化社。

「障害者差別禁止法制定」作業チーム編（2002）『当事者がつくる障害者差別禁止法——保護から権利へ』現代書館。

杉本章（2008）『［増補改訂版］障害者はどう生きてきたか——戦前・戦後障害者運動史』現代書館。

「政府間関係」研究集団（代表・西尾勝）（1983）「新々中央集権と自治体の選択」『世界』451。

関智弘、（2012）「保護率の行政学——誰が政策を変容させるのか」『公共政策研究』12。

曽我謙悟（1994）『アメリカの都市政治・政府間関係—— P. E. ピーターソンの所論を中心に』西尾勝編「東京大学都市行政研究会研究叢書」。

曽我謙悟（2001）「地方政府と社会経済環境——日本の地方政府の政策選択」『レヴァイアサン』28。

曽我謙悟（2008）「政府間ガバナンスに関する最近の研究動向」『年報政治学』2008（2）。

曽我謙悟（2019）『日本の地方政府——1700自治体の実態と仮題』中公新書。

田中宏樹（2013）『政府間競争の経済分析——地方自治体の戦略的相互依存の検証』勁草書房。

外川伸一・安藤克美（2013）「動的相互依存モデルの中心市街地活性化基本計画策定事業への適用」『山梨学院大学法学論集』71。

外川伸一・安藤克美（2014）「動的相互依存モデルの『空き家管理条例』への適用」『山梨学院大学法学論集』72・73。

外川伸一・安藤克美（2015）「自治体政策過程に関する動的相互依存モデルと相互参照」『大学改革と生涯学習　山梨学院生涯学習センター紀要』19。

永松俊雄（2004）「政策過程の「非形成」に関する実証的研究——チッソ株式会社への金融支援策を事例として」『熊本大学社会文化研究』2。

中邨章（1991）『アメリカの地方自治』学陽書房。

西浦功（2011）「日本のホームヘルプ制度の波及に関する予備的研究——老人家庭奉仕員制度に注目して」『人間福祉研究』（14）。

西尾勝（1993）『行政学』有斐閣。

西尾勝（2000）『行政の活動』有斐閣。

西尾勝（2001）『行政学［新版］』有斐閣。

日本弁護士連合会人権擁護委員会編（2002）『障害のある人の人権と差別禁止法』明石書店。

野沢和弘（2007）『条例のある街——障害のある人もない人も暮らしやすい時代に』ぶどう社。

馬場健司・田頭直人・金振（2012）「産業・業務部門における低炭素政策波及の可能性と促進・阻害要因」『環境科学会誌』25（2）。

原科幸彦（1996）「環境アセスメントの今後のあり方」『環境情報科学』25（4）。

原科幸彦編（2000）『改訂版　環境アセスメント』放送大学教育振興会。

原科幸彦（2011）『環境アセスメントとは何か——対応から戦略へ』岩波新書。

樋口耕一（2004）「テキスト型データの計量的分析——2つのアプローチの峻別と統合」『理論と方法』19（1）。

樋口耕一（2014）『社会調査のための計量テキスト分析——内容分析の継承と発展を目指して』ナカニシヤ出版。

藤藪貴治・尾藤廣喜（2007）『生活保護「ヤミの北九州方式」を糾す』あけび書房。

真渕勝（2009）『行政学』有斐閣。

水内俊雄（2009）「野宿者とホームレス支援からみた都市の社会保障の再構築——多様な社会参加の方法を創出するために」佐々木雅幸・水内俊雄編著『創造都市と社会包摂——文化多様性・市民知・まちづくり』水曜社。

村松岐夫（1979）「地方自治理論のもう一つの可能性——諸学説の傾向分析を通して」『自治研究』55(7)。

村松岐夫（1981）「大都市の制度的環境と都市政治研究」三宅一郎・村松岐夫編『京都市政治の動態——大都市政治の総合的分析』有斐閣。

村松岐夫（1983）「中央地方関係論の転換——中間団体としての府県を中心に（上）（下）」『自治研究』59(3 ， 4)。

村松岐夫（1984）「中央地方関係に関する新理論の模索（上）（下）——水平的競争モデルについて」『自治研究』60(1 ， 2)。

村松岐夫（1988）『地方自治』東京大学出版会。

森田果（2014）『実証分析入門——データから「因果関係」を読み解く作法』有斐閣。

要田洋江（1999）『障害者差別の社会学——ジェンダー・家族・国家』岩波書店。

横山大輔・片岡正昭（2003）「コミュニティバスの導入プロセスと自治体間波及に関する考察——東京近郊の事例より」『都市計画論文集』38(3)。

米田紘康（2020）「行動経済学的手法による異時点間選択研究の発展——神経経済学の可能性」『敬愛大学研究論集』98。

笠京子（1990）「中央地方関係の分析枠組——過程論と構造論の総合へ」『香川法学』10(1)。

Abadie, A., Diamond, A., & Hainmueller, J. (2010) Synthetic control methods for comparative case studies: Estimating the effect of California's tobacco control program. *Journal of the American statistical Association*, 105(490).

Abadie, A., Diamond, A., & Hainmueller, J. (2015) Comparative politics and the synthetic control method. *American Journal of Political Science*, 59(2).

Abadie, A., & Gardeazabal, J. (2003) The economic costs of conflict: A case study of the Basque Country. *American Economic Review*, 93(1).

Admati, A. R., & Perry, M. (1987) Strategic delay in bargaining. *The Review of Economic Studies*, 54(3).

Akerlof, G. A. (1991) Procrastination and obedience. *The American Economic Review*, 81(2).

Becker, M., & Klößner, S. (2018) Fast and reliable computation of generalized synthetic controls. *Econometrics and Statistics*, 5.

Berns, G. S., Laibson, D., & Loewenstein, G. (2007) Intertemporal choice-toward an integrative framework. *Trends in Cognitive Sciences*, 11(11).

Berry, F. S., & Berry, W. D. (2018) Innovation and Diffusion Models in Policy Research. in *Theories of the Policy Process*, Routledge.

Blatter, J., Portmann, L., & Rausis, F. (2022) Theorizing policy diffusion: from a patchy set of mechanisms to a paradigmatic typology. *Journal of European Public Policy*, 29(6).

Bozeman, B. (2007) *Public values and public interest: Counterbalancing economic individualism*. Georgetown University Press.

Brueckner, J. K. (2000) Welfare reform and the race to the bottom: Theory and evidence. *Southern Economic Journal*.

Brueckner, J. K. (2003) Strategic interaction among governments: An overview of empirical studies. *International Regional Science Review*, 26(2).

Chamberlin, J. (1974) Provision of collective goods as a function of group size. *American Political Science Review*, 68(2).

Critchfield, T. S., Haley, R., Sabo, B., Colbert, J., & Macropoulis, G. (2003) A half century of scalloping in the work habits of the United States Congress. *Journal of Applied Behavior Analysis*, 36(4).

Elster, J. (1989) *Nuts and bolts for the social sciences*. Cambridge University Press.（海野道郎（1997）『社会科学の道具箱――合理的選択理論入門』ハーベスト社）

Doyle, M. (2002) *Informational externalities, strategic delay, and the search for optimal policy*. Iowa State University, Department of Economics.

Franzese Jr, R. J., & Hays, J. C. (2006) Strategic interaction among EU governments in active labor market policy-making: Subsidiarity and policy coordination under the European employment strategy. *European Union Politics*, 7(2).

Franzese, R. J., & Hays, J. C. (2007) Spatial econometric models of cross-sectional interdependence in political science panel and time-series-cross-section data. *Political Analysis*, 15(2).

Gerring, J. (2007) *Case study research: Principles and practices*. Cambridge University Press.

Gerring, J. (2012) *Social science methodology: A unified framework*. Cambridge University Press.

Gerschenkron, A. (1962) *Economic backwardness in historical perspective: a book of essays*. Cambridge, MA: Belknap Press of Harvard University Press.

Gilardi, F., Shipan, C. R., & Wueest, B. (2018) *Policy diffusion: The issue-definition stage*. University of Zurich and University of Michigan.

Gilardi, F., & Wasserfallen, F. (2017) Policy Diffusion: Mechanisms and Practical Implications. In *Governance Design Network (GDN) Workshop*, National University of Singapore, Singapore, February.

Gilardi, F., & Wasserfallen, F. (2019) The politics of policy diffusion. *European Journal of Political Research*.

Hess, C., & Ostrom, E. (2007) *Understanding knowledge as a commons: From Theory to Practice*. The MIT Press.

Hood, C. (1986) *Administrative Analysis: An introduction to rules, enforcement and organization*s. Brighton: Wheatsheaf Books. (森田朗訳 (2000)『行政活動の理論』岩波書店)

Jaffe, A. B., Newell, R. G., & Stavins, R. N. (2005) A tale of two market failures. Technology and Environmental Policy. *Ecological Economics*, 54(2).

Kennan, J., & Walker, J. R. (2010) Wages, welfare benefits and migration. *Journal of Econometrics*, 156(1).

Klingsieck, K. B. (2013) Procrastination. *European psychologist* 18.

Levy, M. J. (1966) *Modernization and the structure of societies: A setting for international affairs*. Princeton, N.J.: Princeton University Press.

Mazur, J. E. (1984) Tests of an equivalence rule for fixed and variable reinforcer delays. *Journal of Experimental Psychology: Animal Behavior Processes*, 10(4).

Mazur, J. E. (1989) Theories of probabilistic reinforcement. *Journal of the Experimental Analysis of Behavior*, 51(1).

Oates, W. E. (1972) *Fiscal federalism*. New York: Harcourt Brace Jovanovich. (米原淳七郎・岸昌三・長峯純一訳 (1997)『地方分権の財政理論』第一法規出版)

Pacheco, J. (2017) Free-Riders or Competitive Races? Strategic Interaction across the American States on Tobacco Policy Making. *State Politics & Policy Quarterly*, 17(3).

Partnoy, F. (2012) *Wait: The art and science of delay*. Public Affairs. (上原裕美子訳 (2013)『すべては「先送り」でうまくいく——意思決定とタイミングの科学』ダイヤモンド社)

Peterson, P. E. (1981) *City limits*. University of Chicago Press.

Peterson, P. E., & Rom, M. C. (1990) *Welfare magnets: A new case for a national standard*. Brookings Institution Press.

Redoano, M. (2003) Fiscal interactions among European countries. *Warwick Economic Research Papers* No. 680.

Rubin, D. B. (1986) Comment: Which ifs have causal answers. *Journal of the American Statistical Association*, 81(396).

Samuels, R. J. (1983) *The politics of regional policy in Japan: localities incorporated?* Princeton University Press.

Schwartz, A. L., & Sommers, B. D. (2014) Moving for Medicaid? Recent eligibility expansions did not induce migration from other states. *Health Affairs*, 33(1).

Shipan, C. R., & Volden, C. (2008) The mechanisms of policy diffusion. *American Journal of Political Science*, 52(4).

Shipan, C. R., & Volden, C. (2012). Policy diffusion: Seven lessons for scholars and practitioners. *Public Administration Review*, 72(6).

Steel, P. (2011) *The procrastination equation: How to stop putting stuff off and start getting things done.* Allen & Unwin. (池村千秋訳 (2012)『ヒトはなぜ先延ばしをしてしまうのか』阪急コミュニケーションズ)

Steel, P., & König, C. J. (2006) Integrating theories of motivation. *Academy of Management Review*, 31(4).

Van der Heiden, N., & Strebel, F. (2012) What about non-diffusion? The effect of competitiveness in policy-comparative diffusion research. *Policy Sciences*, 45(4).

Van Evera, S. (1997) *Guide to Methods for Students of Political Science.* Ithaca and London: Cornel University Press. (野口和彦・渡辺紫乃訳 (2009)『政治学のリサーチ・メソッド』勁草書房)

Volden, C., Ting, M. M., & Carpenter, D. P. (2008) A formal model of learning and policy diffusion. *American Political Science Review*, 102(3).

Walker, J. L. (1969) The diffusion of innovations among the American states. *American Political Science Review*, 63(3).

Weeds, H. (2002) Strategic delay in a real options model of R&D competition. *The Review of Economic Studies*, 69(3).

Weisberg, P., & Waldrop, P. B. (1972) Fixed-interval work habits of Congress. *Journal of Applied Behavior Analysis*, 5(1).

Weyland, K. (2005) Theories of policy diffusion lessons from Latin American pension reform. *World Politics*, 57(2).

Winter, J. T. (2017) Homeless, Neighbors or Nuisance? (Doctoral dissertation, San Diego State University).

【データソース】
被保護人員数：「福祉行政報告例」，「被保護者調査」(2012年度以降)
人口：「住民基本台帳に基づく人口，人口動態及び世帯数調査」
人口の社会増加数：「住民基本台帳に基づく人口，人口動態及び世帯数調査」
有効求人倍率：「労働統計年報」
高齢単身世帯数：「国勢調査」
ホームレス概数：「ホームレスの実態に関する全国調査 (概数調査)」

あとがき

　本書の基となる博士論文の執筆開始から提出まで約15年かかった。執筆の最終段階では，コロナ禍で対面の調査ができなくなる事態にも陥った。どうやら，行政学分野において，出身大学で初の論文博士であるらしい。われながら驚くべき劣等生ぶりとしつこさである。

　お世話になった方々に心からの感謝を述べることをお許しいただきたい。

　なにより，指導教員であった城山英明先生に感謝申し上げたい。研究の真の面白さを感じたのは公共政策大学院時代に城山先生の地方調査の補助をした際のことであり，そこから博士論文の完成までの長きにわたってご指導いただいたご恩の大きさは表現することも難しい。学部時代の森田朗先生の行政学のご講義は，私が行政学を志した直接のきっかけであり，それ以降も森田先生を心の中で手本とさせていただいている。私の「こういう研究をしたい」というイメージは，田辺国昭先生のご研究や授業から大きく影響を受けていると同時に，かつて研究室に押しかけたときにかけていただいた「手を動かし続ければいつかは研究は完成する」という言葉はいまでも私の指針である。金井利之先生には地方自治論の面白さを教えていただいたばかりか，折にふれて気にかけていただき，数限りないご助言や手助けをいただいた。

　行政学研究者以外にも，御厨貴先生には，「人の話を聞く」という単純にして永遠のテーマに気づかせていただいた。田中弥生先生からは，正しい論理のブロックを緻密に積み上げていくことの大切さを学んだ。佐藤仁先生の学問に対する姿勢に接し，「自分の仮説が正しいならば，その証拠は必ずなんらかの形で捉えられるはずだ」という本書を完成に導いた信念を得た。

　博士論文の副査であった谷口将紀先生，寺谷広司先生，畑瑞穂先生には，厳しくも本質的なご指摘をいただき，分析を深めることができた。また，博士論文執筆の過程で投稿した論文の匿名の査読者の方々からも数々の重要な指摘を得た。

　この他，刺激を受けた研究者は数多いが，執筆期間が長すぎるためリストに挙げきれない。しかし，本文を読み返すたび，この箇所の修正はこの方にも

らった助言によるものだったなどとお顔が脳裏に浮かぶ。本書は上の世代の研究者の業績の蓄積を基礎としており，特に村松岐夫先生と伊藤修一郎先生のご研究から最も直接的な影響を受けている。山口二郎先生，牧原出先生に励ましの言葉をもらったことは忘れることができない。近い世代の研究者，なかでも，大学院生時代から同じ授業や勉強会に出て勉強した，坂根徹先生，喜多見富太郎先生，益田直子先生，松尾聖司先生，前田健太郎先生，深谷健先生，太田響子先生，大西香世先生，荒見玲子先生，笹川亜紀子先生，辛素喜先生，村上裕一先生，羅芝賢先生，箕輪允智先生，清水麻友美先生，金貝先生，渡辺恵子先生，武見綾子先生からは大きな影響を受け続けている。下の世代の研究者からも学会などで日々刺激を得ている。

　本書やその基となった博士論文について，直接的に助言やコメントをいただいた，中嶋学先生，篠原舟吾先生，森川想先生，林嶺那先生，小林悠太先生，武居寛史先生にはいつも多大なる気づきをいただいている。

　一般財団法人行政管理研究センター，東京大学未来ビジョン研究センター，環太平洋大学，大谷大学，proj-inclusive，一般社団法人防窮研究所，防窮研究会，全日本自治団体労働組合，非常勤講師先の大学の方々には，執筆中に仕事や研究を通じて大変お世話になった。また，本書は大谷大学の学術刊行物出版助成を受けて出版されている。

　そして，調査協力者の方々には，ご多忙ななか，調査に真摯に対応していただいた。深く感謝を申し上げたい。本書にいくばくかのリアリティがあるとすれば，調査協力者の方々のご教示のおかげである。

　このように多大なるご恩を受けていながら長きにわたり博士論文が完成しなかったのは単に私の力不足であり，本書に残されたすべての誤りは著者に属する。

　長いプロセスの末，本書は法律文化社の編集者である田引勝二氏の手際の良さによって世に出ることができた。田引氏に心からの感謝を申し上げたい。

　どのような人がこの「あとがき」を読むかわからないが，研究者になろうとしてその途上で苦しんでいる人の何かの参考になればとの思いから，私が博士論文執筆の終盤で励みにした言葉を書き記しておきたい。必ずしも私に向けたものではなかったと思うが，ある研究会後の忘年会で，田辺国昭先生と山口二郎先生がお話しになっていたことから私が受け取ったメッセージである。

あとがき

　才能を理由にして努力をやめるな。諦めなければ一度は運が向いてくる。
研究を生業にしたいなら最後の最後まで粘れ。そして研究の楽しさを忘れるな。

　もちろん研究者になることだけがよいのではないが，私がなんとか研究者と
しての職を得られたのは，全く家族・親族の絶えざる支援の賜物である。陰日
向に精神的・物質的支援をしてくれた祖父母。なかなか経済的自立を果たせな
い私の頑固な挑戦をも受け入れて支援してくれた両親と弟。義両親や親族から
も多大なる激励を得た。そして，最も身近で共に生活と格闘した妻と子供たち
に深く感謝している。結婚しても子供たちが生まれても，無職の身で長い間何
の学術的成果も出せず，妻には特に巨大な負担をかけた自覚があるが，彼女は
一度も研究を諦めてほしいと言わなかった。本書はその信じられないほど粘り
強い支援の成果の1つである。

2024年7月17日

白取耕一郎

人名索引

あ 行

青木康二 212
青木彰榮 106, 107
青木寛 139
アカロフ，G. A. 35, 41
与力雄 141
安達一徳 208
阿部悦子 130
阿部博美 146
荒井正吾 124-127
安藤克美 44
飯泉嘉門 128, 129
飯塚秋男 89
井出嘉憲 17
伊藤修一郎 17, 18, 21-26, 37, 40, 44, 45, 62, 262
伊藤正幸 216
伊藤祐一郎 141-143
稲田康二 85, 87, 89, 91
今林映一 200
岩切達哉 78, 83
岩﨑義治 79, 146
岩田正美 162, 164
ヴァン・エヴェラ 70
ヴァン・デル・ハイデン，N. 33
上田清治 148
ウォーカー，J. L. 29
ウォーカー，J. R. 38
ヴォルデン，C. 30
後田直聖 204, 211
江頭弘喜 201
遠藤浩 149
大井川和彦 84
大台辰男 28
太田維久 152
オーツ，W. E. 1
大戸克 195
大濱眞 76
大村秀章 154, 155

か 行

大山耕輔 23
岡田光由 222
荻津知良 86-88
奥田知志 216, 217, 219, 220, 222-224, 226, 232-
　　235
小田勇樹 23
尾上浩二 73, 84

垣田祐介 163, 164
柿本善也 123
鹿毛尚美 214
金子匡良 60
蒲島郁夫 140
鎌田健司 22
川口浩 251
川口正志 123
川崎雅史 22, 23
川島映利奈 89
川島佑介 39
菊池敏行 88, 89
菊池伸英 134
北岡千はる 116
北橋健治 215, 233, 235
キム・ウォニョン 92
ギル，T. 168
熊谷敦子 252
クリンゲシーク，K. B. 35
黒田了一 27
桑原敬一 195
桑原靖 82
ケナン，J. 38
河野俊嗣 72-74, 76, 77, 82
河野忠康 133
後藤斎 149, 150
小林正己 230
駒田英孝 218
駒田誠 151

277

さ　行

崔栄繁　55, 85
齊藤新吾　85, 86, 89
斎藤輝二　176, 200, 202
佐藤栄　147
サマーズ, B. D.　38
柴田一　196
シバン, C. R.　30
清水誠一　74
シュワルツ, A. L.　38
白石康彦　218
末吉興一　215, 218, 219, 221, 226, 227
鈴木あきのり　152
鈴木俊彦　235
ストレベル, F.　33
瀬戸紀子　211
曽我謙悟　45

た　行

高木三郎　201
高島宗一郎　195
高野剛　150
高橋透　73, 76
高柳忠夫　126, 127
田丸敬一朗　81
田村貴昭　221, 222
土居昌弘　135, 137
ドイル, M.　36
堂本暁子　56
遠嶋春日児　145
外川伸一　44
徳永繁樹　133
外山良治　73

な　行

中小路健吾　113, 118
中島展　75
中村時広　133
永山昌彦　73-75, 78, 81, 82
生井祐介　90
成宮真理子　120
西尾勝　17, 36, 37

野沢和弘　72
野島征夫　152
野見山勤　198

は　行

橋本昌　84, 85, 92
パチェコ, J.　32
羽野武男　139
早崎寿宏　234
原科幸彦　24
ピーターソン, P. E.　38
東国原英夫　72, 73
東俊裕　55, 72, 78, 85, 86
日高滋　142
日高博之　80
日高義隆　223
平川洋　77
広瀬勝貞　139
広谷五郎左エ門　105
福田富一　146, 147
福本安甫　83
藤村修　224, 226
フッド, C.　36
フランジーズ, R. J.　32
ブルックナー, J. K.　4, 31, 38
ヘイズ, J. C.　32
ベリー, F. S.　29
星野裕志　204

ま　行

松崎清治　128
マルセル, コース　197, 219
光安力　212
宮本光明　109, 110
三好京子　201
ミル, J. S.　70
村松岐夫　17, 18
森井元志　154
守永信幸　138
森正弘　152
守谷栄二　215

人名索引

や　行

柳誠子　140, 144
矢野光孝　75, 77, 82
山口勝　114
山崎克明　222, 223, 225, 234
山崎広太郎　195, 197, 198
山下直樹　196
山下博三　77, 78
山田啓二　115, 117, 119
山之内俊夫　82
横田照夫　79
横溝高広　206

横山博幸　130, 132
吉沢治由　218
吉田久子　228
吉田宏　204, 212
吉田文弘　234
吉田芳朝　148
吉永純　228, 229
吉村美栄子　105

ら・わ　行

レドアノ，M.　32
脇阪佳秀　199
和田恵治　124, 125

事項索引

あ 行

愛知県　152-155
異時点間選択（研究）　3, 34-36, 40-44, 257, 260, 262
茨城県　84-92
上乗せ　56, 57
大分県　135-139

か 行

外向性　6, 11, 41, 47, 98, 99, 103, 156, 157, 236, 246, 247, 252, 253, 258, 261, 262
駆け込み制定　8, 60, 65-67, 71
鹿児島県　139-146
環境アセスメント　23-28, 43
北九州市　215-235
岐阜県　151, 152
京都府　112-123
近未来予測モデル　3, 34, 40, 42, 257, 259, 260
後発優位論　37

さ 行

埼玉県　147-149
先送り　3, 34, 35, 41-43, 45, 156, 258, 262
自治体政策イノベーション　43
障害者差別解消条例　2, 3, 6, 7, 9, 30, 39, 40, 44, 45, 47, 55-158, 257, 258, 260, 262
スピルオーバー（モデル）　4-7, 9, 23, 31, 33, 37, 39, 44-47, 55, 157, 257-259
スピルオーバー競争　30
政策採用競争　260
政策波及メカニズム研究　3, 29, 30, 40, 44, 257
政策波及論　2-5, 9, 17, 18, 21-23, 29, 39, 182, 257, 260
正の政策波及　2, 4
政府間関係論　17, 18
戦略的相互依存メカニズム　31

た 行

戦略的遅延　34-36, 41, 42, 45, 156, 257, 262

動的相互依存モデル　18-23, 29, 44, 257
徳島県　128-135
都市の限界（論）　7, 8, 32, 38, 42, 46
栃木県　146, 147
富山県　108-112

な 行

奈良県　123-127
二番手の優位　37

は 行

福岡県　195-215
福祉の磁石（論）　7, 8, 11, 32, 38, 39, 42, 46, 47, 163, 168, 169, 171-173, 178, 179, 182, 183, 236, 253, 258, 262
負の政策波及　2-4, 45, 257
プラシーボ・テスト　178-180, 183
フリーライダー・ダイナミクス　33
フリーライド　32, 42, 260, 262, 263
ホームレス（自立）支援政策　1, 3, 6, 7, 11, 40, 44, 45, 47, 161-254, 258, 262

ま・や 行

宮崎県　72-84
山形県　105-108
山梨県　149-151
横出し　56, 57

ら 行

リソース・フロー（モデル）　4-7, 11, 30-33, 38, 40, 42, 44-47, 157, 169-171, 182, 192, 235, 237, 248, 252-254, 257-259
立地選択競争　30

《著者紹介》

白取耕一郎（しらとり・こういちろう）

1981年　北海道札幌市生まれ。
　　　　東京大学大学院法学政治学研究科博士課程単位取得退学。博士（法学）。
　　　　一般財団法人行政管理研究センター研究員，東京大学未来ビジョン研究センター特任研究員，環太平洋大学経済経営学部講師を経て，
現　在　大谷大学社会学部コミュニティデザイン学科講師。
著　作　『エネルギー技術の社会意思決定』共著，日本評論社，2007年。
　　　　『科学技術のポリティクス』共著，東京大学出版会，2008年，ほか。

Horitsu Bunka Sha

―――――――――――――――――――――――――――――
自治体における「負の政策波及」
――障害者差別解消条例とホームレス支援
政策はいかに抑制されたか
―――――――――――――――――――――――――――――

2025年2月28日　初版第1刷発行

著　者　　白取耕一郎
発行者　　畑　　光
発行所　　株式会社　法律文化社

〒603-8053
京都市北区上賀茂岩ヶ垣内町71
電話 075(791)7131　FAX 075(721)8400
https://www.hou-bun.com/

印刷：中村印刷㈱／製本：新生製本㈱
装幀：谷本天志
ISBN 978-4-589-04385-6

©2025 Koichiro Shiratori Printed in Japan

乱丁など不良本がありましたら，ご連絡下さい。送料小社負担にて
お取り替えいたします。
本書についてのご意見・ご感想は，小社ウェブサイト，トップページの
「読者カード」にてお聞かせ下さい。

JCOPY　〈出版者著作権管理機構　委託出版物〉

本書の無断複写は著作権法上での例外を除き禁じられています。複写される
場合は，そのつど事前に，出版者著作権管理機構（電話 03-5244-5088，
FAX 03-5244-5089, e-mail: info@jcopy.or.jp）の許諾を得て下さい。

馬場 健・南島和久編著
〔Basic Study Books〕

地 方 自 治 入 門
A 5 判・270頁・2750円

地方自治を理解するうえで必須の歴史，制度論，管理論を軸に基本的知識・事項を最新の情報を織り込みながら解説。丁寧な解説とクロスリファレンスにより全体像を把握しながら学習できる初学者，現場むけのテキスト。

内海麻利著

決 定 の 正 当 化 技 術
—日仏都市計画における参加形態と基底価値—
A 5 判・332頁・3410円

都市計画における政府の決定はなぜ，どのように正当化されるのか。都市計画学，政治学，行政学等の知見を総動員し，正当化技術の理論的枠組みを整理，日仏の立法・執行過程に着目し，決定の正当化に与える要因を検証する。

内海麻利編著

縮減社会の管轄と制御
—空間制度における日本の課題と諸外国の動向・手法—
A 5 判・272頁・5940円

行政の縦割りなど多くの議論がなされてきたものの正面から検討されてはこなかった空間制度の「管轄」と「制御」。縮減社会を迎え，空き家対策や地域公共交通等の具体的な課題に直面する日本の制度の実態を検証した上で，諸外国の事例と比較しつつ解決の糸口を探る。

坂本 勝著

公務員の人事制度改革と人材育成
—日・英・米・独・中の動向を踏まえて—
A 5 判・244頁・5390円

各国における公務員の人事制度改革と人材育成の動向を国際比較の視点で検討する。第Ⅰ部で公務員任用後の人事制度改革を主に検討し，第Ⅱ部では公務員制度と高等教育制度との「連関」の重要性に着目し，公務員教育の問題を中心に考察。日本の公務員人材育成への課題と提言をする。

米岡秀眞著

公務員による汚職・不祥事
—処遇の変化が不正行為に及ぼす影響—
A 5 判・218頁・4950円

公務員による汚職・不祥事などの不正行為がいかなる状況のもとで起きやすくなるのか。公務員の姿勢や精神面の問題のみに目を向けるのではなく，本書は近年における公務員の処遇の変化に着目し，不正行為が生じる要因を実証的に明らかにする。

吉岡京子編著

保健医療福祉計画とは何か
—策定から評価まで—
A 5 判・166頁・3630円

保健医療福祉計画の策定は行政で定期的に行われる必須業務だが，多くの自治体では予算制約と人事異動のためノウハウの共有が難しく，従来の経験知が失われる事態に陥っている。本書では，計画策定について効率的に学ぶため，基本的な手順や方法を整理する。

———— 法律文化社 ————

表示価格は消費税10％を含んだ価格です